NE능률 영어교과서

대한민국 고등학생 **10명 중 4.7명이 보는 교과서**

영어 고등 교과서 점유율 1위
(7차, 2007 개정, 2009 개정, 2015 개정)

능률보카

그동안 판매된
능률VOCA 1,100만 부

대한민국 박스오피스
**천만명을 넘은 영화
단 28개**

리딩튜터

그동안 판매된
리딩튜터 1,900만 부
차곡차곡 쌓으면 19만 미터

**에베레스트
21배 높이**

에베레스트 8,848m

190,000m

그래머존

그동안 판매된 450만 부의 그래머존을 바닥에 쭉 ~ 깔면
1000km 서울-부산 왕복가능

서울

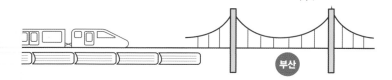

부산

KB013911

The 상승 수능유형편

지은이	NE능률 영어교육연구소
선임연구원	김지현
영문 교열	August Niederhaus, Nathaniel Galletta
디자인	조가영, 기지영
영업	한기영, 이경구, 박인규, 정철교, 김남준, 이우현
마케팅	박혜선, 남경진, 이지원, 김여진

NE능률이
미래를
창조합니다.

건강한 배움의 고객가치를 제공하겠다는 꿈을 실현하기 위해
40년이 넘는 시간 동안 열심히 달려왔습니다.

앞으로도 끊임없는 연구와 노력을 통해
당연한 것을 멈추지 않고

고객, 기업, 직원 모두가 함께 성장하는 NE능률이 되겠습니다.

The 상승

독해 기본기에서
수능 실전 대비까지
The 상승

수능유형편

STRUCTURE & FEATURES

① **유형 다가가기**

총 17가지의 각 수능 유형별 특징과 해결 전략을 소개했습니다.

② **기출 깨뜨리기** & **전략**

최신 대학수학능력시험 기출문제를 통해 해결 전략이 적용되는 과정을 구체적으로 보여주었습니다.

③ **이렇게도 나왔다⁺**

실제 시험의 출제경향, 난이도 등을 파악할 수 있도록 교육과정평가원의 최신 모의평가, 전국연합학력평가 기출문제를 수록했습니다.

적용독해

유형별 연습문제들을 통해 각 유형을 충분히 익히고 해결 전략을 적용해 볼 수 있습니다. 문항 수는 유형의 중요도를 고려해 3문항에서 6문항까지 구성했습니다. 지문에 제시되는 어휘나 어법과 관련된 미니 퀴즈(MINI Q.)를 통해 내신 유형에도 대비할 수 있습니다.

REVIEW TEST

1 다음 글의 제목으로 가장 적절한 것은?

When living in a society, people often exchange things with one another in order to gain what they need and achieve their goals. A long time ago, money became the standard form for representing such exchanges. This standard is beneficial because it assigns an exact value to labor, services and goods, allowing each party in an exchange to be sure that the transaction is a fair one. Such exchanges make it possible for the members of a society to work collectively to improve the quality of the society as a whole. As the representative measurement used to carry out each exchange, money enables this to occur. In other words, money by itself has no value. Its value is only created by the fact that it is a social product.

① The Social Value of Money
② Money Comes in Many Forms
③ Money: How to Use It Effectively
④ The Secret to Making Fair Exchanges
⑤ Can Money Change Our Social Status?

2 다음 글의 요지로 가장 적절한 것은?

There was once a king who, seeking to impress his royal guests, commanded his servants to capture monkeys from the forest and train them to dance. The servants were successful, and before long they had taught the monkeys to wear fancy clothes and masks and dance onstage. All the king's guests were very impressed, and they congratulated him on having the finest dancers in the land. One day, a member of the court decided to have some fun. During the monkeys' performance, he threw a handful of nuts onto the stage. The monkeys went wild, ripping off their clothes and masks and fighting with each other over the nuts. The dance was ruined. The audience laughed at the monkeys, but they laughed even harder at the king, ridiculing him for trying to turn monkeys into courtly dancers.

① 더 엄격한 동물 보호법이 필요하다.
② 인간과 원숭이는 많은 특성을 공유한다.
③ 겉모습을 보고 능력을 판단해서는 안 된다.
④ 자신의 능력에 맞는 목표를 수립해야 한다.
⑤ 타고난 본성은 훈련으로 쉽게 바뀌지 않는다.

3 다음 글의 목적으로 가장 적절한 것은?

Dear Ms. Riley,

Your company recently released a new vacuum cleaner. The quality and features of the product are impressive. Before I make a decision about the product, I would like to have details regarding maintenance costs and known quality issues. I am responsible for purchasing the cleaning equipment for a large hotel chain. Over the past few years, I have chosen your brand many times for our cleaning needs. Thanks to your reliable products and excellent customer service, I have never been disappointed. I simply want to know what to expect from this product, so I would be grateful if you could send any testing results or data that would help to reassure me. Thank you in advance for your time.

Sincerely,
Homer Freedman

① 고객 만족도를 조사하려고
② 출시 예정 제품을 홍보하려고
③ 예약한 호텔에 숙박 일정을 확인하려고
④ 새로 출시된 제품의 상세 정보를 요청하려고
⑤ 잘못된 제품 정보에 대해 정정을 요구하려고

REVIEW TEST

총 17가지 유형을 6개의 파트로 묶고 각 파트가 끝날 때마다 REVIEW TEST를 통해 해당 파트의 여러 유형들을 다시 한 번 학습할 수 있습니다.

실전 모의고사 01

1 다음 글의 제목으로 가장 적절한 것은?

Questions about how life first formed on our planet have puzzled scientists for many years. How could life have possibly emerged from the hostile environment that was present throughout our planet's early history? And what could have led to the development of multicellular plants and animals from simple, single-celled organisms? Recently, some scientists proposed a theory that could help provide answers to some of these difficult questions. According to this theory, an important cellular component called glycerol could have been created through chemical reactions that took place long ago in outer space. Glycerol is an organic molecule, and it is found in the cell membranes of all living organisms. In addition, it is believed that cell membranes with glycerol were essential to the evolution of multicellular life on Earth.

① The First Creature That Lived on Earth
② Why Young Planet Earth Was Unsuitable for Life
③ Could Glycerol Prove That Life Exists on Other Planets?
④ Glycerol: A Possible Answer to the Origin of Life on Earth
⑤ Glycerol Raises New Questions about Multicellular Organisms

2 다음 도표의 내용과 일치하지 않는 것은?

Most Popular Film Genres by Age Group

The three pie charts pictured above illustrate the differences in the popularity of film genres in three different age groups. ① While action movies were preferred by the youngest age group, the other two groups ranked them lower. ② After action movies, younger people ranked romance and sci-fi movies as their favorites. ③ As for people in the middle age-range, they liked dramas more than the action, fantasy, and romance films combined. ④ Meanwhile, the people in the oldest age group expressed little appreciation for comedies and horror, with each of these genres receiving zero percent of their votes. ⑤ Clearly, the movies that the older people liked the most were dramas.

3 다음 글의 밑줄 친 부분 중, 문맥상 낱말의 쓰임이 적절하지 않은 것은?

Every writer hopes to win the Nobel Prize for Literature, but few may be familiar with a lesser-known ① reward: the Diagram Prize for the Oddest Title of the Year. ② Conferred every year since 1978 by the British magazine The Bookseller, the prize is meant to celebrate works that are given strange or unlikely titles by their authors. The only other ③ criterion is that the book must be nonfiction. The list of finalists is chosen by publishers, booksellers, and librarians from around the world, and being selected is a great form of ④ publicity for the writers. Intrigued by the weird titles of the books, readers can't help but wonder what is ⑤ contained within their pages.

실전 모의고사

2회의 실전모의고사를 통해 수능 독해의 실전 감각을 기를 수 있도록 하였습니다.

CONTENTS

PART 1

핵심을 꿰뚫어라

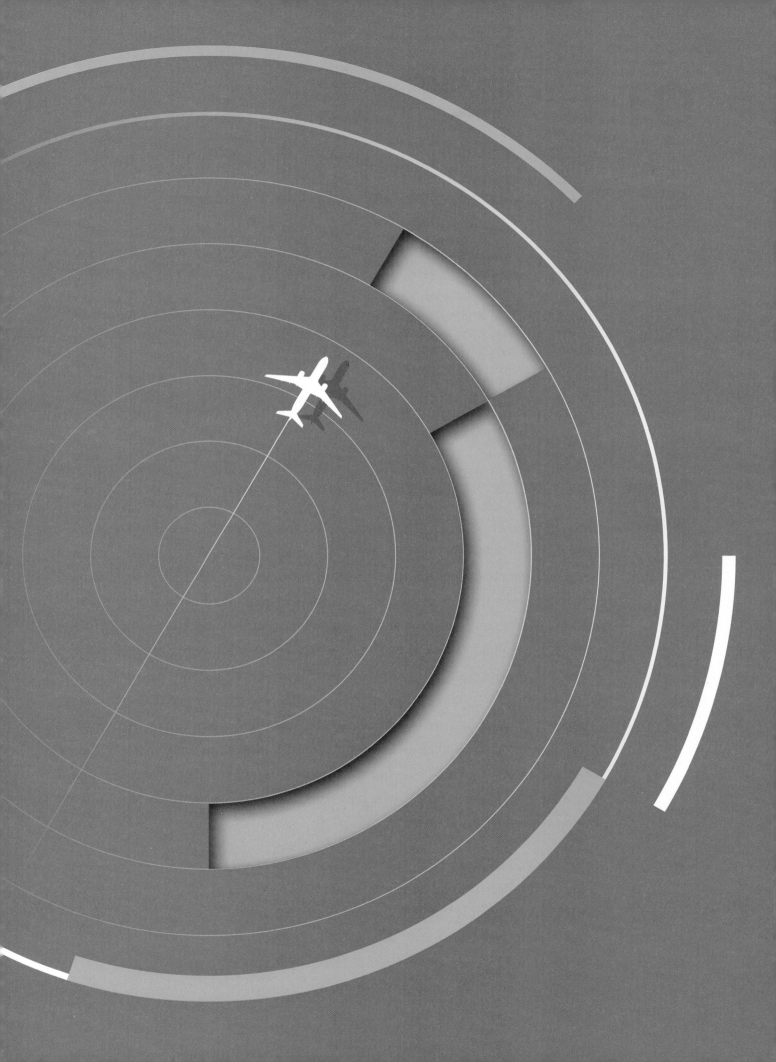

주제·제목

유형
다가가기

유형 설명	글에서 중점적으로 기술하는 내용인 주제와 그 주제를 상징적이고 함축적으로 표현한 제목을 찾는 유형이다.
해결 전략	• 일반적으로 중심 문장이 제시되는 글의 전반부나 후반부를 먼저 읽고 주제를 추론한다. • 글의 주제문이 분명히 드러나지 않고 세부 진술로 이루어진 경우에는 반복적으로 등장하는 핵심 어구에 주목한다. • 선택지 중 너무 광범위하거나 구체적인 개념은 피하고 주어진 글의 내용에만 집중하여 주제나 제목을 찾는다.

기출
깨뜨리기 다음 글의 제목으로 가장 적절한 것은? 2023 수능

Different parts of the brain's visual system get information on a need-to-know basis. Cells that help your hand muscles reach out to an object need to know the size and location of the object, but they don't need to know about color. They need to know a little about shape, but not in great detail. Cells that help you recognize people's faces need to be extremely sensitive to details of shape, but they can pay less attention to location. It is natural to assume that anyone who sees an object sees everything about it — the shape, color, location, and movement. However, one part of your brain sees its shape, another sees color, another detects location, and another perceives movement. Consequently, after localized brain damage, it is possible to see certain aspects of an object and not others. Centuries ago, people found it difficult to imagine how someone could see an object without seeing what color it is. Even today, you might find it surprising to learn about people who see an object without seeing where it is, or see it without seeing whether it is moving.

① Visual Systems Never Betray Our Trust!
② Secret Missions of Color-Sensitive Brain Cells
③ Blind Spots: What Is Still Unknown About the Brain
④ Why Brain Cells Exemplify Nature's Recovery Process
⑤ Separate and Independent: Brain Cells' Visual Perceptions

기출
깨뜨리기

전략

☐ 주제에 해당하는 내용으로 글의 전반부에 뇌의 다양한 부분들이 각각 필요한 정보만을 인식하거나 지각한다고 서술하고 있다.

☐ 글의 중반부에서 뇌는 모양, 색깔, 위치, 움직임 등을 종합적으로 인지하고 있다고 추정할 수는 있지만 결국 특정한 뇌세포가 인지하는 물체의 측면은 다른 뇌세포는 인지하지 못하는 독립적 측면이 있다고 서술하고 있다.

☐ 끝으로 수세기 전이나 심지어 현재에도 특정한 뇌세포는 특정한 측면만을 인식하도록 되어 있다고 서술하고 있으므로, 글의 제목으로는 ⑤ '개별적이고 독립적인: 뇌세포의 시각적 인식'이 가장 적절하다.

정답 ⑤

이렇게도
나왔다⁺

다음 글의 주제로 가장 적절한 것은?   2021 7월 고3 전국연합학력평가

More recently there have been attempts to argue that unpaid work *is* work because 'it is an activity that combines labour with raw materials to produce goods and services with enhanced economic value'. Economists such as Duncan Ironmonger have attempted to impute a dollar value on volunteering to enable its 'economic' value to be counted. Yet despite this, unpaid work and volunteering still remain outside the defined economic framework of our capitalist system because capitalism has competition and financial reward as its cornerstones and volunteering does not. Having said that, it has been estimated that volunteering contributes about $42 billion a year to the Australian economy. Although attempts to quantify and qualify the financial importance of volunteering in supporting our economic structures and enhancing our social capital continue to be made, it is slow going. And while volunteering remains outside the GDP, its true value and importance is neglected. Governments continue to pay lip service to the importance of volunteering but ultimately deny it official recognition.

* impute: 귀속시키다

① efforts to utilise volunteering as a business strategy

② mistaken view of identifying volunteering with labour

③ obstacles to our understanding of the capitalist system

④ governmental endeavours to involve volunteers in public service

⑤ lack of appreciation for the economic significance of volunteering

적용독해

1

다음 글의 주제로 가장 적절한 것은?

The layouts of shopping malls tend to be complicated. There are many different levels, escalators and passageways. This is no accident. It takes a lot of walking to go from store to store. If shoppers were walking in straight lines, they would realize how far apart everything is. Because the distance is broken up into short sections, however, it seems much shorter. This psychological trick can be useful for people struggling with procrastination. Working on large projects can seem endless and impossible. This is why people spend much of their time trying to avoid them. But if you break up a large project into smaller tasks, it suddenly seems much easier to deal with. As a result, it won't be so hard to get started on it.

* procrastination: 미루는 버릇, 꾸물거림

① what kinds of projects are the best
② why people like big shopping malls
③ what causes people to work too hard
④ how to make difficult tasks seem easier
⑤ where to go to avoid walking too much

2

다음 글의 제목으로 가장 적절한 것은?

Despite the contrary opinions of most scientists of the time, Jonas Salk believed that injecting patients with polio virus that had been "killed" would immunize them from the disease without infecting them. He tested his vaccine on volunteers, including himself and his family, and found that they all developed anti-polio antibodies without contracting polio or experiencing any negative side effects. In 1954, a national test of the vaccine was conducted on one million children, and the vaccine was declared safe and effective the next year. Before the vaccine was made available to the general public, the annual number of polio cases in the USA averaged more than 45,000. But by 1962, that number had dropped below 1,000. Interestingly, Salk never patented his vaccine, as he was more concerned with making it safe and effective than with earning profits.

* polio: (척수성) 소아마비

MINI Q.

밑줄 친 it이
의미하는 것을
우리말로 쓰시오.

① The Mistake that Led to a Vaccine
② The Tragic Sacrifices of Jonas Salk
③ The History of Vaccine Development
④ The Polio Vaccine: Jonas Salk's Miracle
⑤ The Impact of Vaccines on Preventive Medicine

3

다음 글의 주제로 가장 적절한 것은?

For many years, conservationists have worried about the loss of biodiversity in the wild. However, diversity loss is also occurring under the watchful eyes of farmers. One problem is that certain breeds of livestock are growing less popular due to the fact that they offer less milk or meat. The same thing is true with crops. Over the past century, three fourths of the genetic diversity of crops has been lost. Many farmers have switched to plant varieties that grow faster and produce more food. Of the 30,000 edible species of plants on our planet, a mere 30, including rice, wheat and corn, account for 95 percent of what we eat. Unfortunately, there is currently a need to increase world food production to deal with the growing population. The loss of diversity due to this situation could make it harder to grow crops in new places with different environmental conditions.

① the effects of climate change on biodiversity
② the wide variety of plants and animals on Earth
③ agricultural problems caused by the loss of biodiversity
④ the decline of biodiversity due to artificial manipulation
⑤ the usefulness of genetically modified creatures in the wild

---

1 **layout** 배치, 설계 **complicated** 복잡한 **level** 정도, 수준; *층 **passageway** 복도, 통로 **accident** 사고; *우연 **section** 부분, 구획 **psychological** 심리적인 **struggle** 분투하다, 고심하다 **task** 일, 과업, 과제 **deal with** ~을 처리하다

2 **contrary** 정반대되는 **inject** 주사하다 **immunize** 면역력을 갖게 하다 **infect** 감염시키다 **antibody** 항체 **contract** 줄이다; *(병에) 걸리다 **side effect** 부작용 **conduct** 수행하다 **declare** 선언하다 **annual** 매년의; *연간의 **average** 평균 ~이 되다 **patent** 특허를 받다 **profit** 이익, 수익 <u>문제</u> **tragic** 비극적인 **sacrifice** 희생 **impact** 영향 **preventive** 예방을 위한

3 **conservationist** 환경 보호론자 **biodiversity** 생물의 다양성 **diversity** 다양성 **watchful** 지켜보는[신경 쓰는] **breed** 새끼를 낳다; *품종 **livestock** 가축 **genetic** 유전(학)의 **switch** 전환하다 **variety** 다양성; *품종 **edible** 먹을 수 있는, 식용의 **mere** 겨우, 단지 **account for** 설명하다; *(부분·비율을) 차지하다 **currently** 현재 <u>문제</u> **agricultural** 농업의 **decline** 감소 **manipulation** 조작 **modified** 수정된, 변형된

4 다음 글의 주제로 가장 적절한 것은?

Scientists have long considered the Moon to be a promising location for colonization. Compared to other potential destinations in space, the Moon is much closer to Earth, and thanks to this close proximity, the time it would take to transport people and equipment there would be relatively short. The Moon's proximity to Earth would even make it possible to develop a tourist industry that could bring visitors there for a short period of time. In addition, the Moon has many local resources that could be extracted and then used to build settlements, radiation blockers, and much more. Finally, the possibility of ice existing at the Moon's poles gives hope that colonists could have a reliable source of water.

① various technologies required for space travel
② debates about the existence of resources on the Moon
③ the multiple advantages of using the Moon as a colony
④ the difficulties associated with colonizing other planets
⑤ why living on the Moon could be easier than living on Earth

5 다음 글의 제목으로 가장 적절한 것은?

Contrary to popular belief, video games are not always bad for your health. A video game called *Re-mission* is designed for children with cancer. In the game, they guide a microscopic character through a human body in order to destroy cancer cells. The game reflects the process the kids are going through, and the game's weapons are based on actual cancer treatments such as chemotherapy and antibiotics. The game helps children learn about cancer, giving them a feeling of control. When they are shooting cancer cells in the game, it is as if they are fighting the cells in their own body. According to a study on the effectiveness of the game, the more cancer cells they destroy, the less likely they are to experience side effects like infections and nausea. In interviews, patients reported that they had more energy and felt their chances for full recovery were more promising due to overcoming the cancer cells in the games.

* chemotherapy: 항암 치료 요법

① Game Fever Sweeping Doctors
② Helping Cancer Patients with a Game
③ Can Playing Video Games Cause Cancer?
④ Light and Dark Sides of Cancer Treatments
⑤ Medical Treatment: Tiny Robots Save Lives

6

다음 글의 제목으로 가장 적절한 것은?

Humans are sometimes able to help even the largest of nature's creatures. This was the case when a 50-ton humpback whale got tangled up in some fishing lines. When a fisherman saw the whale and called for help, a team of brave divers entered the water to try to save it. It was dangerous work, for the whale could easily have killed the divers with a simple flip of its tail. Finally, though, they succeeded in cutting the lines and freeing the whale. But before swimming off, the whale went up to each of the divers and nuzzled him. The divers had never seen such a display of affection before. Too surprised to move, they watched as the whale slowly faded into the distant sea.

* humpback whale: 혹등고래

① A Study of Whale Behavior
② A Whale Thanks Its Rescuers
③ A Fisherman Finds a Surprise
④ Humans and Whales Don't Mix
⑤ The Dangers of Working with Animals

---

4 promising 유망한, 촉망되는 colonization 식민지화 destination 목적지, 도착지 proximity 가까움, 근접 transport 수송하다 relatively 비교적 extract 뽑다, 추출하다 settlement 합의; *정착지 radiation 방사선 possibility 가능성 colonist 식민지 주민 reliable 믿을 수 있는 문제 debate 토론, 논쟁 existence 존재 multiple 많은, 다수의 associate 연관 짓다

5 cancer 암 microscopic 미세한, 현미경으로 봐야만 보이는 cell 세포 reflect 비추다; *반영하다 treatment 치료(법) antibiotic 항생제 effectiveness 유효(성), 효과적임 nausea 메스꺼움 recovery 회복 overcome 극복하다 문제 fever 열; *열기, 과열 sweep 쓸다; *(유행 등이) 휩쓸다

6 tangle 헝클리다, 얽히게 하다 flip 톡 치기 nuzzle 코를 비비다 display 전시; *표현 affection 애정 fade (서서히) 사라지다 distant 먼, (멀리) 떨어져 있는 문제 rescuer 구조자

13

PART 1
02

요지·주장

유형 설명	필자가 말하고자 하는 핵심 요지나 주장하는 내용을 파악하는 유형이다.
해결 전략	• 글의 도입과 결론을 읽고 서술하고 있는 중심 대상 및 소재를 파악한다. • 요지나 주장을 드러내는 표현(의무의 조동사, 명령문, 비교급 및 최상급, 강조 등), 글의 흐름을 바꾸거나 결론을 이끄는 연결사에 유의한다. • 자주 등장하는 글의 구성 방식을 파악해 두면 요지 및 주장을 쉽게 파악할 수 있다. (중심 내용과 세부 사항 열거, 순서·시간순, 비교와 대조, 인과, 통념 비판, 문제 제기와 해결 방안 등)

기출 깨뜨리기

다음 글의 요지로 가장 적절한 것은?

`2022 수능`

Environmental hazards include biological, physical, and chemical ones, along with the human behaviors that promote or allow exposure. Some environmental contaminants are difficult to avoid (the breathing of polluted air, the drinking of chemically contaminated public drinking water, noise in open public spaces); in these circumstances, exposure is largely involuntary. Reduction or elimination of these factors may require societal action, such as public awareness and public health measures. In many countries, the fact that some environmental hazards are difficult to avoid at the individual level is felt to be more morally egregious than those hazards that can be avoided. Having no choice but to drink water contaminated with very high levels of arsenic, or being forced to passively breathe in tobacco smoke in restaurants, outrages people more than the personal choice of whether an individual smokes tobacco. These factors are important when one considers how change (risk reduction) happens.

* contaminate: 오염시키다   ** egregious: 매우 나쁜

① 개인이 피하기 어려운 유해 환경 요인에 대해서는 사회적 대응이 필요하다.
② 환경오염으로 인한 피해자들에게 적절한 보상을 하는 것이 바람직하다.
③ 다수의 건강을 해치는 행위에 대해 도덕적 비난 이상의 조치가 요구된다.
④ 환경오염 문제를 해결하기 위해서는 사후 대응보다 예방이 중요하다.
⑤ 대기오염 문제는 인접 국가들과의 긴밀한 협력을 통해 해결할 수 있다.

☐ 글의 전반부에서 자신도 모르게 노출되는 유해한 환경 요인이 주위에 많다고 언급하고 있다.

☐ 글의 중반부에서는 이러한 환경 위험 요인을 방지하기 위해서는 사회적 조치나 행위가 필요하며 개인 수준에서는 억제할 수 없다는 내용이 나온다.

☐ 글의 후반부에서는 자신도 모르게 혹은 개인이 대처할 수 없는 환경 위험 요인의 사례를 들어 사회적 대응이 필요하다는 내용으로 글이 마무리되므로, 글의 요지로는 ①이 가장 적절하다.

정답 ①

이렇게도
나왔다+

다음 글에서 필자가 주장하는 바로 가장 적절한 것은?

2023 6월 고3 수능모의평가

Consider two athletes who both want to play in college. One says she has to work very hard and the other uses goal setting to create a plan to stay on track and work on specific skills where she is lacking. Both are working hard but only the latter is working smart. It can be frustrating for athletes to work extremely hard but not make the progress they wanted. What can make the difference is drive — utilizing the mental gear to maximize gains made in the technical and physical areas. Drive provides direction (goals), sustains effort (motivation), and creates a training mindset that goes beyond simply working hard. Drive applies direct force on your physical and technical gears, strengthening and polishing them so they can spin with vigor and purpose. While desire might make you spin those gears faster and harder as you work out or practice, drive is what built them in the first place.

* vigor: 활력, 활기

① 선수들의 훈련 방식은 장점을 극대화하는 방향으로 이루어져야 한다.
② 선수들은 최고의 성과를 얻기 위해 정신적 추진력을 잘 활용해야 한다.
③ 선수들은 단기적 훈련 성과보다 장기적 목표 달성에 힘써야 한다.
④ 선수들은 육체적 훈련과 정신적 훈련을 균형 있게 병행해야 한다.
⑤ 선수들은 수립한 계획을 실행하면서 꾸준히 수정하여야 한다.

적용독해

1 다음 글의 요지로 가장 적절한 것은?

Cats make great companions, but they can sometimes damage furniture by scratching it. For this reason, some people have their cats declawed. Declawing, however, makes no sense. Cats that scratch things aren't behaving badly. It is natural behavior that allows them to stretch their muscles, keep their claws in good condition, and mark their territory. Some people argue that declawing is no different than clipping your fingernails. This is not true. It is a painful and dangerous operation that serves no purpose and can have long-lasting negative effects. A better alternative is simply training cats to stop scratching furniture. Special scratching posts and boards are available at many shops and are designed to allow cats to scratch freely without causing any damage.

① 주변의 안 좋은 환경이 고양이의 할퀴는 습관의 원인이다.
② 고양이 맞춤용 훈련 도구와 가구를 판매하는 가게가 늘고 있다.
③ 심각한 통증을 초래하는 고양이 발톱 제거술을 해서는 안 된다.
④ 적절한 운동은 고양이의 안 좋은 버릇을 고치는 최선의 방법이다.
⑤ 고양이 발톱을 주기적으로 깎아 주는 것은 고양이의 건강에 이롭다.

2 다음 글에서 필자가 주장하는 바로 가장 적절한 것은?

It is fairly common for people to do the same things again and again. We all have habits that we find comfortable. We meet the same people, eat the same foods, and watch the same TV programs day after day. So we usually end up thinking the same thoughts and having the same opinions. It doesn't sound very interesting, does it? So why not try something different? You can start with something small. Maybe you can say hello to one of your classmates you seldom talk to. Or you can just try eating something new for lunch. Experiment with breaking your routines, and who knows what will happen? By making tiny changes in your life, you might open the door to a new experience or an exciting opportunity.

① 매일 반복되는 일상에 충실해라.
② 삶에 새로운 변화를 시도해 보라.
③ 구체적인 목표를 세우고 나아가라.
④ 타인의 충고를 기꺼이 받아들여라.
⑤ 기회를 기다리지 말고 스스로 만들어라.

3

다음 글의 요지로 가장 적절한 것은?

Defensive pessimists are people who use a kind of negative thinking to achieve positive results. They use this calculated strategy when dealing with emotions such as anxiety and fear. First, they set low expectations for themselves, imagining everything that can go wrong. Then they come up with a solution for each of these problems, which makes them feel as if they are in control. Unlike people with low self-esteem, defensive pessimists use their poor opinion of themselves as a tool to succeed. Before giving a presentation, for example, a defensive pessimist might think, "No one is going to understand this information. I'll have to make sure I explain it very carefully." In this way, defensive pessimists are able to deal with problems. And in situations in which they don't succeed, they feel as though they were prepared and therefore don't see failure as a catastrophe.

① 비관주의는 반복된 실패에서 비롯된다.
② 성공을 위해서는 자신의 약점을 파악해야 한다.
③ 부정적인 사고 방식은 노력을 통해 바꿀 수 있다.
④ 최악을 예상하는 것이 긍정적인 결과를 가져올 수 있다.
⑤ 자존감을 높이기 위해서는 방어적인 태도를 바꿔야 한다.

---

1 companion 동반자 scratch 긁다, 할퀴다 declaw ~의 발톱을 제거하다 claw (동물·새의) 발톱 territory 지역, 영역 clip 클립으로 고정하다; *깎다, 자르다 long-lasting 오래 지속되는 alternative 대안, 선택 가능한 것 post 우편; *기둥
2 fairly 꽤 day after day 매일 seldom 거의 ~ 않는 experiment 실험하다; *시험 삼아 해 보다 routine (판에 박힌) 일상
3 defensive 방어적인 pessimist 비관주의자 calculated 계산된 anxiety 불안(감) expectation 기대 come up with ~을 생각해내다 be in control 통제하다 self-esteem 자존감 catastrophe 재앙

4 다음 글에서 필자가 주장하는 바로 가장 적절한 것은?

There is an unfortunate gap in our society between scientists and regular people which prevents the two groups from communicating well with each other. Those with scientific minds have trouble explaining their work in common language, while gifted speakers usually do not have much scientific knowledge. But the fact is that the studies and experiments scientists are doing every day have a huge effect on our lives. Wouldn't it make sense, then, for them to make an effort to inform society about what they are doing and why? Instead of spending all their time hiding away in laboratories, scientists should take a little time each day to make a speech or talk to a reporter about their work.

① 과학 연구의 윤리 문제에 대한 토론이 필요하다.
② 순수한 학문적 목적의 과학 연구가 강조되어야 한다.
③ 과학 기술과 관련된 정책 결정은 신중히 행해져야 한다.
④ 정확한 과학 용어 사용을 위한 교육 프로그램이 필요하다.
⑤ 과학자는 자신의 연구 내용을 대중에게 알릴 필요가 있다.

5 다음 글의 요지로 가장 적절한 것은?

Song lyrics are sometimes distinguished from poems through the idea that songs are written in everyday language that most people can understand, while poems are written in a difficult, literary style. But rather than separating these two forms of writing based on the language of the song or poem, it is more useful to consider what accompanies the words. Song lyrics go along with other musical content, such as melody, rhythm, and instrumentation. However, in a poem, words are accompanied only by silence. If the surrounding musical content is removed from song lyrics, they can sometimes be thought of as a poem. This shows how important it is to define poems and song lyrics based not on their internal linguistic qualities but on how their words relate to the sounds, or lack thereof, that surround them.

① 시와 가사는 서로 다른 역할을 한다.
② 순수한 문학으로서의 시를 존중해야 한다.
③ 시와 가사의 가치 우위를 정하는 일은 무의미하다.
④ 시와 가사는 그 자체의 언어적 특징으로만 평가되어야 한다.
⑤ 시와 가사는 어떤 외부 소리가 수반되느냐에 의해 구분된다.

6

다음 글에서 필자가 주장하는 바로 가장 적절한 것은?

In modern society, the division of workers into the categories of skilled and unskilled has its roots in early childhood. Unsurprisingly, children born with social disadvantages are more likely to end up as unskilled workers. We may talk about living in a land of equal opportunity, but we can't deny that the quality of a person's opportunities is to some extent determined at birth. To improve <u>this situation</u>, change is required. Social policies that enrich the home environments of disadvantaged children would help give them a fair chance of succeeding when they grow up. Studies have shown that such improvements have a positive effect on social behavior, schoolwork, and, ultimately, career success. Addressing opportunity inequality through this kind of early intervention is clearly preferable to interfering with current workplace hiring practices.

MINI Q.

밑줄 친 this situation이 의미하는 것을 우리말로 쓰시오.

① 현재의 직장 고용 관행은 시정되어야 한다.
② 사회 불평등을 해소하기 위해 의무 교육을 확대해야 한다.
③ 저소득층의 가정환경 개선을 위한 지원금이 인상되어야 한다.
④ 기업은 노동자들에게 정기적인 기술 교육을 제공해야 한다.
⑤ 사회 소외 계층에게 어린 시절부터 정책적 지원을 제공해야 한다.

---

4 **unfortunate** 불운한; *유감스러운 **mind** 정신; *지성 **have trouble (in) v-ing** ~하는 데 어려움을 겪다 **gifted** 재능이 있는 **have an effect on** ~에 영향을 미치다 **inform** 알리다 **laboratory** 실험실

5 **lyric** ((pl.)) (노래의) 가사 **distinguish A from B** A와 B를 구별하다 **literary** 문학의; *문학적인 **separate** 분리하다, 나누다 **accompany** 동행하다; *동반되다 **instrumentation** 기기 장치; *기악(연주)법 **define** 정의하다 **internal** 내부의; *내적인 **linguistic** 언어(학)의 **thereof** 그것의

6 **division** 분할, 분배 **childhood** 어린 시절 **equal** 동일한; *동등한, 평등한 **to some extent** 어느 정도까지, 다소 **determine** 알아내다; *결정하다 **policy** 정책 **enrich** 질을 높이다, 풍요롭게 하다 **ultimately** 궁극적으로, 결국 **career** 직업, 직장 생활 **address** 연설하다; *다루다, 고심하다 **inequality** 불평등, 불균등 **intervention** 중재; *개입 **preferable** 더 좋은, 선호되는 **interfere with** ~을 방해하다, ~에 지장을 주다

PART 1
03 요약문

유형 다가가기	유형 설명	글의 중심 내용을 한 문장으로 정리한 요약문의 빈칸에 들어갈 알맞은 말을 찾는 유형이다.
	해결 전략	• 요약문은 글의 요지이므로, 이를 먼저 읽고 글의 전반적인 내용과 주제를 파악한다. • 반복적으로 등장하는 핵심어구와 문장을 연결하는 접속사, 연결어구에 집중하면서 읽는다. • 글의 중심 내용을 파악한 후, 선택지를 요약문에 넣어 글의 요지를 포괄하는지 확인한다.

기출 깨뜨리기 다음 글의 내용을 한 문장으로 요약하고자 한다. 빈칸 (A), (B)에 들어갈 말로 가장 적절한 것은?

2023 수능

"Craftsmanship" may suggest a way of life that declined with the arrival of industrial society — but this is misleading. Craftsmanship names an enduring, basic human impulse, the desire to do a job well for its own sake. Craftsmanship cuts a far wider swath than skilled manual labor; it serves the computer programmer, the doctor, and the artist; parenting improves when it is practiced as a skilled craft, as does citizenship. In all these domains, craftsmanship focuses on objective standards, on the thing in itself. Social and economic conditions, however, often stand in the way of the craftsman's discipline and commitment: schools may fail to provide the tools to do good work, and workplaces may not truly value the aspiration for quality. And though craftsmanship can reward an individual with a sense of pride in work, this reward is not simple. The craftsman often faces conflicting objective standards of excellence; the desire to do something well for its own sake can be weakened by competitive pressure, by frustration, or by obsession.

* swath: 구획

⇩

Craftsmanship, a human desire that has ＿＿(A)＿＿ over time in diverse contexts, often encounters factors that ＿＿(B)＿＿ its full development.

	(A)		(B)			(A)		(B)
①	persisted	……	limit		②	persisted	……	cultivate
③	evolved	……	accelerate		④	diminished	……	shape
⑤	diminished	……	restrict					

□ 요약문은 인간의 욕망인 장인 정신이 오랜 세월 버티어 온 점과 그에 따른 방해 요소들에 대해 언급하고 있다.

□ 글의 도입부에서 장인 정신은 현대에 쇠락할 것으로 여겨졌지만 지속적이며 기본적인 인간의 충동(an enduring, basic human impulse)과 관련 있다고 설명하고 있다. 또한 Social and economic conditions, this reward is not simple, conflicting objective standards 등 장인 정신에 있는 여러 제약과 관련된 핵심 어구가 등장한다.

□ 여러 상황 속에서 "존속되어" 온 장인 정신이 그 자체의 발전을 "제한하는" 여러 요소들과 마주치게 된다는 내용이다.

정답 ①

다음 글의 내용을 한 문장으로 요약하고자 한다. 빈칸 (A), (B)에 들어갈 말로 가장 적절한 것은?
2022 4월 고3 전국연합학력평가

Martin Grunwald, leader of the Haptic Research Laboratory at the University of Leipzig, feels psychologists do not pay nearly enough attention to our sense of touch. With this in mind, he researched the way people spontaneously touch their faces. We all do it. You might be doing it right now while reading this. These movements are not for communication and, in most cases, we are not even aware of them. But that does not mean they serve no purpose, as Grunwald discovered. He measured the brain activity of test subjects while they tried to remember a sequence of haptic stimuli for five minutes. When he disturbed them with unpleasant noises, the subjects dramatically increased the rate at which they touched their faces. When the noises upset the rhythm of their brains and threatened to disrupt the subjects' concentration, self-touch helped them get their concentration back on track. To put it another way: self-touch grounded their minds.

* haptic: 촉각의

⇩

Even though touching our own faces seems to serve no special purpose, the research showed that the rate of subjects' self-touch ____(A)____ in accordance with the exposure to unpleasant noises, and this behavior helped their minds stay ____(B)____.

	(A)		(B)		(A)		(B)
①	escalated	.....	focused	②	escalated	.....	creative
③	varied	.....	hopeful	④	normalized	.....	keen
⑤	normalized	.....	calm				

1 다음 글의 내용을 한 문장으로 요약하고자 한다. 빈칸 (A), (B)에 들어갈 말로 가장 적절한 것은?

Researchers conducted an experiment to find out if excessive mental activity can make us feel worn out. In the experiment, some participants were asked to play a mentally challenging computer game, while others simply enjoyed watching a movie, an activity that didn't require any cognitive effort. Afterwards, all of the participants took an endurance test by riding an exercise bike. The results showed that those who had played the game gave up more quickly than those who had watched the movie. This might seem to suggest that the mental activity did actually tire them out. However, medical tests showed that their blood pressure, breathing and heart rate — the standard measurements of a person's physical state — remained normal. The researchers believe this misperception occurred because the participants anticipated the endurance test to be more difficult than it actually was.

⇩

An experiment showed that feelings of physical _____(A)_____ from thinking too hard are nothing more than a _____(B)_____ of the mind.

	(A)		(B)
①	illness	⋯⋯	feature
②	exhaustion	⋯⋯	trick
③	fitness	⋯⋯	perception
④	well-being	⋯⋯	process
⑤	movement	⋯⋯	function

2

다음 글의 내용을 한 문장으로 요약하고자 한다. 빈칸 (A), (B)에 들어갈 말로 가장 적절한 것은?

Not all of the actions people take have identifiable causes. For example, a lifeguard who risks her own life to save a swimmer drowning at sea does not first establish a set of principles upon <u>which</u> she then bases her decision to jump into the water. When we admire the lifeguard's character, we are admiring not her rationality but her noble instincts. Furthermore, when we act consciously, we are not necessarily being more efficient or effective. In fact, once we have learned a skill, whether it be swimming, dancing, or typing, careful attentiveness to our actions tends to just get in the way. Even great ideas are usually not products of the careful and methodical formation of concepts that we gradually piece together. Rather, brilliant insights often come to us like gifts when we least expect it.

* methodical: 체계적인

⇩

We don't always have good reasons for our actions; oftentimes, ____(A)____ can lead to better results than ____(B)____ actions.

MINI Q.

밑줄 친 which 가 가리키는 것을 찾아 쓰시오.

	(A)		(B)
①	intuition	......	irrational
②	rationality	......	intentional
③	realization	......	irrational
④	intuition	......	intentional
⑤	rationality	......	conscious

---

1 conduct 수행하다 excessive 지나친, 과도한 worn out 닳은; *매우 지친 challenging 도전적인, 힘든 cognitive 인식의, 인지의 endurance 인내(력), 참을성; *지구력 tire out ~을 지치게 하다 heart rate 심박수 standard 표준 measurement 측량, 측정 misperception 오인, 오해 anticipate 예상[예측]하다 **문제** nothing more than ~에 불과한 exhaustion 탈진, 기진맥진

2 identifiable 인식 가능한, 알아볼 수 있는 drown 익사하다 establish 설립[설정]하다 principle 원칙 base A upon[on] B A의 근거를 B에 두다 admire 칭찬하다, 감탄하다 rationality 합리성, 이성 noble 숭고한 instinct 본능 consciously 의식하여, 의식적으로(a. conscious) necessarily 반드시, 필연적으로 attentiveness 조심성 get in the way 방해되다 piece ~ together ~을 조립하다[짜 맞추다] insight 통찰력 **문제** intuition 직관력, 직감 irrational 비이성적인 intentional 의도적인

다음 글의 내용을 한 문장으로 요약하고자 한다. 빈칸 (A), (B)에 들어갈 말로 가장 적절한 것은?

The introduction of European settlers to North America changed the traditional lifestyles of Native Americans forever. However, only a small percentage of Native Americans found the way of life of the white settlers superior to their own. Even the Native American children who received a formal education in white schools nearly always chose to return to live with their own people. The same was true for any Native American given the opportunity to choose between the two lifestyles. From the perspective of the native peoples, the way of life being offered to them by the European outsiders lacked freedom, created extremes of wealth and poverty, and focused too much on the accumulation of money and other material things. They had no problem rejecting this foreign lifestyle, as it seemed impossible that it could bring them true happiness.

⇩

Most Native Americans preferred to _____(A)_____ their way of life rather than adopt the European settlers' lifestyle, which they saw as _____(B)_____ their freedom and happiness.

	(A)		(B)
①	abandon	······	obtaining
②	maintain	······	restricting
③	explain	······	reducing
④	share	······	defining
⑤	conceal	······	expanding

4 다음 글의 내용을 한 문장으로 요약하고자 한다. 빈칸 (A), (B)에 들어갈 말로 가장 적절한 것은?

In the late 1960s, psychologist Walter Mischel began researching both instant and delayed gratification in children. In his experiments, he offered preschoolers an immediate reward, such as a marshmallow or a pretzel, but told them they could receive a larger reward if they waited for a short period of time. Mischel wanted to figure out to what degree self-control is something people are born with and how much it depends on one's ability to develop strategies for resisting temptation. All of the children in the experiments found it hard to resist the immediate reward. But those who most successfully resisted employed strategies such as singing to distract their attention away from the reward and even sitting on their hands to physically restrain themselves. In addition, Mischel discovered that all of the children had an easier time resisting the immediate reward when the researcher actively distracted them.

⇩

Children's ability to exert self-control is linked to their ability to develop _____(A)_____ to help themselves _____(B)_____ temptation.

	(A)		(B)
①	habits	......	keep
②	policies	......	feel
③	rewards	......	create
④	methods	......	overcome
⑤	materials	......	increase

---

3 settler 개척자 native 태어난 곳의; *토박이의 superior 우월한 formal 정중한; *공식적인 perspective 관점, 시각 lack ~이 없다[부족하다]
extreme 《pl.》양극단 wealth 부, 재산 poverty 가난, 빈곤 accumulation 축적 reject 거부하다 foreign 외국의; *이질적인
문제 adopt 입양하다; *선택하다 abandon 버리다 obtain 얻다 restrict 제한하다, 한정하다 conceal 감추다, 숨기다

4 instant 즉각적인 delay 미루다; *지연시키다 gratification 만족감[희열](을 주는 것) immediate 즉각적인 reward 보상 degree 정도
self-control 자제력 resist 저항하다; *참다, 견디다 temptation 유혹 employ 고용하다; *쓰다, 이용하다 distract 산만하게 하다, 주의를 딴 데로
돌리다 restrain 제지하다 문제 exert 가하다, 행사하다

유형 설명	전반적인 내용 파악을 통해 필자가 글을 쓴 목적을 파악하는 유형으로, 이메일, 안내문, 광고문 등의 실용문이 출제된다.
해결 전략	• 선택지와 글의 첫 부분을 읽고, 필자와 글의 대상을 파악하여 대략적인 내용을 유추한다. • 반복되는 핵심 어구와 내용이 전환되는 부분에 주목한다. • 글의 마지막 부분에서 필자가 글을 쓴 목적이 분명히 드러나는 경우가 많으므로, 끝까지 주의하여 읽는다.

다음 글의 목적으로 가장 적절한 것은?

2022 수능

Dear Ms. Green,

My name is Donna Williams, a science teacher at Rogan High School. I am planning a special workshop for our science teachers. We are interested in learning how to teach online science classes. I have been impressed with your ideas about using internet platforms for science classes. Since you are an expert in online education, I would like to ask you to deliver a special lecture at the workshop scheduled for next month. I am sure the lecture will help our teachers manage successful online science classes, and I hope we can learn from your insights. I am looking forward to hearing from you.

Sincerely,
Donna Williams

① 과학 교육 정책 협의회 참여를 독려하려고
② 과학 교사 워크숍의 특강을 부탁하려고
③ 과학 교사 채용 계획을 공지하려고
④ 과학 교육 프로그램 개발을 요청하려고
⑤ 과학 교육 워크숍 일정의 변경을 안내하려고

☐ 선택지를 통해 과학 교육과 관련된 것이며, 글의 도입부를 통해 과학 교사를 위한 특별한 워크숍에 관한 글임을 알 수 있다.

☐ 글의 중반부에 예정된 워크숍에서 특별 강연(a special lecture)을 부탁한다는 내용이 있으므로, 글의 목적으로는 ②가 가장 적절하다.

정답 ②

이렇게도
나왔다⁺

다음 글의 목적으로 가장 적절한 것은?

2023 9월 고3 수능모의평가

Dear Natalie Talley,

My name is Olivia Spikes, the mayor of Millstown. Before you attend the world championships next month, on behalf of everyone in Millstown, I wish to let you know that we are supporting you all the way. As you are the first famous figure skater from Millstown, we are all big fans of yours. Our community was so proud of you for winning the national championships last year. Your amazing performance really moved us all. We all believe that you are going to impress the entire nation again. Your hometown supporters will cheer for you whenever you perform on the ice. Good luck!

Best wishes,
Olivia Spikes

① 지역 사회 홍보 대사로 활동해 줄 것을 제안하려고
② 이웃 도시와 예정된 친선 경기 취소를 통보하려고
③ 지역 사회 출신 피겨 스케이팅 선수를 응원하려고
④ 시청에서 주관하는 연례 자선 행사를 홍보하려고
⑤ 피겨 스케이팅 경기장 건립을 위한 기부를 요청하려고

적용독해

1 다음 글의 목적으로 가장 적절한 것은?

Recently, CALBIT, Inc. has become aware that emails appearing to have been written by CALBIT executives are being delivered to email addresses throughout the company. While the exact content of these emails varies, it usually has to do with an opportunity of employment in the financial or international payments divisions. Sample email titles include "In-House Work Available" and "ATTN: Job Opening in Finance." These messages, although they bear the company logo and a link to our website, were not generated by CALBIT executives and do not contain accurate information. If you think you may have received one of these emails, please report it to the Tech Department immediately by calling extension 515. Most importantly, do not open any attachments or click on any of its links, as they may expose your computer to a virus.

* ATTN: ~ 귀하, 주목 (Attention)

① 재무 담당 직원을 모집하려고
② 이메일 사용 예절을 강조하려고
③ 통신망 사업의 성과를 보고하려고
④ 사기성 이메일에 대해 주의를 당부하려고
⑤ 인터넷을 이용한 새로운 업무 방식을 소개하려고

2 다음 글의 목적으로 가장 적절한 것은?

This morning, while my children were watching the *Saturday Morning Kids' Hour* on your station, I noticed that there was an advertisement during one of the commercial breaks showing a group of children playing together on a school playground. When a new child approaches the group and asks if she can join them, the other children reject her because she is not wearing the clothing brand being advertised. This advertisement could have severe negative effects on children's behavior towards others and on their own self-esteem, especially if they themselves are introverted or unpopular. Therefore, I request that you no longer broadcast this advertisement during your *Saturday Morning Kids' Hour* commercial breaks. In its place, positive messages about things like the benefits of eating nutritious foods or treating one another with respect could be broadcast.

① TV 광고가 허위 사실임을 신고하려고
② TV 광고의 교육적 효과에 관해 설명하려고
③ 아동 교육에 효과적인 프로그램을 홍보하려고
④ 광고에 등장하는 의류 브랜드에 대해 문의하려고
⑤ 아동 프로그램 시간대에 나오는 광고에 대해 항의하려고

3   다음 글의 목적으로 가장 적절한 것은?

Dear Ms. Hayes,

Our annual fundraising event, Cook for the Community, is approaching. As you know, this event consists of a buffet-style dinner of barbecue with food prepared by local individuals and restaurants, and it includes a vote on the best barbecued food. We rely heavily on donations from businesses and on volunteer organizers and cooks. We hope that, as a past donor, you will consider giving again this year. The proceeds support people of the community who cannot afford food, so your help would mean a lot. I'm enclosing my card. If you would like to help out, simply contact me or stop by the Food Bank of Northampton on Green Street.

Best regards,
Claire Woods

① 자금 모금 행사에 초대하려고
② 자금 모금 행사를 위한 기부를 부탁하려고
③ 자금 모금 행사를 위한 조리 봉사자를 모집 하려고
④ 자금 모금 행사를 위한 지역 식당의 기부에 감사하려고
⑤ 뷔페 메뉴 선정을 위한 투표에 참여할 것을 권유하려고

---

1 aware 알고 있는   executive 임원, 중역   content 내용   have to do with ~와 관계가 있다   financial 재정의   division 분할; *부서
   in-house 사내의   bear 참다; *지니다   generate 만들어 내다   accurate 정확한   extension 확장; *내선, 구내전화   attachment 애착; *첨부
   파일   expose 드러내다, 노출시키다
2 station 방송국   advertisement 광고   commercial break 광고 방송 시간   reject 거부하다   severe 심각한   introverted 내성[내향]적인
   no longer 더 이상 ~ 아닌   broadcast 방송하다   nutritious 영양분이 많은, 영양가가 높은   respect 존경; *존중
3 fundraising 모금   approach 다가가다[오다]   consist of ~로 이루어지다, 구성되다   buffet 뷔페   individual 각각의, 개인의; *개인
   vote 투표, 표   donation 기부, 기증   volunteer 자원봉사자   organizer 조직원   donor 기부자, 기증자   proceeds 돈, 수익금   afford (~할)
   여유가 되다   enclose 둘러싸다; *동봉하다   stop by ~에 잠시 들르다

1 다음 글의 제목으로 가장 적절한 것은?

When living in a society, people often exchange things with one another in order to gain what they need and achieve their goals. A long time ago, money became the standard form for representing such exchanges. This standard is beneficial because it assigns an exact value to labor, services and goods, allowing each party in an exchange to be sure that the transaction is a fair one. Such exchanges make it possible for the members of a society to work collectively to improve the quality of the society as a whole. As the representative measurement used to carry out each exchange, money enables this to occur. In other words, money by itself has no value. Its value is only created by the fact that it is a social product.

① The Social Value of Money
② Money Comes in Many Forms
③ Money: How to Use It Effectively
④ The Secret to Making Fair Exchanges
⑤ Can Money Change Our Social Status?

2 다음 글의 요지로 가장 적절한 것은?

There was once a king who, seeking to impress his royal guests, commanded his servants to capture monkeys from the forest and train them to dance. The servants were successful, and before long they had taught the monkeys to wear fancy clothes and masks and dance onstage. All the king's guests were very impressed, and they congratulated him on having the finest dancers in the land. One day, a member of the court decided to have some fun. During the monkeys' performance, he threw a handful of nuts onto the stage. The monkeys went wild, ripping off their clothes and masks and fighting with each other over the nuts. The dance was ruined. The audience laughed at the monkeys, but they laughed even harder at the king, ridiculing him for trying to turn monkeys into courtly dancers.

① 더 엄격한 동물 보호법이 필요하다.
② 인간과 원숭이는 많은 특징을 공유한다.
③ 겉모습을 보고 능력을 판단해서는 안 된다.
④ 자신의 능력에 맞는 목표를 수립해야 한다.
⑤ 타고난 본성은 훈련으로 쉽게 바뀌지 않는다.

3 다음 글의 목적으로 가장 적절한 것은?

Dear Ms. Riley,

Your company recently released a new vacuum cleaner. The quality and features of the product are impressive. Before I make a decision about the product, I would like to have details regarding maintenance costs and known quality issues. I am responsible for purchasing the cleaning equipment for a large hotel chain. Over the past few years, I have chosen your brand many times for our cleaning needs. Thanks to your reliable products and excellent customer service, I have never been disappointed. I simply want to know what to expect from this product, so I would be grateful if you could send any testing results or data that would help to reassure me. Thank you in advance for your time.

Sincerely,

Homer Freedman

---

① 고객 만족도를 조사하려고
② 출시 예정 제품을 홍보하려고
③ 예약한 호텔에 숙박 일정을 확인하려고
④ 새로 출시된 제품의 상세 정보를 요청하려고
⑤ 잘못된 제품 정보에 대해 정정을 요구하려고

---

1 exchange 교환하다; 교환 represent 대표하다(a. representative) beneficial 유익한 assign 할당하다; *(가치를) 부여하다 labor 노동
party 정당; *(계약의) 당사자 transaction 거래 collectively 집단[공동]으로 whole 전체의; *전체 measurement 측량; *척도 carry out
~을 수행[실행]하다 **문제** status 신분; *지위
2 command 명령하다 servant 하인 before long 머지 않아, 이윽고 fancy 장식이 많은, 화려한 onstage 무대 위에서 court 법정; *궁정, 왕실
a handful of 한 줌의 rip 찢다 ruin 파괴하다, 망치다 ridicule 조롱하다 courtly 공손한, 우아한
3 release 풀어 주다; *공개하다 vacuum cleaner 진공청소기 feature 특징 impressive 인상적인 regarding ~에 관하여 maintenance
유지, 지속 reliable 믿을 수 있는 grateful 감사하는 reassure 안심시키다 in advance 미리, 사전에

4 다음 글에서 필자가 주장하는 바로 가장 적절한 것은?

Although you might think taking shorter shower can help conserve water, actions like this in fact have a minimal impact. On the other hand, producing beef requires huge amounts of water, because all of the grains cows eat need water to grow. Large amounts of water are also needed to make processed foods such as frozen pizza. Perhaps the worst news of all is that one of the most delicious items we can buy, chocolate, is also one of the most water-demanding. Most individuals have a good deal of control over their purchases, but they tend to be unaware of how environmentally friendly various products are, including how much water is used in their production. So one of the best ways for us to save water is actually to pay closer attention to what we buy.

① 식품 구매 시 재료 및 성분을 확인해야 한다.
② 수질 오염을 막기 위한 신기술을 개발해야 한다.
③ 기업은 소비자에게 친환경 제품을 제공해야 한다.
④ 식품 회사의 물 사용에 대한 정부 규제를 강화해야 한다.
⑤ 물을 절약하기 위해서 구매할 제품 선택에 유의해야 한다.

5 다음 글의 요지로 가장 적절한 것은?

It isn't news that our genes determine many things about us, such as our gender and eye color. The fact that depression can run in families isn't news either. However, whether this depression is in our DNA or a result of our family environment was a mystery until recently. According to new studies on the genetics of depressive illness, some people have a greater chance of developing depression than others. If someone in our immediate family has had the condition, our risk of becoming depressed can be doubled or even tripled. Also, about half of individuals with bipolar disorder have parents with a record of depressive illness. These results do not indicate that depression is unavoidable, but they show that it is more likely for people with certain genes.

* bipolar: 조울증의

① 인간의 모든 것이 DNA에 의해 결정된다.
② 현대인들이 과거보다 더 우울증에 취약하다.
③ 특정 DNA가 우울증의 발병에 영향을 줄 수 있다.
④ 우울증은 환경적인 요인에 의해 크게 영향을 받는다.
⑤ 유전 질환을 예방하기 위해 더 많은 연구가 이뤄져야 한다.

6

다음 글의 내용을 한 문장으로 요약하고자 한다. 빈칸 (A), (B)에 들어갈 말로 가장 적절한 것은?

Deer living in a region where there are no wolves sometimes experience a condition called chronic wasting disease(CWD). Yet, in other regions of the United States where wolves have recently returned, deer populations show no signs of CWD. Similarly, the large grazing animals in Yellowstone National Park, such as bison and elk, used to do as they pleased. With no predators to chase them, they often remained in the same area until they had eaten every last bit of vegetation there. However, since wolves have been reintroduced to the park, the grazers have to move around more to evade them. As a result, the vegetation has grown back and is flourishing. This, in turn, has allowed other animals that rely on the vegetation for food to return as well.

* chronic wasting disease: 만성 소모성 질환   ** elk: 엘크(북유럽, 아시아에 사는 큰 사슴)

⇩

Predators like the wolf play a _____(A)_____ role in maintaining the _____(B)_____ of life in an ecosystem.

	(A)		(B)
①	vital	......	balance
②	harmful	......	stability
③	changing	......	quality
④	complex	......	interaction
⑤	decreasing	......	destruction

---

4 conserve 아끼다   minimal 아주 적은, 최소의   impact 영향   grain 곡물   processed food 가공 식품   purchase 구입, 구매   be unaware of ~을 알지 못하다   environmentally friendly 환경 친화적인

5 gene 유전자   determine 알아내다; *결정하다   gender 성(별)   depression 우울증(a. depressive)   run in the family (자질·특징이) 유전되다   genetics 유전학   develop 개발시키다; *(병이) 생기다   immediate 즉각적인; *직계의   condition 상태; *질환   depressed 우울한; *우울증을 앓는   triple 세 배가 되다   disorder 엉망; *장애   indicate 나타내다, 보여주다   unavoidable 불가피한

6 population 인구; *개체군   graze 풀을 뜯다, 방목하다   bison 들소   predator 포식 동물   vegetation (특정 지역의) 식물   reintroduce 재도입하다   evade 피하다   flourish 잘 자라다, 번성하다   **문제** ecosystem 생태계   vital 중요한   stability 안정성   interaction 상호 작용   destruction 파괴, 말살

7 다음 글의 제목으로 가장 적절한 것은?

One day in 1903, chemist Edouard Benedictus dropped a glass container and it broke on the floor. Amazingly, though, the glass did not shatter. Benedictus investigated the container and found a thin film on the inside left over from when he had filled it with a solution of collodion. Not long after the incident, he was reading the newspaper and came across an article about a car crash. The passengers in the vehicle were badly injured when the windshield glass shattered and cut them. Remembering what had happened to his broken container, Benedictus got the idea that a special coating could be used on windshields to prevent them from shattering. And before long, he succeeded in inventing the world's first safety glass.

* collodion: 콜로디온(사진 필름에 바르는 용액)

① Safety Glass Brings Unexpected Benefits
② Safety Devices Used to Prevent Car Accidents
③ Overcoming Injuries from Automobile Accidents
④ An Accidental Discovery Leads to a New Product
⑤ How Safety Glass and Normal Glass Are Different

8 다음 글의 주제로 가장 적절한 것은?

Quarantine inspections are performed in airports to help stop diseases from spreading from country to country. This practice began in 14th-century Europe, during the time of a horrific plague that killed one-third of the continent's population. In 1377, the first quarantine law was passed in the city of Ragusa, now known as Dubrovnik, Croatia. All ships arriving from plague areas had to remain isolated until it was certain that none of the crew members were infected. Later, 40 days was decided upon as the length of time the ships had to wait. Although there was no scientific reason for choosing such a specific period of time, this practice led to the modern concept of quarantines. In fact, this is actually where the word quarantine comes from — Ragusa was an Italian-speaking city, and the Italian word for 40 is *quaranta*.

* quarantine: (전염병 확산을 방지하기 위한) 격리

① how the practice of quarantine originated
② the limits of quarantines in modern society
③ benefits of enforcing quarantine inspections
④ how to perform quarantine inspections properly
⑤ the most efficient strategy for improving health care

9

다음 글의 내용을 한 문장으로 요약하고자 한다. 빈칸 (A), (B)에 들어갈 말로 가장 적절한 것은?

For many years, it has been suggested that people who experience severe jet lag have problems with their short-term memory. For example, pilots and flight attendants who travel on many long-distance flights in a short period often report things like losing their keys and being unable to remember their hotel room numbers. A researcher recently experienced this phenomenon after flying on several trans-Atlantic flights in one month. Intrigued, he decided to study how jet lag affects brain functions, especially memory. He scanned the brains of people suffering from serious jet lag and compared the images to those of people who had not traveled at all. His findings indicated that jet lag caused harm to the people's brain cells and that part of their brains had even shrunk.

⇩

According to a recent experiment, jet lag may cause a form of brain ____(A)____ and result in a decrease in short-term memory ____(B)____ .

	(A)		(B)
①	damage	⋯⋯	capacity
②	development	⋯⋯	problems
③	damage	⋯⋯	growth
④	development	⋯⋯	capacity
⑤	activation	⋯⋯	problems

---

7 chemist 화학자 container 용기 shatter 산산조각 나다 investigate 조사하다 film 영화; *(얇은) 막 solution 해결; *용액 incident 사건 come across ~을 우연히 발견하다[마주치다] crash 충돌 vehicle 차량 windshield (자동차) 앞유리 **문제** automobile 자동차 accidental 우연한

8 inspection 점검, 검사 spread 퍼지다, 확산되다 horrific 끔찍한, 무시무시한 plague 역병; *흑사병 continent 대륙 isolated 고립된 crew 승무원, 선원 infect 감염시키다 **문제** originate 비롯되다, 유래하다 limit 한계(점) enforce 집행하다, 시행하다 health care 의료 서비스, 보건

9 jet lag 시차증 flight attendant 항공 승무원 phenomenon 현상 intrigue 호기심을 돋우다 scan 정밀 촬영하다 finding 《pl.》 조사 결과 shrink 줄다, 오그라들다 **문제** capacity 용량; *능력 activation 활성화

PART 2

추론하면서 읽어라

빈칸 추론

유형 설명	글의 전반적인 내용을 파악하여 빈칸에 가장 적절한 단어나 어구를 추론하는 유형이다.
해결 전략	• 빈칸 내용은 주로 글의 주제나 요지와 관련되므로, 반복적으로 등장하는 핵심어구에 주목하여 글의 내용을 파악한다. • 빈칸 전후 문장을 통해 전후 관계 및 논리의 흐름을 살펴본다. 빈칸 전후에 사용된 어구들이 정답의 단서가 되므로 특히 집중하여 읽는다. • 선택한 내용을 빈칸에 넣어 보고 글의 맥락에 논리적으로 적합한지 확인한다.

다음 빈칸에 들어갈 말로 가장 적절한 것은?   2023 수능

We understand that the segregation of our consciousness into present, past, and future is both a fiction and an oddly self-referential framework; your present was part of your mother's future, and your children's past will be in part your present. Nothing is generally wrong with structuring our consciousness of time in this conventional manner, and it often works well enough. In the case of climate change, however, the sharp division of time into past, present, and future has been desperately misleading and has, most importantly, hidden from view the extent of the responsibility of those of us alive now. The narrowing of our consciousness of time smooths the way to divorcing ourselves from responsibility for developments in the past and the future with which our lives are in fact deeply intertwined. In the climate case, it is not that _____. It is that the realities are obscured from view by the partitioning of time, and so questions of responsibility toward the past and future do not arise naturally.

* segregation: 분리 ** intertwine: 뒤얽히게 하다 *** obscure: 흐릿하게 하다

① all our efforts prove to be effective and are thus encouraged

② sufficient scientific evidence has been provided to us

③ future concerns are more urgent than present needs

④ our ancestors maintained a different frame of time

⑤ we face the facts but then deny our responsibility

☐ segregation, part of, structuring, sharp division, deeply intertwined 등의 핵심 어구를 통해, 시간에 대한 구분이나 분리, 구조화가 우리의 정확한 판단에 방해를 줄 수 있다는 내용에 관한 글임을 알 수 있다.

☐ 특히 기후 변화와 같은 경우에 우리의 판단력이 흐려질 가능성 있으며, 빈칸의 문장 〈it is not that ~〉과 빈칸 뒤의 문장 〈It is that ~〉은 정확히 이 문제에 관해 서로 정반대되는 의견이 제시되고 있음을 알 수 있다.

☐ 빈칸 뒤의 내용이 시간을 나누는 것이 현실 인식을 방해하여 과거와 미래의 책임에 관한 질문이 생기지 않는다는 내용이고 빈칸에는 직면한 현실을 알면서도 단순히 책임을 지지 않는 것이 문제가 아니라는 정반대되는 현실 인식과 책임에 관한 내용이 되어야 하므로 ⑤ '우리가 사실을 직면하지만 우리의 책임을 부인하는'이 들어가야 가장 적절하다.

정답 ⑤

이렇게도
나왔다⁺

다음 빈칸에 들어갈 말로 가장 적절한 것은?   2021 7월 고3 전국연합학력평가

Relatively undeveloped languages have no single word for plants. The lack of a term doesn't mean they don't perceive differences, and it doesn't mean they don't know the difference between spinach and a cactus; they just lack an all-encompassing term with which to refer to plants. We see cases like this in our own language. For example, English lacks a single basic term to refer to edible mushrooms. We also lack a term for all the people you would have to notify if you were going into the hospital for three weeks. These might include close relatives, friends, your employer, the newspaper delivery person, and anyone you had appointments with during that period. The lack of a term doesn't mean you don't understand the concept; it simply means that the _____ isn't reflected in our language. This could be because a need for it hasn't been so pressing that a word needed to be coined.

① category   ② history   ③ mood
④ frequency   ⑤ preference

1 다음 빈칸에 들어갈 말로 가장 적절한 것은?

Sloths are naturally gray or brown. However, sloths living in the wild slowly turn green as they age. This is because a wide range of microorganisms live in their thick fur. These microorganisms allow algae to grow. It's a win-win situation — the algae get a place to live, and the sloths receive an effective form of camouflage. Scientists now believe that some of the fungi that live in sloth fur _____. After collecting and analyzing 84 species of fungi living in sloth fur, researchers found that some of them act as antibiotics. There were even some species that showed the ability to reduce the risk of breast cancer or malaria. More studies are needed, but the researchers are optimistic about the potential medical uses of these fungi.

① may spread certain diseases
② could also be beneficial to humans
③ can easily live on human skin as well
④ are slowly being killed by human activity
⑤ cannot be found anywhere else on Earth

2 다음 빈칸에 들어갈 말로 가장 적절한 것은?

Sleeping in an unfamiliar bed can be difficult. In fact, sleep problems caused by new surroundings are referred to as the "first night effect." Researchers believe that this phenomenon is caused by a division in our brains — the right hemisphere sleeps deeply, but the left hemisphere does not. The reason for this imbalance is that one of the roles of the left hemisphere is to _____ when we find ourselves in a strange environment. In other words, the "first night effect" is a sort of built-in security guard working the night shift. If it hears the slightest sound, it wakes us up. While this mechanism was probably quite useful when our ancestors were sleeping in a jungle full of predators, it can be a real inconvenience when we spend the night in a hotel room or a friend's house.

MINI Q.

밑줄 친 this phenomenon 이 의미하는 것을 우리말로 쓰시오.

① stay alert   ② remain idle
③ calm us down   ④ produce hormones
⑤ process information

3

다음 빈칸에 들어갈 말로 가장 적절한 것은?

"Systems thinking" refers to the ability to see how things work as a whole rather than just looking at their separate parts. Many people have learned that the best way to solve a problem is to break a system up into smaller parts and then make each part work well. However, improving each section does not necessarily mean you've improved the whole. In fact, changing a single part for the better can actually _____. Imagine a small city with a traffic problem. Rather than looking at the whole situation, the city government simply decides to build more roads. Because of these new roads, more and more people begin moving to the suburbs. In the end, the solution has not helped. Instead it has enabled suburban sprawl and increased traffic congestion, all because systems thinking wasn't used.

① ignore unrelated processes
② increase the number of parts needed
③ make the whole system less effective
④ cause small upgrades to limited areas
⑤ divide the system into two separate parts

---

1   sloth 나무늘보   microorganism 미생물   algae 말, 해조류   camouflage 위장, 속임수   fungi 《pl.》 균류, 곰팡이류   antibiotic 항생제, 항생물질
malaria 말라리아   optimistic 낙관적인, 낙관하는   문제 benefical 유익한
2   surroundings 《pl.》 환경   refer to A as B A를 B라고 부르다   phenomenon 현상   division 분할, 분배   hemisphere 반구   imbalance
불균형   built-in 붙박이의   security 보안   night shift 야간 근무   mechanism 기계 장치; *(생물체 내에서 특정 기능을 하는) 구조, 기제
ancestor 조상, 선조   inconvenience 불편   문제 alert 기민한; *경계하는   idle 게으른   calm down ~을 진정시키다   hormone 호르몬
3   refer to ~을 나타내다   separate 분리된   break up into ~로 쪼개다   suburb 교외(a. suburban)   enable 가능하게 하다   sprawl (도시의)
무계획적인 팽창 현상   traffic congestion 교통 체증   문제 unrelated 관련 없는   divide into ~로 나누다

4 다음 빈칸에 들어갈 말로 가장 적절한 것은?

Can you perform two different activities at once? Most people can, as long as the two tasks _____. For example, musicians can read music and play their instruments at the same time. They focus on visual information to read the music, and they produce a physical response to play it. Since these tasks involve different kinds of concentration, they can be carried out simultaneously. The same is true for talking while driving a car. Our concentration on language does not interfere with our concentration on driving. On the other hand, most people find <u>it</u> impossible to do two similar things at once, such as reading a book and having a conversation. Both rely on the use of language, so we can only do one at a time.

MINI Q.

밑줄 친 it이 가리키는 것을 찾아 쓰시오.

① are part of one larger task
② are done with more attention
③ do not involve physical activity
④ require different kinds of attention
⑤ are familiar to the person performing them

5 다음 빈칸에 들어갈 말로 가장 적절한 것은?

These days, the media seems to be overly dependent on opinion polls. These polls are good for ratings because people pay attention to their results, believing them to be scientific shortcuts to understanding the truth about an issue. The straightforward ratios and percentages that polls produce seem to be reliable, precise, and objective. However, there are many potential pitfalls that can cause polls to be inaccurate. If the person writing the questions used in the poll is biased, it is likely that the results will be slanted in that direction as well. Also, if the questions aren't asked of a diverse group of people, the results cannot be considered to represent the entire population. Although polls have some worth, you shouldn't _____.

① attempt to make your own
② have too much faith in them
③ underestimate their importance
④ have doubts about their accuracy
⑤ trust the people who answer them

6

다음 빈칸에 들어갈 말로 가장 적절한 것은?

The exact origins of drama in ancient Greece are unknown, but many theories have been put forth. One of the most accepted of these asserts that _____. Thousands of years ago, people desired to control the unpredictable elements of nature through various methods. When one of these methods seemed to have the desired results, it was repeated over and over until it became a ritual. These rituals often featured music and dance, with masked and costumed people performing on stage. Over the years, the superstitions and myths that originally created the rituals disappeared as <u>they</u> were disproved by knowledge. What remained of these performances provided the basis for much of modern art and drama.

MINI Q.

밑줄 친 they가 가리키는 것을 찾아 쓰시오.

① foreign cultures brought drama to the Greeks

② drama did not exist until modern religion began

③ ancient people used drama to communicate ideas

④ superstitious rituals gradually evolved into drama

⑤ performing in a theater was a way of earning a living

---

4 **at once** 즉시; *동시에 **as long as** ~하는 한 **music** 음악; *악보 **visual** 시각의 **response** 대답; *반응 **involve** 수반[포함]하다 **concentration** 집중, 집중력 **simultaneously** 동시에 **interfere with** ~을 방해하다 **rely on** ~에 의지하다, ~을 필요로 하다

5 **overly** 너무, 몹시 **dependent** 의존하는 **poll** 여론조사 **rating** 평가 **straightforward** 간단한 **ratio** 비율 **reliable** 믿을 수 있는 **precise** 정확한, 정밀한 **objective** 객관적인 **pitfall** 위험 **inaccurate** 부정확한 **biased** 편향된, 편견을 가진 **slant** 기울게 하다; *편향되게 제시하다 **diverse** 다양한 **represent** 대표하다 문제 **faith** 믿음, 신뢰 **underestimate** 과소평가하다 **accuracy** 정확(성)

6 **drama** 희곡 **put forth** ~을 내놓다 **assert** 주장하다 **desire** 바라다, 원하다 **unpredictable** 예측할 수 없는 **element** 요소 **ritual** 의식 **costume** 의상을 입히다 **superstition** 미신(a. superstitious) **myth** 신화 **disprove** 틀렸음을 증명하다 **basis** 근거; *기초 문제 **religion** 종교 **evolve** 진화[발달]하다 **earn a living** 생계를 꾸리다

유형 다가가기	유형 설명	글의 중심 내용을 바탕으로 밑줄 친 어구나 문장의 함축적 의미를 추론하는 유형이다.
	해결 전략	• 전체 글을 빠르게 읽고 중심 소재와 전체적인 흐름을 파악한다. • 밑줄 친 어구나 문장의 표면적인 의미를 파악하고, 전체 글을 읽으며 그것이 내포하고 있는 의미를 파악한다. • 답을 고를 때에는 반드시 본문에서 근거를 찾아야 한다.

**기출
깨뜨리기** 밑줄 친 make oneself public to oneself가 다음 글에서 의미 하는 바로 가장 적절한 것은?

2023 수능

Coming of age in the 18th and 19th centuries, the personal diary became a centerpiece in the construction of a modern subjectivity, at the heart of which is the application of reason and critique to the understanding of world and self, which allowed the creation of a new kind of knowledge. Diaries were central media through which enlightened and free subjects could be constructed. They provided a space where one could write daily about her whereabouts, feelings, and thoughts. Over time and with rereading, disparate entries, events, and happenstances could be rendered into insights and narratives about the self, and allowed for the formation of subjectivity. It is in that context that the idea of "the self [as] both made and explored with words" emerges. Diaries were personal and private; one would write for oneself, or, in Habermas's formulation, one would <u>make oneself public to oneself</u>. By making the self public in a private sphere, the self also became an object for self-inspection and self-critique.

* disparate: 이질적인   ** render: 만들다

① use writing as a means of reflecting on oneself

② build one's identity by reading others' diaries

③ exchange feedback in the process of writing

④ create an alternate ego to present to others

⑤ develop topics for writing about selfhood

□ 글의 도입부를 통해 개인 일기(the personal diary)에 관한 글임을 알 수 있다.

□ 일기는 자신의 행방, 감정, 생각 등을 매일 쓸 수 있는 공간으로 결국 일기 쓰는 사람의 주체성을 형성시키며, 사적으로 이루어지는 자아 탐구의 공간임을 나타낸다.

□ 밑줄 친 어구의 단서는 바로 뒷 문장의 자기 자신을 사적 영역에 공개한다는 의미와 연결되며, 이로 인해 자기 점검과 자기 비판을 하였다는 것이므로 밑줄 친 부분이 의미하는 것은 ① '글을 자기 자신을 되돌아보는 수단 으로 사용하다'가 가장 적절하다.

정답 ①

이렇게도
나왔다⁺

밑줄 친 "view from nowhere"가 다음 글에서 의미하는 바로 가장 적절한 것은?

2023 6월 고3 수능모의평가

Our view of the world is not given to us from the outside in a pure, objective form; it is shaped by our mental abilities, our shared cultural perspectives and our unique values and beliefs. This is not to say that there is no reality outside our minds or that the world is just an illusion. It is to say that our version of reality is precisely that: *our* version, not *the* version. There is no single, universal or authoritative version that makes sense, other than as a theoretical construct. We can see the world only as it appears to us, not "as it truly is," because there is no "as it truly is" without a perspective to give it form. Philosopher Thomas Nagel argued that there is no "view from nowhere," since we cannot see the world except from a particular perspective, and that perspective influences what we see. We can experience the world only through the human lenses that make it intelligible to us.

* illusion: 환영

① perception of reality affected by subjective views
② valuable perspective most people have in mind
③ particular view adopted by very few people
④ critical insight that defeats our prejudices
⑤ unbiased and objective view of the world

적용독해

1   밑줄 친 'This is especially true of the flamingo.'가 다음 글에서 의미하는 바로 가장 적절한 것은?

According to an old saying, "you are what you eat." This is especially true of the flamingo. Although its color is its most distinctive characteristic, the bright pink of flamingo feathers is not a hereditary trait. Instead, it comes from a reddish-orange pigment called beta-carotene. It is found in the algae, larvae, and brine shrimp that the flamingo eats. Enzymes in the flamingo's digestive system break down beta-carotene. It is absorbed by the liver and distributed to the feathers and skin. The flamingo is actually gray at birth, but this process gradually changes its color to pink. Humans also eat foods containing beta-carotene, such as carrots and tomatoes, but not nearly enough to affect their color. The flamingo, on the other hand, has a diet heavy in beta-carotene-rich foods.

* beta-carotene: 베타카로틴   ** brine shrimp: 브라인 새우

① The flamingo is strongly affected by its diet.
② The diet of the flamingo is extremely limited.
③ You can learn a lot from how the flamingo eats.
④ The flamingo changes color to avoid being eaten.
⑤ People and flamingos eat many of the same foods.

2   밑줄 친 'So do we.'가 다음 글에서 의미하는 바로 가장 적절한 것은?

As trees grow year after year, they shed layers of bark that once protected them but can no longer contain their expanding bulk. So do we. We eventually outgrow the defenses that we develop to shield ourselves from certain unpleasant things in our lives. If we are not able to do this, we will fail to grow and realize our full potential. Trees rely on their tough bark to guard their delicate processes of growth and transformation from outside threats. Likewise, our defenses allow us to heal ourselves during troubled times and prepare to face the world again. But once we have fully healed and are whole again, we must discard these barriers. Otherwise, we will never be able to experience the true pleasures of life.

① Both trees and people grow year after year.

② Healing is a process that is slow and difficult.

③ People get rid of defenses they no longer need.

④ People need a protective barrier similar to bark.

⑤ Trees provide people with the shelter they require.

3

밑줄 친 scheme our way out of the frustration이 다음 글에서 의미하는 바로 가장 적절한 것은?

Do you remember starting school? Numbers and letters seemed like some kind of complicated, mysterious code. To learn basic reading skills, you had to leave your comfort zone. The process took a long time, and you had to accept that you didn't know what was going on and that some things didn't make sense to you. For some reason, we adults think that learning is easier for us. We expect a set of painless steps and maybe some practice. We have strategies, and we pretend to make everything organized. But we can't scheme our way out of the frustration. Business workshops provide evidence of this. Employees of all ages and positions struggle with unfamiliar topics, especially the difficult ones, like tax law. Instructors can improve their methods, but there is no way to take out the discomfort. That is a natural and unavoidable part of the process.

① memorize difficult concepts as we get older

② escape the process of setting educational goals

③ apply learning strategies to every topic we study

④ avoid the difficulty of learning by being organized

⑤ learn efficiently by following a set of planned steps

---

1 flamingo 홍학, 플라밍고 distinctive 독특한 characteristic 특징, 특질 hereditary 유전적인 trait 특성 pigment 색소 algae 말, 해조류 larva 유충, 애벌레(《pl.》 larvae) enzyme 효소 digestive 소화의 absorb 흡수하다, 빨아들이다 liver 간 distribute 나누어주다, 분배하다

2 shed 없애다; *(나무가) 잎을 떨어지게 하다 bark 나무껍질 expand 확장되다 bulk 크기, 부피 outgrow ~보다 커지다; *벗어 버리다 defense 방어(물) shield 보호하다, 감싸다 realize 깨닫다; *실현하다 delicate 연약한 transformation 변형, 변화 threat 위협; *위험 heal 치유하다, 낫게 하다 discard 버리다 barrier 방벽, 장벽 문제 get rid of ~을 없애다, 제거하다 shelter 피난처; *쉼터

3 complicated 복잡한 mysterious 불가사의한 code 암호, 부호 comfort 안락, 편안(↔ discomfort) painless 고통 없는, 아프지 않은 scheme 책략을 꾸미다; *계획하다 frustration 불만, 좌절감 position 위치; *지위 instructor 강사 unavoidable 불가피한, 어쩔 수 없는

심경·분위기 추론

유형 다가가기	유형 설명	특정 상황을 묘사한 글을 읽고, 인물이 느꼈을 심경 및 심경의 변화나 글 전체에서 드러나는 분위기를 추론하는 유형이다.
	해결 전략	• 글의 도입부에서 인물, 시간 및 장소 등을 통해 묘사하고 있는 상황이나 사건의 배경을 파악한다. • 형용사, 부사, 또는 특정한 상황을 나타내는 동사 등 심경이나 분위기와 관련된 표현에 주목한다. • 단편적인 부분에 치중하지 말고 글을 끝까지 읽은 후 종합적으로 판단한다. • 글에 제시된 상황의 분위기와 인물의 심경이 반드시 일치하는 것은 아니므로, 두 가지를 혼동하지 않도록 유의한다.

**기출
깨뜨리기**   다음 글에 드러난 'I'의 심경 변화로 가장 적절한 것은?   `2021 수능`

Once again, I had lost the piano contest to my friend. When I learned that Linda had won, I was deeply troubled and unhappy. My body was shaking with uneasiness. My heart beat quickly and my face became reddish. I had to run out of the concert hall to settle down. Sitting on the stairs alone, I recalled what my teacher had said. "Life is about winning, not necessarily about winning against others but winning at being you. And the way to win is to figure out who you are and do your best." He was absolutely right. I had no reason to oppose my friend. Instead, I should focus on myself and my own improvement. I breathed out slowly. My hands were steady now. At last, my mind was at peace.

① grateful → sorrowful
② upset → calm
③ envious → doubtful
④ surprised → disappointed
⑤ bored → relieved

□ 글의 전반부에서 글쓴이 'I'는 경연대회에서 친구에게 진 것에 대해 deeply trouble, unhappy, uneasiness 등으로 표현하면서 자신에 대해 매우 '속상하고 화남'을 나타내고 있다.

□ 글의 중반부에서 경쟁자는 다른 사람이 아닌 자기 자신이라는 선생님의 말씀을 떠올리며 자신을 반성하는 내용이 나온다.

□ 마지막 부분에 천천히 숨을 내쉬고, 손이 더 이상 떨리지 않는다는 것으로 보아 마음이 상당히 '진정'되었음을 알 수 있다.

정답 ②

다음 글의 상황에 나타난 분위기로 가장 적절한 것은?   **2020 9월 고2 전국연합학력평가**

Meghan looked up and saw angry gray clouds rolling across the water. The storm had turned and was coming her way. She stood up and reached for her sandals. That's when she spotted the dog splashing around in the middle of the lake. At first she thought he was playing. She watched for a second or two, then realized the dog wasn't playing. He was trying to keep from going under. With her heart pounding like a trip-hammer, she ran into the water and started swimming toward the dog. Before she got to the dog, the rain started. She saw the dog, and seconds later he was gone. She pushed forward frantically, her arms reaching out in long strokes, her legs kicking harder and faster.

① grave and solemn
② tense and urgent
③ calm and peaceful
④ festive and lively
⑤ monotonous and boring

적용독해

1 다음 글에 드러난 'I'의 심경으로 가장 적절한 것은?

As we drove toward the field, I spotted the sign for Blue Sky Tours. There were several hot-air balloon companies set up around the field, but the Blue Sky balloons were the biggest. When we arrived, our balloon was inflated and ready to go, so we didn't have to wait at all. Having never been in a hot-air balloon before, my heart was pounding as I climbed into the basket. It was more spacious than I had expected and was divided into five sections. There was a massive torch in the center, and as the pilot turned up the flame, we began to slowly rise into the air. The view was magnificent. We could see the road we had driven on and the village in which we had spent the night. And all around us were tall mountains and endless fields of green.

① excited   ② proud
③ confused   ④ regretful
⑤ disappointed

2 다음 글의 상황에 나타난 분위기로 가장 적절한 것은?

It's 6:30 in the morning, and the Jones family is beginning their day. Charlene, who is five-months pregnant, is feeding bananas and cereal to Brian, her ten-month-old child. Suddenly, Roger, the two-year-old, begins screaming. The family dog, Jules, has just knocked him over. Charlene hurriedly chases the barking dog out into the backyard and then begins to change Roger's diaper, all the while continuing to sing "Open, Shut Them" to Brian to encourage him to chew his food. Jim, her husband, enters the room, frantically trying to button his shirt and tie his tie. In his new diaper, Roger stumbles over to him and grabs onto his leg. "I'm sorry, I can't play with you now," Jim tells him. "I'm late for work again."

① noisy and busy   ② sad and gloomy
③ romantic and dreamy   ④ tense and urgent
⑤ strange and frightening

3

다음 글에 드러난 'I'의 심경 변화로 가장 적절한 것은?

One warm day last summer, Emily and I decided to go for a walk down the beach. As we were walking, I realized how much I had missed the ocean. I breathed the fresh sea air in and out. The soothing sound of waves on the sand was all I could hear. But as the tide rose, it became difficult to continue walking. So we tried to take a shortcut back to the street, through the backdoor of an old apartment building. Inside, we could see that the building was actually abandoned. As quickly as possible, we walked down the hallway to the front door. It was locked. I didn't know what to do, but Emily confidently turned down another hallway. It was so dark that I could hardly see. My heart started to beat faster. We tried the next door. It was locked too.

① excited → ashamed
② delighted → sorrowful
③ relaxed → frightened
④ horrified → concerned
⑤ indifferent → annoyed

---

1 spot 발견하다 hot-air balloon 열기구 inflate 부풀게 하다 pound (가슴이) 쿵쾅거리다 spacious 넓은 massive 거대한 magnificent 아주 훌륭한 endless 끝없는
2 pregnant 임신한 knock over ~을 치어 넘어뜨리다 chase out ~을 쫓아내다 bark (개가) 짖다 diaper 기저귀 all the while 그동안 죽, 내내 chew 씹다 frantically 미친 듯이 stumble 비틀거리며 걷다 grab 부여잡다 문제 dreamy 꿈을 꾸는 듯한 tense 긴박한, 긴장한 urgent 긴급한
3 breathe 호흡하다, 숨을 쉬다 soothing 달래는, 위로하는 tide 조수, 밀물과 썰물 shortcut 지름길 abandoned 버려진 hallway 복도 confidently 자신 있게, 대담하게 beat 이기다; *(심장이) 고동치다 문제 ashamed 창피한, 수치스러운 sorrowful 슬픈 indifferent 무관심한

1 다음 빈칸에 들어갈 말로 가장 적절한 것은?

Over the centuries, people have come up with many different methods of _____. In ancient Asia, for example, suspected criminals were given a handful of raw rice. The suspect would chew on the rice and then be instructed to spit it out. Innocent people would have no trouble spitting out the rice grains, but the rice would stick inside the mouths of guilty people. The science behind this is that people who are nervous or fearful, as criminals may be when they're being questioned about their crimes, experience certain reactions in their nervous systems. One such reaction is that the mouth stops producing saliva, making it very dry and causing the rice to stick to it. The modern polygraph test works on the same principle.

* polygraph: 거짓말 탐지기

① punishing convicted criminals
② studying the human nervous system
③ telling the dishonest from the truthful
④ helping people remain in good health
⑤ investigating certain economic crimes

2 밑줄 친 'the opposite proved to be true'가 다음 글에서 의미하는 바로 가장 적절한 것은?

The United States Air Force saw many of its aircraft involved in crashes between 1950 and 1959. People at the time considered lack of ability the most obvious reason. So the Air Force decided to give pilots better control and comfort by designing pilot-friendly cockpits. To help design a comfortable cockpit, a researcher named Gilbert S. Daniels looked at more than 4,000 pilots, taking 140 measurements of each one. He identified the ten most important measurements — such as sitting height and arm length — and found the average 30 percent for each. Daniels theorized that a cockpit sized for the average pilot would meet the needs of the majority of pilots. However, the opposite proved to be true. There was not a single pilot who was average for all ten measurements, demonstrating that there really is no such thing as normal.

* cockpit: 조종석

① pilots were satisfied with cockpits that fit all of their measurements
② a minority of pilots were unable to fit in the cockpit Daniels designed
③ aircraft accidents are seldom caused by the ability or size of the pilots
④ the cockpit designed for average pilots did not perfectly suit any pilots
⑤ height and arm length were the least important of the ten measurements

---

1 come up with ~을 생각해내다 suspect 의심하다, 용의자 criminal 범죄자 a handful of 한 줌의 raw 날것의 instruct 지시하다
spit out ~을 뱉어내다 innocent 결백한 grain (곡식의) 낱알 guilty 죄책감이 드는; *유죄의 question 심문하다 crime 범죄 reaction 반응
saliva 침, 타액 principle 원리 **문제** convict 유죄를 선고하다 tell A from B A와 B를 구별하다 investigate 조사하다

2 aircraft 항공기 involve 수반[포함]하다; *관련[연루]시키다 obvious 분명한, 명백한 measurement 측정; *치수 identify 확인하다, 알아보다
theorize 이론을 제시하다[세우다] majority 가장 많은 수, 다수 demonstrate 입증하다 normal 보통의, 평범한; *평균 **문제** minority 소수(집단)
seldom 거의 ~않는

3

다음 글의 빈칸에 들어갈 말로 가장 적절한 것은?

People are born with a certain amount of sympathy and consideration for others, and this moral core can even lead them to act in a way that benefits others instead of themselves. Education can strengthen their sense of justice so that selfishness all but disappears from their decision-making process. However, when it comes to larger social groups, this level of morality becomes extremely difficult to achieve. One of the main factors responsible for the _____ of the morality of groups, when compared to that of individuals, is collective egoism. Egoistic impulses become much stronger when they are united in a group than when they are held by a single person. They are also more vividly expressed, and it is difficult to establish a rational social force to regulate this reservoir of self-interest.

① confidence
② authority
③ prejudice
④ inferiority
⑤ inflexibility

4

밑줄 친 They walk on a delicate tightrope every day가 다음 글에서 의미하는 바로 가장 적절한 것은?

With the help of social media, celebrities can easily stay connected to their fans in a number of ways. Through their personal accounts, they can share snapshots of their private lives as well as reply to fans' comments promptly and directly. Due to this approach to communication, fans can develop a feeling of intimacy and a personal connection. However, because celebrities need to carefully manage public perception, it is increasingly difficult to tell what is real and what is just for show. They walk on a delicate tightrope every day. By carefully presenting a certain image of themselves, celebrities have an impact on both the way we perceive them specifically as well as "real" people in general. Furthermore, this trend is likely to continue, compounding the problem of differentiating fact from fiction. This makes it difficult for stars to remain authentic while also responding to fans' ever-increasing demand for behind-the-scenes access to their favorite celebrities' personal lives.

① It is a challenging task for celebrities to manage their public image.
② It is almost impossible for celebrities to meet the expectations of everyone.
③ Celebrities should promote the public good at the sacrifice of their private lives.
④ Celebrities' images presented online are wildly different from their actual selves.
⑤ Self-presentation and impression management are most important for celebrities.

5

다음 글에 드러난 'I'의 심경으로 가장 적절한 것은?

The time we spent at the camp in the mountains was almost magical. One evening, after a delicious dinner of fresh fish and beans, my mother and father took me down to the river to watch the sunset. We strolled through the woods holding hands, listening as the birds sang sweet songs. It was warm, but a cool breeze blew gently through the trees. When we reached the river, the water sparkled with all the colors of the setting sun. We stood there without saying a word, watching the blue of the sky darken into black. I hugged both of my parents, and then we walked back to the camp, all three of us chatting about our plans to roast marshmallows over an open fire.

① excited and thrilled   ② happy and comfortable

③ regretful and ashamed   ④ nervous and frightened

⑤ humiliated and helpless

---

3 sympathy 동정, 연민 consideration 배려 moral 도덕의(n. morality) core 핵심 strengthen 강화하다 all but 거의
when it comes to ~에 대해서라면 extremely 극도로, 극히 factor 요인 collective 집단의, 단체의 egoism 이기주의(a. egoistic)
impulse 충동 rational 합리적인 force 힘; *영향력 regulate 규제하다 reservoir 저수지; *비축, 저장 self-interest 이기심
문제 authority 권위 prejudice 편견 inferiority 열등함 inflexibility 강직함

4 celebrity 연예인, 유명 인사 account 계정 promptly 즉시로, 신속히 intimacy 친밀함 perception 인식, 생각 delicate 미묘한, 섬세한
tightrope 팽팽한 줄 have an impact on ~에 영향을 주다 specifically 구체적으로 compound 혼합하다 behind-the-scenes 남몰래,
무대 뒤에서

5 magical 마법과 같은 sunset 일몰 stroll 거닐다, 산책하다 breeze 산들바람 sparkle 반짝이다 set 놓다; *(해·달이) 지다 darken 어두워지다
roast 굽다 문제 thrilled 아주 신난 humiliated 창피한

6 다음 글의 빈칸에 들어갈 말로 가장 적절한 것은?

It has been proven through scientific experiments that there are some animals that _____. The Laysan albatross, a large seabird found in the northern part of the Pacific Ocean, is a great example of this. In 1957, 18 Laysans were taken from their home on Midway Island, a tiny piece of land in the middle of the Pacific Ocean. The birds were transported by plane to faraway places, including Japan, the Philippines, and Hawaii, where they were set free. It was known that the albatross could fly great distances with its huge wings, but no one imagined that these birds would be able to make it home again. Before long, however, 14 of the 18 Laysan albatrosses had found their way back home to Midway Island.

* Laysan albatross: 라이산 알바트로스(거대한 바닷새의 일종)

① prefer to travel in large groups
② can adapt to any type of environment
③ return to their birthplace to reproduce
④ have an extraordinary sense of direction
⑤ use up most of their energy during migration

7 다음 글에 드러난 'a man'의 심경으로 가장 적절한 것은?

It was the middle of winter, and a man was hiking in the wilderness. His trail led over a frozen pond, but when he was almost across, the thin ice suddenly cracked. He plunged into the frigid water. Using all his strength, he managed to pull himself back onto the land. His mind raced. He had to make a fire to dry off and warm himself up. There was no time for error. He found some dead branches and then reached into his bag for the matches, but his fingers had gone numb and he couldn't find them. He dumped the bag's contents onto the ground. Tearing off his gloves, he picked up the matchbox and tried desperately to light one. Again and again he tried, but the matches refused to spark.

① relieved
② envious
③ indifferent
④ frustrated
⑤ encouraged

8

다음 글의 빈칸에 들어갈 말로 가장 적절한 것은?

The appearance of motion can be defined as the continuous displacement of an object in space in reference to a second object. If there is no second object to serve as a reference point, motion won't be apparent. For example, if you are in a moving car, the objects in the landscape that move past serve as reference points, giving you the sensation of motion. Likewise, in an airplane, the earth's surface can serve as a reference point. Of course, the closer the reference point, the stronger the sense of motion. For this reason, astronauts orbiting the earth at thousands of miles per hour can barely perceive a feeling of motion, as their reference point, the earth, is _____.

① not moving itself
② spherical in shape
③ extremely far away
④ in continuous motion
⑤ moving in the other direction

PART 3

정확하게 읽어라

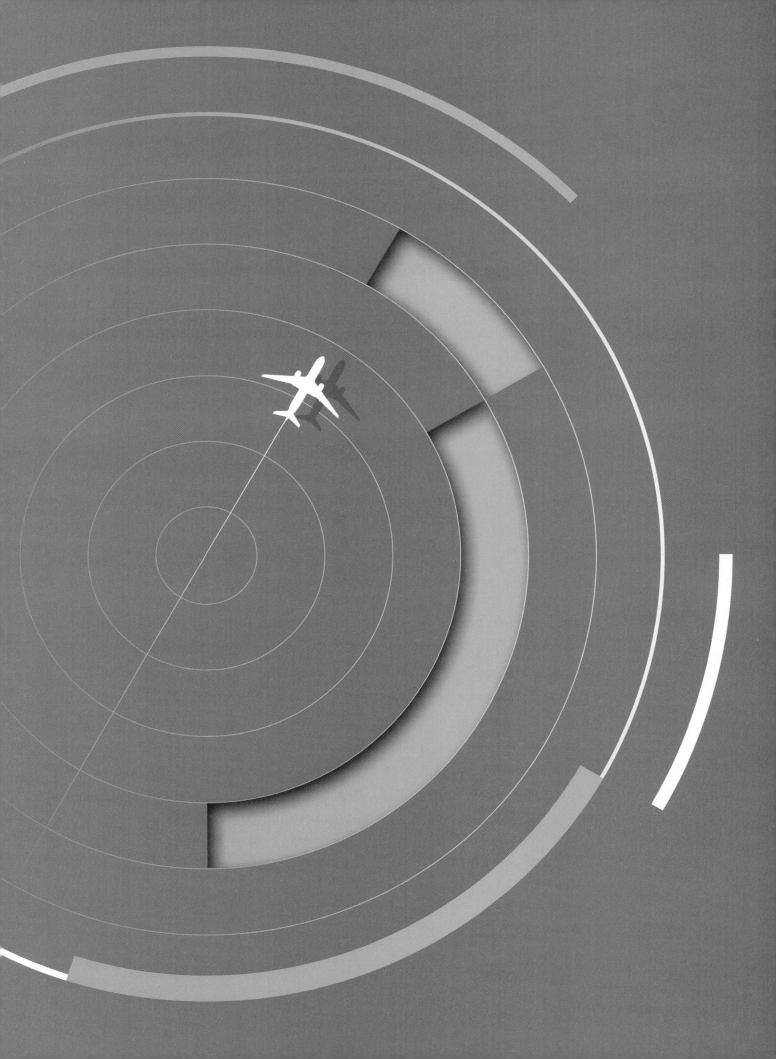

내용 일치·불일치

유형 설명	글에 제시된 정보와 선택지에 제시된 내용의 일치·불일치 여부를 판단하는 유형이다.
해결 전략	• 지시문을 통해 소재를 확인한 후, 선택지를 읽고 본문에서 확인할 사항을 미리 파악한다. • 글의 전개 순서에 따라 선택지가 제시되므로 본문에서 선택지와 관련된 사항이 나오면 바로 대조한다. • 자신이 알고 있는 배경지식이나 상식이 아닌, 본문의 정보를 기반으로 판단한다. • 여러 정보를 조합하여 파악해야 하는 선택지도 있으므로, 전체적인 내용을 정확히 이해하도록 한다.

기출 깨뜨리기

Donato Bramante에 관한 다음 글의 내용과 일치하지 않는 것은?   `2022 수능`

Donato Bramante, born in Fermignano, Italy, began to paint early in his life. His father encouraged him to study painting. Later, he worked as an assistant of Piero della Francesca in Urbino. Around 1480, he built several churches in a new style in Milan. He had a close relationship with Leonardo da Vinci, and they worked together in that city. Architecture became his main interest, but he did not give up painting. Bramante moved to Rome in 1499 and participated in Pope Julius II's plan for the renewal of Rome. He planned the new Basilica of St. Peter in Rome — one of the most ambitious building projects in the history of humankind. Bramante died on April 11, 1514 and was buried in Rome. His buildings influenced other architects for centuries.

① Piero della Francesca의 조수로 일했다.
② Milan에서 새로운 양식의 교회들을 건축했다.
③ 건축에 주된 관심을 갖게 되면서 그림 그리기를 포기했다.
④ Pope Julius II의 Rome 재개발 계획에 참여했다.
⑤ 그의 건축물들은 다른 건축가들에게 영향을 끼쳤다.

☐ 지시문을 통해 Donato Bramante라는 인물에 관한 글이라는 것을 확인한 후, 먼저 선택지를 훑어봄으로써 확인할 사항을 미리 파악한다.

☐ 선택지의 순서대로 본문의 문장과 대조한다. 선택지 ①은 세 번째 문장, 선택지 ②는 네 번째 문장, ④는 일곱 번째 문장, ⑤는 마지막 문장에 그 내용이 제시되어 있다. 본문의 여섯 번째 문장에서 건축이 주요한 관심사이지만, 그는 그림을 포기하지 않았다고 했으므로 선택지 ③은 내용과 일치하지 않는 다는 것을 확인할 수 있다.

정답 ③

Wing Cheese Factory Tour에 관한 다음 안내문의 내용과 일치하지 <u>않는</u> 것은?

Wing Cheese Factory Tour

Attention, all cheese lovers! Come and experience our historic cheese-making process at the Wing Cheese Factory. Look around, taste, and make!

Participation

• Adults: $30, Children: $10 (Ages 3 and under: Free)

• The fee includes cheese tasting and making.

• Sign up for the tour at www.cheesewcf.com by June 30.

Tour Schedule

• 10:00 a.m.: Watch a video about the factory's history

• 10:30 a.m.: Factory tour and cheese tasting

• 11:30 a.m.: Cheese making

Note

• Participants can buy a cheese-shaped key chain for $15.

• No photography is allowed inside the factory.

• We are closed on Saturdays, Sundays, and holidays.

---

① 참가비에는 치즈 만들기 비용이 포함된다.

② 참가 신청은 6월 30일까지 해야 한다.

③ 공장의 역사에 대한 비디오를 보는 일정이 있다.

④ 참가자는 치즈 모양의 열쇠고리를 15달러에 살 수 있다.

⑤ 공장 안에서 사진 촬영이 허용된다.

1 Kurt Vonnegut에 관한 다음 글의 내용과 일치하는 것은?

The American author Kurt Vonnegut published fourteen novels, three short story collections, five plays, and five works of nonfiction during a career spanning more than 50 years. An outspoken critic of society, he rejected the mainstream political ideologies of his day, such as the "survival of the fittest" mentality which seemed ever-present in America, and this attitude influenced his writing. Vonnegut stated that his favorite writer was George Orwell and remarked, "I like his concern for the poor, I like his socialism, I like his simplicity." On April 11, 2007, Vonnegut passed away as a result of brain injuries sustained in a fall at his home in New York City. Following his death, his son Mark compiled several of his previously unpublished short stories and essays into a book entitled *Armageddon in Retrospect*, which was released in 2008.

① 50년 이상의 기간에 걸쳐 소설만을 발표한 미국 작가이다.
② 주로 미국 주류 사회의 이념을 긍정적으로 작품에 반영하였다.
③ 작가 George Orwell의 창작 활동에 많은 영감을 주었다.
④ 집에서 넘어졌을 때 뇌가 손상되어 사망했다.
⑤ 생전에 발표한 마지막 작품은 *Armageddon in Retrospect*이다.

2 raccoons에 관한 다음 글의 내용과 일치하지 <u>않는</u> 것은?

Related to the bear, the raccoon looks very similar to its larger cousin. It walks in the same way, with its heels on the ground, although its front paws have a different shape, looking more like those of a monkey. Perhaps the most noticeable feature of the raccoon is the patches of black fur that circle its eyes. Another similarity to bears, raccoons have a diverse diet, including wild berries, nuts, birds, insects, frogs, snails, and crayfish. Raccoons like to rinse their food in water before eating it. Since many of their favorite snacks can be found near streams, rivers, and lakes, raccoons like to live in those places, making dens in nearby hollow trees.

* crayfish: 가재

① 곰처럼 뒤꿈치를 땅에 대고 걷는다.　② 앞발의 모양은 원숭이와 비슷하다.
③ 눈 주위에 검은 털이 반점처럼 나 있다.　④ 물기가 많은 음식물을 좋아하지 않는다.
⑤ 물가에 있는 나무에 보금자리를 만든다.

3 Student Design Contest에 관한 다음 안내문의 내용과 일치하지 <u>않는</u> 것은?

Student Design Contest

Jamestown College is looking for the best design for our new library.

We'll choose three winning designs to submit to our architectural consultant.

- Deadline for Submissions

- where: College Administration office
- when: by 5 pm on March 15

- Format

- Only paper copies will be accepted. No computer files, please.
- Submissions must include a detailed layout of our future library.

- Prizes

- Grand Prize winner (1): $5,000 in scholarship money
- Runners-up (2): a new tablet computer

If you have a question about the contest, you can reach us at 331-2219 or jan@jtc.edu.

Please note that only current Jamestown College students may enter.

---

① 총 세 작품이 수상작으로 선정된다.
② 출품작은 행정 사무실에 제출해야 한다.
③ 컴퓨터 파일로만 출품이 가능하다.
④ 대상 수상자는 장학금을 받는다.
⑤ Jamestown College의 재학생만 참여할 수 있다.

---

1 collection 수집품; *모음집 span (기간·범위가) 걸치다, 걸쳐 이어지다 outspoken 거침없이 말하는 mainstream 주류, 대세 political 정치적인 ideology 이데올로기, 이념 survival of the fittest 적자생존 mentality 사고방식 ever-present 항상 존재하는 remark 언급하다 socialism 사회주의 simplicity 간단함; *소박함 sustain 살아가게 하다; *(피해 등을) 입다 compile 엮다, 편찬하다 entitle 자격[권리]을 주다; *제목을 붙이다 retrospect 회상, 회고 release 풀어 주다; *공개하다, 발표하다

2 related 관련된; *동족의 heel 발뒤꿈치 paw (동물의) 발 noticeable 두드러진 patch 작은 조각; *반점 circle 빙빙 돌다; *에워싸다, 둘러싸다 diverse 다양한 rinse 헹구다 den (야생 동물이 사는) 굴 hollow (속이) 빈

3 submit 제출하다(n. submission) consultant 상담가, 자문 위원 deadline 기한 administration 관리, 행정 format 구성 방식 detailed 상세한 layout 레이아웃, 배치 scholarship 장학금 runner-up 차점자, (1위 외의) 입상자 reach ~에 이르다; *연락하다

4 Gothic novels에 관한 다음 글의 내용과 일치하지 <u>않는</u> 것은?

The word "Gothic" is often used to refer to something dark and mysterious. From 1765 to 1840, Gothic novels were the reading material of choice in most of Europe. These early horror stories, which were written by people like Horace Walpole, Ann Radcliffe, and Monk Lewis, were sold by the thousands and were translated into multiple languages. Readers enjoyed their depictions of mystical worlds where ghosts and spirits roamed and mysterious happenings were a matter of course. The upper classes were among the most enthusiastic consumers of these stories, but publishers made sure to price them so everyone, even society's poorest members, could read them. For the cost of a penny, anyone could enter the Gothic realm of terror, and an astonishing number of pennies were paid in order to do so.

① 18세기 후반에 유럽에서 인기가 있었다.
② Ann Radcliffe도 유명 고딕 소설가들 중 한 명이었다.
③ 유령이 등장하는 불가사의한 세계를 배경으로 했다.
④ 상류 계급 사람들에게 멸시를 받았다.
⑤ 가격이 저렴해서 가난한 사람들도 많이 구매했다.

5 Honduras에 관한 다음 글의 내용과 일치하는 것은?

Located in Central America, the country of Honduras is covered in mountains. Although five times larger than neighboring El Salvador, Honduras has a smaller population. Unlike many other Central American countries, Honduras has not suffered from political violence. However, rebels from Nicaragua often crossed the border while fighting against their country's government. They used the northeast corner of Honduras as a base for their army in the 1980s. As for the Honduran government, it was largely controlled by foreign companies, such as the United Fruit Company, in the first half of the 20th century. In 1954, workers went on strike, which reduced the political power of the United Fruit Company. Although foreign companies still have some influence, the situation has improved these days, and Honduras is run by Hondurans.

① 주위의 다른 국가보다 인구 밀도가 높다.
② 정치적인 폭력 사태로 고통을 받았다.
③ 일부 지역이 타국의 군대 기지로 사용되었다.
④ 20세기 초에 외국 기업의 진출을 막았다.
⑤ 현재 외국 자본의 영향을 많이 받고 있다.

Hidden Springs Spa에 관한 다음 안내문의 내용과 일치하지 <u>않는</u> 것은?

Hidden Springs Spa

Come to Hidden Springs Spa to experience the full relaxation of your body and mind.

Opening Hours

- 8 a.m. – 10 p.m., every day
- The baths close at 9:45 p.m.

Prices

	Weekdays	Weekends and Holidays
Bath	$30	$40
Massage	$90	$110
Skin therapy (face)	$20	$30
Skin therapy (whole body)	$50	$60

- A bath includes a 10% discount on any other service.
- Access to our lounge area and relaxation rooms is free for all customers.
- Food and drinks from the bar and additional services are charged separately.

Before You Visit

- We can only guarantee availability of services if you make a reservation. Please call 587-555-0900 or visit hiddenspringsspa.com to book your visit.

---

① 목욕 이용 시간은 저녁 9시 45분까지이다.
② 주말 마사지 이용 고객은 평일 대비 10달러를 더 지불해야 한다.
③ 목욕 이용 고객은 다른 서비스 이용 시 10% 할인을 받는다.
④ 식음료 및 추가 서비스 이용 시 별도로 비용을 지불해야 한다.
⑤ 전화 및 온라인 예약 고객만 서비스 이용이 보장된다.

---

4 of choice 선택되는 multiple 다수의, 다양한 depiction 묘사, 서술 mystical 신비주의의 ghost 유령, 귀신 roam 배회하다 happening 일[사건] a matter of course 당연한 일 enthusiastic 열렬한, 열광적인 price 가격을 매기다 penny 영국의 작은 동전 단위 realm 영역 terror 공포 astonishing 놀라운

5 neighboring 이웃의; *인접한 violence 폭행, 폭력 rebel 반란군 border 국경 base 맨 아래 부분; *(군사)기지 as for ~에 대해 말하자면 largely 대체로 first half 전[상]반기 go on strike 파업을 하다

6 relaxation 휴식 therapy 치료, 요법 access 입장 charge (요금을) 청구하다 guarantee 보장[약속]하다 availability 유효성, 이용할 수 있음 reservation 예약

PART 3

유형 다가가기	유형 설명	자료를 시각적으로 표현한 도표와 이에 대해 서술한 본문이 일치하는지 확인하는 유형이다.
	해결 전략	• 도표의 제목과 가로축, 세로축을 확인하여 도표 내용과 분류 기준을 파악한다. • 도표에 제시된 정보와 본문에서 서술하고 있는 내용이 일치하는지 순서대로 확인한다. 두 종류의 도표가 제시된 경우에는 각 도표의 내용과 수치를 서로 혼동하지 않도록 한다. • 도표의 수치를 이용해 계산을 요하는 경우가 많으므로 증감, 배수, 비교 등의 표현을 익혀둔다.

기출 깨뜨리기   다음 도표의 내용과 일치하지 <u>않는</u> 것은?   2023 수능

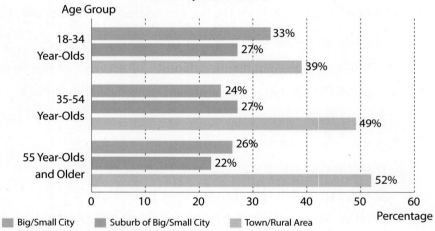

Americans' Preferred Type of Place to Live
(surveyed in 2020)

Note: Percentages may not sum to 100% due to rounding.

The above graph shows the percentages of Americans' preferred type of place to live by age group, based on a 2020 survey. ① In each of the three age groups, Town/Rural Area was the most preferred type of place to live. ② In the 18-34 year-olds group, the percentage of those who preferred Big/Small City was higher than that of those who preferred Suburb of Big/Small City. ③ In the 35-54 year-olds group, the percentage of those who preferred Suburb of Big/Small City exceeded that of those who preferred Big/Small City. ④ In the 55 year-olds and older group, the percentage of those who chose Big/Small City among the three preferred types of place to live was the lowest. ⑤ Each percentage of the three preferred types of place to live was higher than 20% across the three age groups.

☐ 도표의 제목과 각 축을 통해, '연령대별로 미국인이 선호하는 거주지 유형'을 비교한 도표임을 알 수 있다.

☐ 도표와 선택지를 순서대로 대조하여 내용을 확인한다. 선택지 ④는 55세 이상 연령층에서는 세 가지 선호하는 거주지 유형 중에서 '대도시/소도시'를 선택한 비율이 가장 낮았다는 내용이다. 그래프에 의하면 55세 이상 연령층에서 가장 비율이 낮은 것은 '대도시/소도시 근교'이므로 도표의 내용과 일치하지 않는다.

정답 ④

이렇게도 나왔다[+]

다음 도표의 내용과 일치하지 <u>않는</u> 것은?

 2022 9월 고2 전국연합학력평가

Distribution of oil demand in the OECD in 2020, by sector

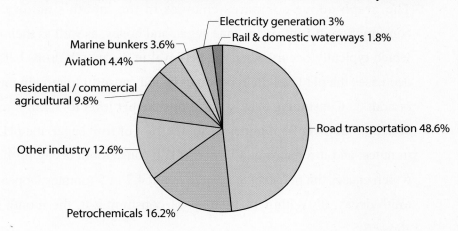

The above graph shows the distribution of oil demand by sector in the OECD in 2020. ① The Road transportation sector, which took up 48.6%, was the greatest oil demanding sector in the OECD member states. ② The percentage of oil demand in the Petrochemicals sector was one-third that of the Road transportation sector. ③ The difference in oil demand between the Other industry sector and the Petrochemicals sector was smaller than the difference in oil demand between the Aviation sector and the Electricity generation sector. ④ The oil demand in the Residential, commercial and agricultural sector took up 9.8% of all oil demand in the OECD, which was the fourth largest among all the sectors. ⑤ The percentage of oil demand in the Marine bunkers sector was twice that of the oil demand in the Rail & domestic waterways sector.

1   다음 도표의 내용과 일치하지 <u>않는</u> 것은?

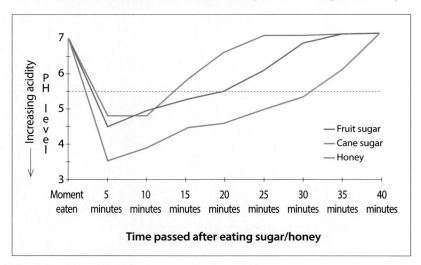

The graph above compares changes in the mouth's acidity level caused by the consumption of fruit sugar, cane sugar, and honey, as well as their effects on tooth decay, which typically occurs when the pH level in the mouth drops below 5.5. ① Cane sugar decreases the pH level the most quickly and causes it to remain under 5.5 for the longest period. ② Consuming cane sugar drops the pH level to 3.5 in 5 minutes, and it remains under 5.5 for over 25 minutes. ③ In the case of fruit sugar, the pH level drops to 4.5 in 5 minutes, and it remains at a level that can cause tooth decay for half an hour. ④ Honey, which causes the pH level to drop to about 4.7 in 5 minutes, appears least likely to cause tooth decay. ⑤ Within 15 minutes of consuming it, the mouth's pH level rises back above 5.5.

2 다음 도표의 내용과 일치하지 <u>않는</u> 것은?

Average Percentage of U.S. Population Engaged in Sports and Exercise per Day from 2015 to 2018

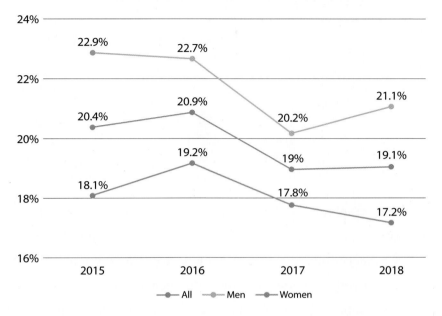

The above graph shows the annual average percentage of American men and women who engaged in sports or exercise activities each day from 2015 to 2018. ① Overall, the highest percentage of Americans engaged in sports or exercise in 2016, although this number dropped nearly two percentage points the following year. ② The percentage of men engaging in sports or exercise topped 20% for every year on the graph, while the percentage of women never reached 20%. ③ The highest percentage of women engaging in sports or exercise occurred in 2016 but it was still lower than the lowest percentage of men by 2 percentage points. ④ From the first year on the graph to the last year, the overall percentage dropped by 1.3 percentage points. ⑤ The gap between men and women in the final year on the chart was slightly less than four percentage points.

---

1 acid 산(성)의(*n.* acidity)   consumption 소비[섭취](량)   cane sugar 자당(사탕수수로 만든 설탕)   tooth decay 충치
2 average 평균의   engage in ~에 참여하다   overall 전반적으로   top ~보다 더 높다   gap 차이, 격차   chart 도표, 차트

다음 도표의 내용과 일치하지 <u>않는</u> 것은?

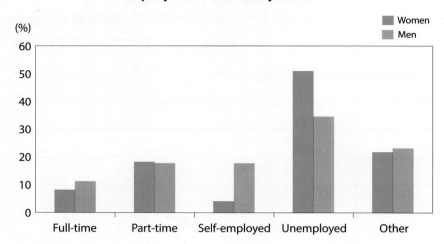

Employment Status by Gender

The graph above displays the employment status of city residents between the ages of 18 and 30 during a financial crisis, with separate percentages for men and women. ① According to the graph, there are fewer women in both the full-time and self-employed categories than there are men. ② However, this difference is much greater for self-employed residents than for those who work full-time. ③ But the opposite is true in the part-time category, where female workers outnumber the males by a small margin. ④ The largest percentages of both genders are unemployed, with about half of the men and a third of the women in this category. ⑤ Finally, the percentage of men and women classified into the "other" category were nearly equal.

다음 도표의 내용과 일치하지 <u>않는</u> 것은?

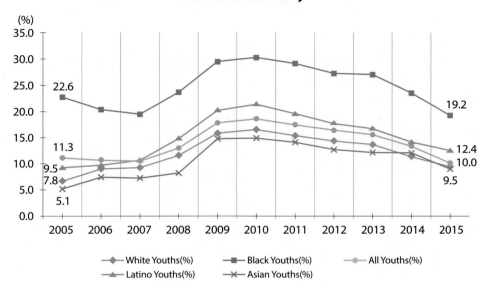

The above graph, which shows youth unemployment by race and ethnicity, reveals that while unemployment has dropped in all groups since 2010, racial and ethnic youth employment gaps remain. ① Since 2005, unemployment rates among white and Asian youths have been consistently lower than in other groups. ② In most of these years, Asian youths faced the lowest unemployment rate of all the youth groups. ③ The Latino youth unemployment rate has closely followed the youth averages since 2005. ④ In 2015, the difference between black and overall youth unemployment decreased to 9.7 percentage points. ⑤ This was due to falling black youth unemployment: 2015's 19.2 percent was the lowest average unemployment rate for black youth in the years following 2007.

---

3 employment 직장; *고용 status 신분; *상황 full-time 전업의 self-employed 자영업의 unemployed 실업자인 resident 거주자, 주민 financial 금융[재정]의 crisis 위기 outnumber ~보다 수가 많다 margin 여백; *차이 classify 분류하다

4 unemployment 실업(률) race 인종(a. racial) ethnicity 민족성(a. ethnic) reveal 드러내다 consistently 일관되게

유형 다가가기

유형 설명	문맥에 따라 적절하거나 부적절한 어휘를 고르는 유형으로 밑줄 친 선택지 중 부적절한 어휘를 고르는 문제가 출제된다.
해결 전략	• 글의 초반부를 읽고 주제와 전개될 내용을 예측한다. • 어휘의 개별 의미만이 아니라 선택지가 제시된 문장의 전후 맥락을 바탕으로 그 적절성을 판단한다. • 밑줄 친 어휘 중 부적절한 것을 찾을 때는 문맥에 맞는 어휘의 반의어가 들어가 있는 것이 정답일 가능성이 높으므로, 반의어가 분명한 선택지에 특히 유의한다.

기출 깨뜨리기

다음 글의 밑줄 친 부분 중, 문맥상 낱말의 쓰임이 적절하지 <u>않은</u> 것은?   2022 수능

It has been suggested that "organic" methods, defined as those in which only natural products can be used as inputs, would be less damaging to the biosphere. Large-scale adoption of "organic" farming methods, however, would ① <u>reduce</u> yields and increase production costs for many major crops. Inorganic nitrogen supplies are ② <u>essential</u> for maintaining moderate to high levels of productivity for many of the non-leguminous crop species, because organic supplies of nitrogenous materials often are either limited or more expensive than inorganic nitrogen fertilizers. In addition, there are ③ <u>benefits</u> to the extensive use of either manure or legumes as "green manure" crops. In many cases, weed control can be very difficult or require much hand labor if chemicals cannot be used, and ④ <u>fewer</u> people are willing to do this work as societies become wealthier. Some methods used in "organic" farming, however, such as the sensible use of crop rotations and specific combinations of cropping and livestock enterprises, can make important ⑤ <u>contributions</u> to the sustainability of rural ecosystems.

* nitrogen fertilizer: 질소 비료   ** manure: 거름   *** legume: 콩과(科) 식물

□ 글의 초반부를 통해 '유기농 경작', '유기농 생산'과 관련된 내용임을 알 수 있다.

□ ① 생물권에는 해를 덜 끼치지만 유기농 경작 방식의 채택이 결국 작물의 산출량을 '감소시킨다'는 맥락이므로 적절하다.

② 생산성을 올리는 데에는 무기질 공급이 '필수적'이지만 비용이 많이 든다는 내용이다.

③ 친환경적 거름에 대한 문장으로 뒷문장을 통해 잡초 방제가 어렵고 일손이 많이 필요하여 친환경 거름 사용은 제약이 있다는 사실을 알 수 있으므로, '이점'이 있다는 '제약'이 있다고 해야 적절하다.

④ 잡초 방제가 어렵고 많은 손일이 필요하므로 이 작업을 하려는 사람이 '더 적을' 것이다라는 내용이다.

⑤ 결국 유기농 경작이 농촌 생태계의 지속 가능성에 중요한 '기여'를 한다는 것이므로 적절하다.

□ 문맥상 ③의 benefits(이점)는 constraints(제약) 등으로 고쳐야 한다.

정답 ③

이렇게도 나왔다+

다음 글의 밑줄 친 부분 중, 문맥상 낱말의 쓰임이 적절하지 <u>않은</u> 것은?

 2023 6월 고3 수능모의평가

In recent years urban transport professionals globally have largely acquiesced to the view that automobile demand in cities needs to be managed rather than accommodated. Rising incomes inevitably lead to increases in motorization. Even without the imperative of climate change, the physical constraints of densely inhabited cities and the corresponding demands of accessibility, mobility, safety, air pollution, and urban livability all ① <u>limit</u> the option of expanding road networks purely to accommodate this rising demand. As a result, as cities develop and their residents become more prosperous, ② <u>persuading</u> people to choose *not* to use cars becomes an increasingly key focus of city managers and planners. Improving the quality of ③ <u>alternative</u> options, such as walking, cycling, and public transport, is a central element of this strategy. However, the most direct approach to ④ <u>accommodating</u> automobile demand is making motorized travel more expensive or restricting it with administrative rules. The contribution of motorized travel to climate change ⑤ <u>reinforces</u> this imperative.

* acquiesce: 따르다 ** imperative: 불가피한 것 *** constraint: 압박

1 다음 글의 밑줄 친 부분 중, 문맥상 낱말의 쓰임이 적절하지 <u>않은</u> 것은?

You may not realize it, but the speed at which the Earth rotates is not completely ① <u>constant</u>. Because of this, there are very slight variations every so often. We are all familiar with leap years, when the calendar receives an ② <u>extra</u> day to keep it in line with the seasons. In a similar way, "leap seconds" must sometimes be added to correct ③ <u>tiny</u> changes in the day's length. For example, the last minute of 1998 was 61 seconds long instead of the usual 60, ④ <u>delaying</u> the start of 1999 by a single second. You might also notice leap seconds in the time signals radio shows give to mark the hour. The normal signal consists of six beeps in succession, but this changes to seven whenever a leap second is ⑤ <u>removed</u>.

2 다음 글의 밑줄 친 부분 중, 문맥상 낱말의 쓰임이 적절하지 <u>않은</u> 것은?

For most people in our society, economic security is ① <u>uncertain</u> at best. This is because failure in their professional lives can easily mean financial ② <u>ruin</u>. However, the same situation does not appear to hold true for some of the nation's top corporate executives. In many recent cases, business leaders were rewarded with million-dollar bonuses and generous retirement benefits despite the fact that the corporations they were in charge of ③ <u>lost</u> billions of dollars or, in some cases, even collapsed entirely. Unfortunately, no such rewards were given to the employees of these companies, many of whom were laid off or had their pension packages ④ <u>liquidated</u>. The situation has become so serious that the U.S. Congress has had former CEOs testify about why they deserved such large bonuses and retirement benefits when their performance was so ⑤ <u>successful</u>.

3 다음 글의 밑줄 친 부분 중, 문맥상 낱말의 쓰임이 적절하지 <u>않은</u> 것은?

Television networks in the United States have struggled with how to broadcast soccer matches, which don't fit ① <u>neatly</u> into the country's commercial-driven television model. Unlike American football or baseball, soccer is a ② <u>flowing</u> game with two 45-minute halves and no structured stoppages. The North American Soccer League experimented with artificial delays in play during the late 1960s and 1970s to accommodate television commercials, but the result was ③ <u>unsatisfactory</u>. In other countries where soccer is popular, commercial television companies have had to ④ <u>content</u> themselves with commercials before and after the match, as well as at halftime. While the globalizing medium of television helped FIFA penetrate markets around the world, it has faced ⑤ <u>acceptance</u> in the United States, where American football, baseball, and basketball are already well-established. The preference of Americans for sports played on a limited scale elsewhere has made it difficult for soccer to establish itself.

---

1 rotate 회전하다; *자전[공전]하다 constant 끊임없는; *변함없는 slight 약간의, 경미한 variation 변화, 변동 every so often 이따금, 때때로 leap year 윤년 in line with ~와 긴밀히 연결되도록 delay 지연시키다 time signal (라디오·TV의) 시보(時報) beep 삐 하는 소리 in succession 연속적으로

2 security 보안; *안정 at best 기껏, 아무리 잘해도 ruin 몰락; *파산 hold true (말 등이) 들어맞다 corporate 회사의(n. corporation) executive (회사의) 간부, 중역 retirement 은퇴, 퇴직 in charge of ~을 책임지는 collapse 무너지다 lay off ~을 정리 해고하다 pension 연금 package 일괄 대책[법안] liquidate 청산하다; *없애다 Congress 의회, 국회 testify 증언하다; *증명하다

3 struggle with ~로 버둥거리다 broadcast 방송하다 neatly 깔끔하게 stoppage (축구 시합 등의) 중지 artificial 인위적인 delay 지연, 지체 content 만족하고 있는 penetrate 뚫고 나가다 establish 자리 잡게 하다

4 다음 글의 밑줄 친 부분 중, 문맥상 낱말의 쓰임이 적절하지 <u>않은</u> 것은?

In many of the world's cultures, tradition states that ① <u>special</u> actions must be taken when one of a child's baby teeth falls out. Many such customs involve a belief that a particular ② <u>creature</u> is responsible for taking the tooth. Koreans throw the lost baby tooth onto the roof of their home so that a magpie will take it and ③ <u>remove</u> a new one. The same tradition is observed in other Asian countries, such as Japan and Vietnam. In Mongolia, it is a dog that must take the child's tooth. Mongolians believe that the new tooth will grow straight and ④ <u>strong</u> if the lost one is eaten by a dog. For this reason, parents will ⑤ <u>insert</u> their child's lost tooth in a fatty piece of meat and feed it to a dog.

5 다음 글의 밑줄 친 부분 중, 문맥상 낱말의 쓰임이 적절하지 <u>않은</u> 것은?

Health hazards and environmental damage caused by water pollution are among the most serious issues our civilization faces today. In recent years, however, many agreements have been reached that are resulting in a ① <u>decrease</u> in levels of marine contamination. For example, one of the most serious causes of such pollution is the ② <u>leakage</u> of oil from tankers that are transporting it across the ocean; however, the development of an emergency response system designed to handle spills has contributed to a significant ③ <u>increase</u> in serious incidents of oil pollution. ④ <u>Progress</u> has also been made regarding the dumping of radioactive waste with the passage of agreements such as the London Dumping Convention. And finally, there have been many regulations placed on the amount of traditional waste that can be ⑤ <u>discharged</u> by ships at sea.

6 다음 글의 밑줄 친 부분 중, 문맥상 낱말의 쓰임이 적절하지 <u>않은</u> 것은?

Trade names often incorporate non-standard spellings to create a sense of ① <u>individuality</u> and set the brand apart from competitors. One instance of this phenomenon can be observed in the popular US ice cream industry, where certain companies opt for unique names that may sound exotic. Despite their ② <u>unconventional</u> spellings, these names are intentionally designed to appeal to consumers and leave a lasting impression. The strategy behind choosing such non-traditional names lies in their ability to establish a distinct identity for the brand, making the product more memorable and recognizable in a competitive market. This ③ <u>distinctiveness</u> helps the brand stand out, capturing the attention of consumers and facilitating brand loyalty. In a world filled with countless products, the power of a distinct and memorable trade name plays a vital role in shaping consumer preferences and ④ <u>ensuring</u> a brand's long-term success. As consumers encounter these appealing trade names, they are ⑤ <u>unmotivated</u> to experience the unique offerings that these brands promise.

---

4 state 말하다, 진술하다 baby tooth 젖니 custom 관습, 풍습 creature 생물, 동물 magpie 까치 insert 끼워 넣다

5 hazard 위험 (요소) issue 주제; *문제 civilization 문명 agreement 협정 result in ~의 결과를 초래하다 marine 바다의, 해양의 contamination 오염 leakage 누출 tanker 대형 선박 emergency 비상 (사태) spill 유출 significant 상당한 progress 진척 regarding ~에 관하여 dumping (특히 유독물질의) 투기, 폐기 radioactive 방사능의 passage 통로; *(법안의) 처리, 통과 convention 관습, 관례; *조약[협약] regulation 규정 discharge (짐을) 내리다; *방출하다

6 incorporate 포함하다, 결합하다 individuality 개성 set ~ apart from... …로부터 ~을 구별하다 competitor 경쟁자 exotic 이국적인 intentionally 의도적으로 distinct 뚜렷한 recognizable 인식 가능한 stand out 두드러지다 facilitate 촉진하다 offering (제공된) 물품

1   hummingbirds에 관한 다음 글의 내용과 일치하지 <u>않는</u> 것은?

Hummingbirds are notable for their unique style of flight, which allows them to hover and actually fly backwards. Moreover, their fearlessness, small size, and brightly colored feathers have drawn the admiration of humans for centuries. Unfortunately, this attention sometimes has unwelcome consequences. In the 19th century, they were often killed, stuffed, and sold to collectors, who preserved them in glass and hung them on walls. These days, the biggest threats to hummingbirds are climate change and a loss of habitat. Driven into cities, they may fly into open buildings and structures, such as garages. Once indoors, the hummingbirds panic and attempt to escape by flying upwards, soon succumbing to exhaustion and dying.

* hummingbird: 벌새

① 독특한 비행 기술로 유명하다.　　　② 밝은 색의 깃털을 갖고 있다.

③ 박제되어 팔리기도 했다.　　　　　④ 차고 안에 둥지를 틀기도 한다.

⑤ 건물 안에 갇혀 죽는 경우도 있다.

2   다음 글의 밑줄 친 부분 중, 문맥상 낱말의 쓰임이 적절하지 <u>않은</u> 것은?

To be a truly critical thinker, spotting fallacies is essential. Any false argument may seem ① <u>reasonable</u> at first, but the careful examiner soon discovers its faulty basis. Ad hominem arguments, red herrings, and straw men are all well-known types of fallacies. In the first, the ad hominem fallacy, one speaker attacks the other's personality or background. Using such ② <u>friendly</u> tactics is normally a sign that the speaker has no real argument. Another fallacy, the red herring, draws listeners' attention away from the real point. This happens when speakers see their arguments are failing and try to ③ <u>distract</u> listeners with something seemingly important yet logically unrelated. Finally, in a straw man argument, the debater ④ <u>presents</u> their opponent's case incorrectly, and disproves that one rather than the real one. The fake opposing argument, or "straw man," is usually an ⑤ <u>unrelated</u> point, and proving it wrong achieves nothing.

3 Valley High School Flea Market에 관한 다음 안내문의 내용과 일치하지 <u>않는</u> 것은?

Announcing the Valley High School Flea Market!

Come support your local school by shopping at the first annual Valley High School Flea Market!

- Featuring new and used items donated by students and local businesses
- Also including food, drinks, music and entertainment

Where: the Valley High School playground (in case of bad weather, the flea market will be moved indoors to the gymnasium)

When: Saturday, September 9 from 10 am to 6 pm

Discounts: Bring your student ID to receive 10% off all food and items.

All profits will be used to support afterschool clubs and activities.

---

① 학생들과 지역 기업이 기부한 물품을 판매한다.
② 음식과 음료를 구입할 수 있다.
③ 날씨가 좋지 않을 경우 행사 날짜가 변경된다.
④ 물품 구매 시 학생증으로 할인을 받을 수 있다.
⑤ 모든 수익은 방과후 동아리 활동에 사용될 예정이다.

---

1 notable for ~로 유명한   hover (허공을) 맴돌다   fearlessness 대담함   admiration 감탄, 탄복   consequence 결과   stuff ~에 (가득) 채우다; *박제로 만들다   preserve 보존하다   habitat 서식지   panic 겁에 질려 어쩔 줄 모르다   succumb 굴복하다; *(병 따위로) 쓰러지다   exhaustion 탈진, 기진맥진
2 fallacy 틀린 생각; *오류   reasonable 타당한   faulty 흠[결함]이 있는   basis 근거, 이유   ad hominem 인신공격식의   herring 청어   straw 밀짚   tactic 전략   distract (주의를) 딴 데로 돌리다   seemingly 겉보기에는   logically 논리적으로   opponent 상대; 반대자   case 경우; *주장, 논거   disprove 틀렸음을 입증하다   opposing 대립하는; *반대의
3 announce 알리다   flea market 벼룩시장   donate 기부하다   gymnasium 체육관   profit 수익

4 다음 글의 밑줄 친 부분 중, 문맥상 낱말의 쓰임이 적절하지 <u>않은</u> 것은?

The key to generating creative, new ideas is often to ① <u>adopt</u> a fresh outlook on what is already around us. When Johannes Gutenberg ② <u>invented</u> the printing press, he was actually combining two previously unrelated devices. He asked himself what would happen if he took a bunch of coin punches and put them under the force of a wine press. The resulting combination was one of the most ③ <u>conventional</u> creations in European history. Or consider Pablo Picasso. One day, after looking at an old bicycle for a while, he took off the seat and the handle bars. Then he welded them together to create a sculpture ④ <u>resembling</u> the head and horns of a bull. These two examples show the innovative mind's power to ⑤ <u>transform</u> one thing into another. By changing our point of view, we can turn the ordinary into the extraordinary.

5 Nordic combined에 관한 다음 글의 내용과 일치하지 <u>않는</u> 것은?

Nordic combined is a Winter Olympic event that requires athletes to participate in both ski jumping and cross-country skiing competitions. It gets its name from the Norwegian military, who were the first to combine the two sports into a single event. On day one of the Nordic combined, each competitor performs a ski jump from a hill that may be up to 394 feet high. On day two, competitors race on cross-country skis for up to 15 kilometers. Points are awarded each day according to the results, and whoever has the highest point total at the end of day two wins the gold medal. Many past champions have been Norwegians, but athletes from Finland, Germany, Austria, and Japan also do well. Men's Nordic combined has been a Winter Olympic sport since 1924, but the women's version has yet to be included.

① 스키 점프와 크로스컨트리 스키를 포함한다.
② 노르웨이 군대에서 처음으로 만들어졌다.
③ 첫째 날, 둘째 날 각각의 우승자를 선발한다.
④ 과거에는 노르웨이 선수들이 많이 우승했다.
⑤ 여자 경기는 현재 올림픽 종목이 아니다.

6 다음 도표의 내용과 일치하지 <u>않는</u> 것은?

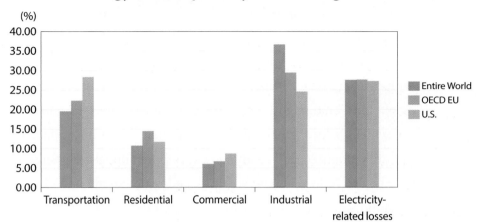

Energy Consumption by Sector & Region

In the graph shown above, energy consumption is broken down by sector for the Organization for Economic Co-operation and Development (OECD) European countries, the United States, and the entire world. ① Overall, the commercial sector was responsible for the lowest amount of energy consumption. ② The United States used more energy than the OECD European countries for the purpose of transportation, but its energy use was lower than that of these countries in the residential sector. ③ In terms of the industrial sector, both the United States and the OECD European countries consumed more energy than the world average. ④ The smallest difference in energy consumption between these three groups was found in the category of electricity-related losses. ⑤ Finally, more than half of the energy consumed in the United States came from the combination of transportation and electricity-related losses.

---

4 generate 발생시키다, 만들어 내다 adopt 입양하다; *채택하다 outlook 관점 combine 결합하다(n. combination) device 장치, 기구 bunch 다발 force 물리력; *힘 conventional 관습[관례]적인; *극히 평범한 weld 용접하다, 용접해 붙이다 horn (소·양 등의) 뿔 innovative 획기적인 transform 변형시키다

5 Nordic combined 노르딕 복합 event 사건; *경기[종목] athlete 운동선수 cross-country skiing 크로스컨트리 스키 competition 경쟁; *시합 Norwegian 노르웨이의; 노르웨이인 military 군대 award 수여하다 champion 우승자

6 consumption 소비 sector 분야, 영역 transportation 운송, 수송 residential 주거의 break down 고장 나다; *~을 나누다, 분류하다 overall 전반적으로

7 다음 글의 밑줄 친 부분 중, 문맥상 낱말의 쓰임이 적절하지 <u>않은</u> 것은?

Social cognitive theory states that our self-efficacy beliefs can have a significant effect on both our accomplishments and well-being. These beliefs influence the choices we make and the paths of action we take. We generally choose to undertake actions that we feel confident about and avoid those about which we're ① <u>uncertain</u>. However, people with a strong belief in their own competence ② <u>embrace</u> difficult tasks, viewing them as exciting challenges. They are also more interested and involved in whatever they do, which ③ <u>strengthens</u> their commitment, even in the face of failure. When they do fail, they bounce back easily, quickly ④ <u>regaining</u> their sense of efficacy. Self-efficacy beliefs also influence how we think and react emotionally. If we have high self-efficacy, we approach difficult tasks logically and calmly. On the other hand, low self-efficacy can cause our problems to appear ⑤ <u>solvable</u>, making us feel nervous and depressed.

* self-efficacy: 자기 효능(감)

8 okra에 관한 다음 글의 내용과 일치하지 <u>않는</u> 것은?

Okra is a tropical plant with a distinctive appearance — it has long, curving pods with a point on one end and a cone-shaped cap at the other. The plant's color ranges from various shades of green to a reddish hue, while the edible seeds contained inside its pods are generally a pinkish-beige. Okra is native to the region in which the countries of Ethiopia and Sudan are now located. It is reported to have been growing along the banks of the Nile as early as the 13th century. The slave trade of the 17th century brought okra to America, where the natives dried and ground it into a powder that could be used to thicken their seafood and vegetable stews.

* pod: 꼬투리

① 한쪽 끝이 뾰족하며 구부러진 모양이다.
② 꼬투리 속에 든 베이지색 씨는 먹을 수 있다.
③ 수백 년 전부터 나일 강가에서 자랐다.
④ 노예 무역으로 미국 밖으로 전해졌다.
⑤ 요리를 걸쭉하게 만드는 데 사용되었다.

9 다음 글의 밑줄 친 부분 중, 문맥상 낱말의 쓰임이 적절하지 <u>않은</u> 것은?

Throughout the history of science and human invention, significant advancements have often resulted from the fusion of previously ① <u>connected</u> concepts. An exemplar of this process can be traced back to the early 19th century when Hans Christian Oersted, a Danish physicist, ② <u>stumbled</u> upon the idea that a wire carrying an electric current generates a magnetic field. Building upon this discovery, William Sturgeon, an Englishman, ingeniously ③ <u>wound</u> a live wire around an iron bar to create the first electromagnet in 1825. Subsequently, in 1859, the German scientist and pianist, Hermann von Helmholtz, made a remarkable observation when he found that he could make piano strings vibrate by singing to them. The ④ <u>culmination</u> of these scattered and diverse elements occurred in 1874 when Alexander Graham Bell, a Scottish-born inventor working in Cambridge, Massachusetts, ingeniously fused these concepts into one revolutionary device — the telephone. Bell's brilliant ⑤ <u>synthesis</u> of ideas marked a profound milestone in communication technology, forever altering the course of human interaction and connectivity.

---

7 cognitive 인식의, 인지의 accomplishment 업적, 공적 undertake 착수하다 competence 능력, 역량 embrace (껴)안다; *받아들이다 strengthen 강화하다 commitment 약속; *헌신 in the face of ~에도 불구하고, ~에 직면하여 bounce back 회복하다 regain 되찾다, 회복하다

8 tropical 열대의 distinctive 독특한 curve 곡선을 이루다 cone 원뿔형 cap 뚜껑 shade 그늘; *색조 reddish 발그스레한 hue 빛깔, 색 edible 먹을 수 있는 pinkish 분홍색을 띤 bank 둑 grind(ground-ground) 갈다 thicken 걸쭉하게 하다

9 significant 중요한 result from ~ ~에서 비롯되다 previously 이전에 trace back to ~ ~까지 거슬러 올라가다 stumble upon ~ ~을 우연히 발견하다 electric current 전류 generate 발생시키다 magnetic field 자기장 ingeniously 기발하게, 교묘하게 subsequently 그 후에 vibrate 진동하다 culmination 최고점, 정점 scattered 흩어져 있는 brilliant 뛰어난 synthesis 통합, 합성 profound 심오한 milestone 이정표, 기념비 alter 바꾸다

PART 4

글의 구조를 생각하라

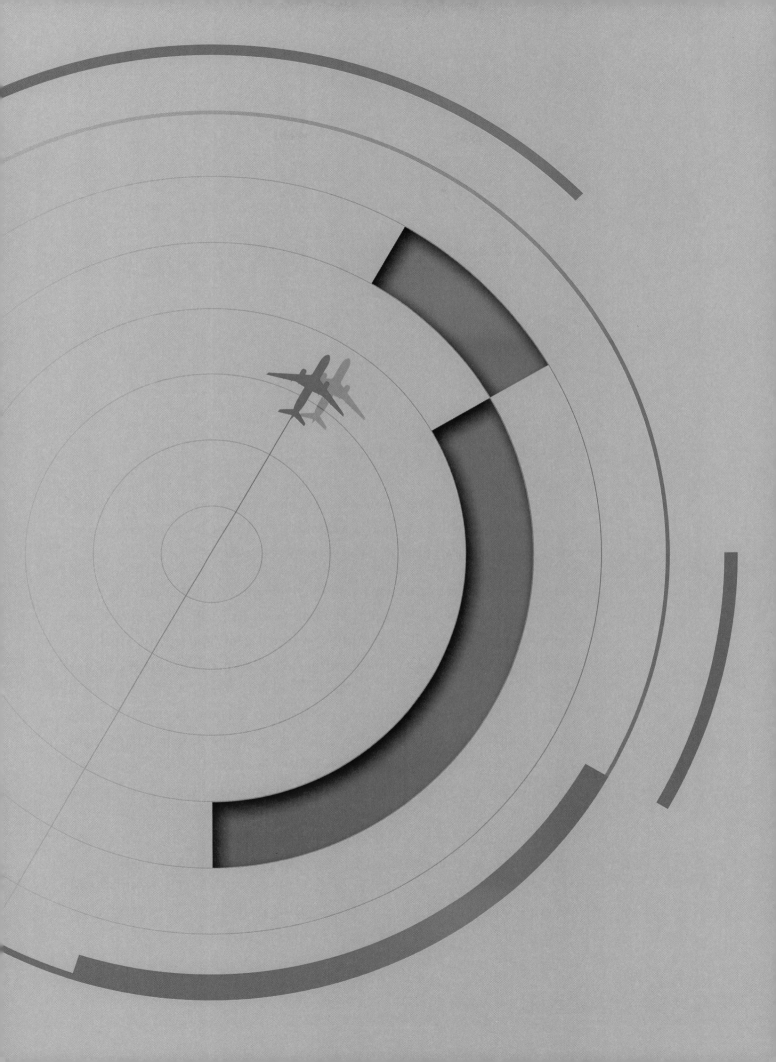

유형 설명	글의 첫 부분이 주어지고, 뒤에 이어질 글의 순서를 논리적으로 재구성하는 유형이다.
해결 전략	• 주어진 글의 내용을 정확히 파악하고 다음에 이어질 내용을 추측한다. • 글과 글을 잇는 연결고리(연결사, 지시어, 대명사, 관사 등)에 유의하여 순서를 찾는다. • 배열한 순서대로 글을 읽어 보고 흐름이 자연스러운지 확인한다.

기출 깨뜨리기

주어진 글 다음에 이어질 글의 순서로 가장 적절한 것은?　　　　2021 수능

Experts have identified a large number of measures that promote energy efficiency. Unfortunately many of them are not cost effective. This is a fundamental requirement for energy efficiency investment from an economic perspective.

(A) And this has direct repercussions at the individual level: households can reduce the cost of electricity and gas bills, and improve their health and comfort, while companies can increase their competitiveness and their productivity. Finally, the market for energy efficiency could contribute to the economy through job and firms creation.

(B) There are significant externalities to take into account and there are also macroeconomic effects. For instance, at the aggregate level, improving the level of national energy efficiency has positive effects on macroeconomic issues such as energy dependence, climate change, health, national competitiveness and reducing fuel poverty.

(C) However, the calculation of such cost effectiveness is not easy: it is not simply a case of looking at private costs and comparing them to the reductions achieved.

* repercussion: 반향, 영향　** aggregate: 집합의

① (A) – (C) – (B)　　　　　　② (B) – (A) – (C)

③ (B) – (C) – (A)　　　　　　④ (C) – (A) – (B)

⑤ (C) – (B) – (A)

☐ 주어진 글은 에너지 효율을 위한 많은 방책들이 있지만 비용의 효율성 즉, 경제적 관점에서는 문제가 있다는 내용으로 에너지 효율에 대한 비용 효율성의 내용이 이어질 것으로 예측할 수 있다.

☐ (C) 연결사 However를 통해 비용의 효율성의 산정은 쉽지 않은 문제이며, 이는 단순히 사적인 비용을 통한 절감의 문제가 아니라는 내용이다.

(B) 사적이고 개인적인 비용을 살펴보는 것이 아니고 총체적이고 거시 경제적 관점에서 이를 살펴보아야 하며, 거시 경제적 차원에서의 에너지 효율 수준을 높이는 것이 어떤 사례들에서 좋은지를 제시하는 내용이 이어지고 있다.

(A) 이 거시 경제적 측면의 요소들이 결국은 전기 비용, 가스 요금과 같이 개인적 차원에도 영향을 주고, 다른 한편으로 일반 회사들은 경쟁력과 생산성을 증대시키게 된다는 것이며, 이는 전체적으로 경제에 좋은 영향을 끼친다는 결론으로 이어진다.

정답 ⑤

이렇게도
나왔다⁺

주어진 글 다음에 이어질 글의 순서로 가장 적절한 것은?   2023 9월 고3 수능모의평가

Culture operates in ways we can consciously consider and discuss but also in ways of which we are far less cognizant.

(A) In some cases, however, we are far less aware of why we believe a certain claim to be true, or how we are to explain why certain social realities exist. Ideas about the social world become part of our worldview without our necessarily being aware of the source of the particular idea or that we even hold the idea at all.

(B) When we have to offer an account of our actions, we consciously understand which excuses might prove acceptable, given the particular circumstances we find ourselves in. In such situations, we use cultural ideas as we would use a particular tool.

(C) We select the cultural notion as we would select a screwdriver: certain jobs call for a Phillips head while others require an Allen wrench. Whichever idea we insert into the conversation to justify our actions, the point is that our motives are discursively available to us. They are not hidden.

* cognizant: 인식하는 ** discursively: 만연하게

① (A) – (C) – (B)　　② (B) – (A) – (C)
③ (B) – (C) – (A)　　④ (C) – (A) – (B)
⑤ (C) – (B) – (A)

적용독해

1   주어진 글 다음에 이어질 글의 순서로 가장 적절한 것은?

> Translation is a task that requires highly skilled professionals. If done incorrectly, it can cause serious problems and sometimes leads to tragic consequences.

(A) For example, an unconscious 18-year-old man was brought to a hospital in Florida by his family. They tried to explain to the doctors what had happened to him, but they only spoke Spanish. Translation was provided by a hospital worker, who translated *intoxicado* as "intoxicated" instead of "poisoned."

(B) Due to the miscommunication, the proper treatment for his condition was delayed, which caused him to lose the ability to move all four limbs. If someone at the hospital had known the exact meaning of a single word, the young man could have been treated properly.

(C) This poor translation caused the doctors to give him the wrong treatment. The man's family believed that he had food poisoning. However, the doctors treated the man as if he were suffering from a drug overdose. In actuality, he was suffering from an intracerebral hemorrhage.

* intracerebral hemorrhage: 대뇌출혈

① (A) – (C) – (B)
② (B) – (A) – (C)
③ (B) – (C) – (A)
④ (C) – (A) – (B)
⑤ (C) – (B) – (A)

2 주어진 글 다음에 이어질 글의 순서로 가장 적절한 것은?

> In 1696, England established a window tax in order to make up for financial losses during the time of William III.

(A) Over time, however, the amount of money brought in by the tax declined. This was because people were blocking their windows and new buildings were being built with fewer windows. In order to avoid paying the tax, people were doing away with windows.

(B) People had to pay tax to the government for each window in their homes. It was easy to assess and collect money because most windows were visible from the street. For a long time, the tax helped generate income for the government.

(C) This lack of windows caused financial problems, but the bigger problem was the health of the people. Doctors complained that having fewer windows reduced the amount of sunlight in buildings and made the spaces damp and dark, which caused the residents to get sick. Protesters were soon calling the window tax a "tax on health," and it was eventually repealed.

① (A) – (C) – (B)
② (B) – (A) – (C)
③ (B) – (C) – (A)
④ (C) – (A) – (B)
⑤ (C) – (B) – (A)

---

1 translation 번역, 통역   professional 전문가   tragic 비극적인   unconscious 의식을 잃은, 의식이 없는   intoxicated (술·마약에) 취한   treatment 치료(v. treat)   condition 상태; *질환, 문제   limb 사지, 팔다리   food poisoning 식중독   overdose (약물) 과다 복용   in actuality 실제로

2 establish 설립하다; *(제도·법률 등을) 제정하다   make up for (손실 등을) 보상하다   decline 감소하다   do away with ~을 없애다   assess 가늠하다; *(가치·양을) 평가[사정] 하다, 부과하다   collect 모으다; *(빚·세금 등을) 수금[징수]하다   generate 발생시키다, 만들어내다   damp 축축한, 습한   protester 항의자, 시위자   repeal (법률을) 폐지하다

주어진 글 다음에 이어질 글의 순서로 가장 적절한 것은?

During World War II, the British set up a chain of radar stations along their coast in order to detect incoming German bombers. If detected, they could be shot down before reaching England.

(A) The British government announced that Cat's Eyes' amazing eyesight was due to his carrot-heavy diet. The Ministry of Food was soon making informative cooking booklets that included a character called Dr. Carrot and publicized the slogan "Carrots keep you healthy and help you see in the blackout."

(B) To keep this technology secret, British intelligence propagated the idea that the successful detection resulted from the incredible vision of their soldiers. One RAF pilot named John Cunningham even became widely known as "Cat's Eyes" for his ability to spot bombers in the dark.

(C) The Germans, British civilians, and parents all over the world bought the story and repeated it endlessly for decades. This contributed to the successful concealment of the truth of what the RAF really did, and it unintentionally got kids to eat a lot of vegetables.

* RAF(Royal Air Force): 영국 공군

① (A) – (C) – (B) 　　　　② (B) – (A) – (C)

③ (B) – (C) – (A) 　　　　④ (C) – (A) – (B)

⑤ (C) – (B) – (A)

4

주어진 글 다음에 이어질 글의 순서로 가장 적절한 것은?

> Many of Shakespeare's works, such as *Hamlet* and *Romeo and Juliet*, reveal his anxiety about the mistreatment of the dead rather than the fear of death itself. What made Shakespeare fear this so much?

(A) An expert who wrote a book that explores this idea believes the inscription to be one of the reasons why his tomb has never been disturbed. He also added that the curse is the great writer's uncompromising statement on a theme that preoccupied him throughout his entire career.

(B) Shakespeare was worried about this happening to himself when he died. Thus, he asked for a warning directed at those who might dig him up to be engraved on his tomb. In short, it said that any person who moved his bones would be cursed.

(C) It was common during his time to dig up corpses either for research or religious reasons. On occasion, bodies were removed and dumped into landfills in order to make space for new graves.

① (A) – (C) – (B)　　　　　　② (B) – (A) – (C)

③ (B) – (C) – (A)　　　　　　④ (C) – (A) – (B)

⑤ (C) – (B) – (A)

3　a chain of 일련의　detect 탐지하다(*n.* detection)　incoming 들어오는　bomber 폭격기　shoot down ~을 격추하다　eyesight 시력　ministry (정부의 각) 부처　informative 유용한 정보를 제공하는, 유익한　booklet 소책자　publicize 발표하다; *광고하다, 선전하다　slogan 구호, 슬로건　blackout 정전　intelligence 지능; *정보 기관[요원들]　propagate 전파하다, 선전하다　civilian 민간인　buy (사실 같지 않은 것을) 믿다　contribute to ~에 기여하다　concealment 은폐　unintentionally 의도치 않게

4　reveal 드러내다　anxiety 걱정, 불안　mistreatment 학대　explore 탐험하다; *분석하다　inscription (책·쇠·돌에) 새긴 글, 묘비문　tomb 무덤, 묘비　disturb 흐트러뜨리다, 방해하다　curse 저주; 저주하다　uncompromising 단호한, 타협하지 않는　statement 진술, 선언　preoccupy 뇌리를 떠나지 않다　dig up ~을 땅에서 파내다　engrave 새기다　corpse 시체　religious 종교의　on occasion 가끔　dump (쓰레기를) 내버리다　landfill 매립지　grave 무덤

주어진 문장의 위치

유형 다가가기	유형 설명	글의 논리적 흐름을 고려하여 주어진 문장이 들어갈 알맞은 위치를 고르는 유형이다.
	해결 전략	• 주어진 문장의 내용을 정확히 파악한다. • 주어진 문장 속에 있는 연결어(접속사, 대명사, 정관사 등)를 찾아 표시한 후, 이것을 단서로 하여 본문에서 연관성 있는 부분을 찾아본다. • 글의 흐름이 어색하거나 내용이 전환되는 부분을 찾아 선택지에 주어진 문장을 넣고 전후 관계가 논리적인지 확인한다.

기출 깨뜨리기　글의 흐름으로 보아, 주어진 문장이 들어가기에 가장 적절한 곳은? `2023 수능`

> There's a reason for that: traditionally, park designers attempted to create such a feeling by planting tall trees at park boundaries, building stone walls, and constructing other means of partition.

Parks take the shape demanded by the cultural concerns of their time. Once parks are in place, they are no inert stage — their purposes and meanings are made and remade by planners and by park users. Moments of park creation are particularly telling, however, for they reveal and actualize ideas about nature and its relationship to urban society. (①) Indeed, what distinguishes a park from the broader category of public space is the representation of nature that parks are meant to embody. (②) Public spaces include parks, concrete plazas, sidewalks, even indoor atriums. (③) Parks typically have trees, grass, and other plants as their central features. (④) When entering a city park, people often imagine a sharp separation from streets, cars, and buildings. (⑤) What's behind this idea is not only landscape architects' desire to design aesthetically suggestive park spaces, but a much longer history of Western thought that envisions cities and nature as antithetical spaces and oppositional forces.

* aesthetically: 미적으로　** antithetical: 대조적인

☐ 주어진 문장은 '어떤 사실'에 대해 이유가 있고, 그로 인해 전통적으로 공원에 큰 나무를 심고, 돌담을 쌓고, 칸막이들을 세운다는 설명이다.

☐ 주어진 문장의 '어떤 사실'에 해당하는 that을 찾아야 하고, that의 사실로 인해 공원 큰나무, 돌담, 칸막이들이 있었다는 점을 확인해야 한다.

☐ 선택지 ⑤의 앞부분에서 도시 공원에 들어갈 때, 도시의 거리, 자동차, 도시 건물과 공원을 뚜렷이 구분하려는 상상을 한다는 말이 있고, ⑤의 뒷부분에서는 도시와 자연을 대조적인 공간으로 여기려는 서구 사상의 역사가 있었다는 내용이 나오므로, ⑤에 주어진 문장을 넣어 글의 전후 관계가 논리적인지 확인하다.

정답 ⑤

이렇게도 나왔다+

글의 흐름으로 보아, 주어진 문장이 들어가기에 가장 적절한 곳은? 2022 7월 고3 전국연합학력평가

> This is why it is difficult to wake up from or scream out during a nightmare.

Most dreaming occurs during REM sleep. (①) REM stands for Rapid Eye Movement, a stage of sleep discovered by Professor Nathaniel Kleitman at the University of Chicago in 1958. (②) Along with a medical student, Eugene Aserinsky, he noted that when people are sleeping, they exhibit rapid eye movement, as if they were "looking" at something. (③) Ongoing research by Kleitman and Aserinsky concluded that it was during this period of rapid eye movement that people dream, yet their minds are as active as someone who is awake. (④) Interestingly enough, studies have found that along with rapid eye movement, our heart rates increase and our respiration is also elevated — yet our bodies do not move and are basically paralyzed due to a nerve center in the brain that keeps our bodies motionless besides some occasional twitches and jerks. (⑤) To sum it up, during the REM dream state, your mind is busy but your body is at rest.

* twitch: 씰룩거림

1 글의 흐름으로 보아, 주어진 문장이 들어가기에 가장 적절한 곳은?

> Researchers in particular need to be aware of this phenomenon to avoid producing biased results.

Confirmation bias is the tendency to focus on facts that confirm our own beliefs when gathering information. It often occurs when we are dealing with highly emotional issues or deeply held opinions. (①) For example, people may choose to read only newspapers and magazines that hold the same political views as they do. (②) And when they come across ambiguous opinions, they'll usually interpret them in a way that supports their own ideas. (③) They will sometimes display confirmation bias by designing experiments that are likely to confirm their hypotheses. (④) If any evidence is found that contradicts their expectations, they will purposefully overlook it. (⑤) One way for researchers to avoid this is to collaborate with other scientists who hold different views.

2 글의 흐름으로 보아, 주어진 문장이 들어가기에 가장 적절한 곳은?

> To address this issue, the "passive house" has been introduced.

According to the U.S. government, 48% of annual greenhouse gas emissions comes from buildings and 76% of all electricity is used by the building sector. (①) Clearly, the building sector is one of the primary industries responsible for the problem of climate change. (②) This building is well insulated and nearly airtight, kept warm passively by solar gain and the heat of the people and appliances inside it, which minimizes energy losses. (③) Any extra heat it requires can be provided by using a minimum from an external source. (④) And to avoid cooling costs, its windows are strategically positioned and covered with shades. (⑤) All of this, along with special ventilators that reuse energy to provide a constant supply of fresh air, allows homeowners to save up to 90% on their energy bills.

3 글의 흐름으로 보아, 주어진 문장이 들어가기에 가장 적절한 곳은?

> In addition, according to the UN, these creatures possess attractive side benefits.

All those insects we try to ignore might just be the newest weapon in the fight against world hunger, global warming, and pollution. The UN is encouraging governments to use edible insects to feed pets, farm animals and even humans. (①) Researchers have found that some ants, grasshoppers and beetles contain about as much protein as beef and contain less fat. (②) They're also high in essential minerals such as iron and magnesium. (③) Using insects as food can reduce greenhouse gas and livestock pollution and feed millions of hungry people. (④) Raising these insects would likely produce fewer greenhouse gases than raising cows or pigs. (⑤) What's more, insects can turn two kilograms of feed into one kilogram of meat, while cows require eight kilograms of feed to produce the same amount.

---

1 **biased** 편향된, 선입견이 있는 **confirmation bias** 확증 편향 **tendency** 경향 **confirm** 사실임을 보여주다, 확인해주다 **come across** 맞닥뜨리다 **ambiguous** 모호한 **interpret** 설명하다; *이해[해석]하다 **display** 전시하다; *드러내 보이다 **hypothesis** 가설(《pl.》 hypotheses) **contradict** 반박하다, 반대하다 **overlook** 간과하다 **collaborate** 협력하다
2 **address** (문제 등을) 다루다 **passive** 수동적인, 소극적인 **introduce** 소개하다; *도입하다 **emission** 배출; *배출물 **insulate** 절연[단열] 처리를 하다 **airtight** 밀폐된 **appliance** (가정용) 전자 기기 **minimize** 최소화하다(n. minimum) **external** 외부의 **ventilator** 환풍기 **constant** 끊임없는
3 **side** 측면의; *부가적인 **beetle** 딱정벌레 **protein** 단백질 **essential** 필수적인 **mineral** 광물; *무기질 **iron** 철 **livestock** 가축

4 글의 흐름으로 보아, 주어진 문장이 들어가기에 가장 적절한 곳은?

> That's when the mother eagle begins stirring up the nest.

When it comes time to build a nest, a female eagle often starts with some odd materials, including thorny branches and sharp rocks. (①) But her next step is to line it with softer materials, such as wool, feathers, and fur, in order to create a cushion for her eggs. (②) After the eggs hatch, the young birds are often reluctant to leave their comfortable nest and the free meals that come with it. (③) She uses her claws to pull up the soft layer of material, exposing the sharp rocks and thorny branches. (④) The more she does this, the less comfortable the nest becomes for her young. (⑤) Using this method and others, the mother eagle eventually convinces them to leave the nest and start their own lives.

MINI Q.

밑줄 친 두 개의 it이 공통으로 가리키는 것이 무엇인지 쓰시오.

5 글의 흐름으로 보아, 주어진 문장이 들어가기에 가장 적절한 곳은?

> You'll find that even though the moon seems to change size, your two measurements will be the same.

Have you ever wondered if a full moon is larger when it's on the horizon than when it's high in the sky? Here's a simple experiment you can try. (①) On a night when there's a full moon, take a ruler and hold it at arm's length to measure the moon. (②) Do this twice: once when the moon is in the open sky and once when it's on the horizon. (③) In fact, the difference in size that your eyes see is an optical illusion. (④) With the moon high overhead, there's nothing nearby to compare it to. (⑤) But when it's lower, seeing it in comparison to the small trees, buildings, or hills on the horizon makes it look bigger.

글의 흐름으로 보아, 주어진 문장이 들어가기에 가장 적절한 곳은?

> This might be true, but it could also be due to something negative, such as a bad contract that is difficult to cancel.

These days, statistics are everywhere. In fact, it has been estimated that the average person is faced with five different statistics each day. (①) The problem with this is that people tend to use these statistics to make decisions. (②) For example, when selecting a telephone company, you might choose <u>the one</u> with the greatest number of customers. (③) However, that statistic doesn't tell you anything about the quality of the company's service or their customers' level of satisfaction. (④) Unfortunately, many people just see the large number of customers and assume that it's due to the company providing good products or services. (⑤) Therefore, although they are sometimes useful, statistics can also be misleading.

MINI Q.

밑줄 친 the one이 가리키는 것을 찾아 쓰시오.

---

4 stir up ~을 휘젓다[뒤흔들다] odd 이상한, 특이한 thorny 가시가 많은 line with ~으로 안감을 대다, 안을 붙이다 cushion 방석; *완충재 hatch 부화하다 be reluctant to-v ~하기를 꺼리다 claw (새·짐승의) 발톱 expose 노출시키다 young 어린; *(동물의) 새끼

5 measurement 측정; *크기 horizon 지평선 at arm's length 팔을 뻗으면 닿는 거리에 optical illusion 착시(錯視) overhead 머리 위에, 하늘 높이 in comparison to ~와 비교할 때

6 contract 계약 statistics 통계 estimate 추정하다 average 보통의, 일반적인 assume 추정하다 misleading 오해의 소지가 있는

흐름과 무관한 문장

유형 설명	글의 전체 흐름이나 주제에서 벗어난 문장을 찾는 유형이다.
해결 전략	• 선택지 문장 앞에 제시된 글의 첫 부분에서 글의 소재를 파악하고 전개 방향을 예측한다. • 전후 문장이 어떻게 연결되는지 상호 관계를 확인하며 글을 읽는다. • 글에서 반복적으로 등장하는 핵심어구를 포함하지만 주제와 관련 없는 내용을 다루거나, 바로 앞에 나온 문장의 정보에 관한 부분적인 내용을 말하는 문장 등에 유의한다.

기출
깨뜨리기

다음 글에서 전체 흐름과 관계 <u>없는</u> 문장은?　　　　　2021 수능

Workers are united by laughing at shared events, even ones that may initially spark anger or conflict. Humor reframes potentially divisive events into merely "laughable" ones which are put in perspective as subservient to unifying values held by organization members. Repeatedly recounting humorous incidents reinforces unity based on key organizational values. ① One team told repeated stories about a dumpster fire, something that does not seem funny on its face, but the reactions of workers motivated to preserve safety sparked laughter as the stories were shared multiple times by multiple parties in the workplace. ② Shared events that cause laughter can indicate a sense of belonging since "you had to be there" to see the humor in them, and non-members were not and do not. ③ Since humor can easily capture people's attention, commercials tend to contain humorous elements, such as funny faces and gestures. ④ Instances of humor serve to enact bonds among organization members. ⑤ Understanding the humor may even be required as an informal badge of membership in the organization.

* subservient: 도움이 되는

□ 글의 전반부에서는 유머가 조직이나 회사에 있어서 분노나 갈등 대신에 통합이나 단합의 가치를 불러일으키도록 한다는 내용으로 조직 속에서 유머의 가치나 필요성에 대한 내용이 전개될 수 있음을 알 수 있다.

□ ①~② 어떤 팀에서 대형 쓰레기 수납기 화재에 관한 이야기의 공유를 통해 직원들은 안전에 대한 동기를 부여받게 되고 웃음을 자아냈으며, 그렇게 공유된 사건은 소속감을 나타낸다는 내용이다
③ 유머는 사람들의 관심을 사로잡기에 좋아서 광고 등에 효과적으로 쓰인다는 유머의 기본적 속성에 관한 설명으로 전반적인 글의 흐름과 관련이 없다.
④~⑤ 유머가 조직의 유대감 형성에 도움이 되고 유머를 통해 조직 구성원임을 입증하는 비공식적인 신분증 역할도 할 수 있다는 내용이 이어지고 있다.

 정답 ③

 이렇게도 나왔다⁺

다음 글에서 전체 흐름과 관계 없는 문장은?

Because plants tend to recover from disasters more quickly than animals, they are essential to the revitalization of damaged environments. Why do plants have this preferential ability to recover from disaster? It is largely because, unlike animals, they can generate new organs and tissues throughout their life cycle. ① This ability is due to the activity of plant meristems — regions of undifferentiated tissue in roots and shoots that can, in response to specific cues, differentiate into new tissues and organs. ② If meristems are not damaged during disasters, plants can recover and ultimately transform the destroyed or barren environment. ③ You can see this phenomenon on a smaller scale when a tree struck by lightning forms new branches that grow from the old scar. ④ In the form of forests and grasslands, plants regulate the cycling of water and adjust the chemical composition of the atmosphere. ⑤ In addition to regeneration or resprouting of plants, disturbed areas can also recover through reseeding.

* revitalization: 소생

적용독해

1 다음 글에서 전체 흐름과 관계 <u>없는</u> 문장은?

With recent reports that Australia's Great Barrier Reef is dying, large numbers of tourists have been heading there in the hopes of seeing it before it's gone. This is a classic example of "last chance tourism," also known as LCT. ① LCT is a specialized type of tourism that focuses on allowing people to experience things that are likely to disappear soon. ② These days, the tourist industry has developed many tour packages targeting older woman who are environmentally conscious. ③ Unfortunately, a rush of tourists hoping to see an endangered site only serves to put the site in greater danger. ④ This is because the overcrowding and increased carbon emissions related to tourism can cause the site to deteriorate further, which in turn increases its appeal to other last chance tourists. ⑤ However, these tourists generally fail to recognize the negative consequences of their own actions.

2 다음 글에서 전체 흐름과 관계 <u>없는</u> 문장은?

In commercial egg production, a grading system is used to determine the quality of all eggs before they are packaged and offered for sale. ① Each egg is carefully reviewed both inside and out before it is assigned a specific grade. ② Inspectors look at the outside of the eggs to see whether their shells are clean and undamaged, and to make sure that they have a normal shape and texture. ③ Then, using X-ray technology, the inspectors peer inside the eggs, checking to see if there is thick, clear liquid and a healthy yolk. ④ Egg yolks have been proven to contain a variety of essential vitamins and minerals. ⑤ Lastly, the size of the air cell found inside each egg is examined — the smaller it is, the higher the egg's grade is likely to be.

* air cell: 기실(氣室) (새의 알 속에 형성된 빈 공간)

3

다음 글에서 전체 흐름과 관계 <u>없는</u> 문장은?

In the past, as more end-of-life patients began receiving medical treatment in hospitals, it became common for them to want to return home so that they could spend their last moments in a familiar place. ① Recently, though, a movement toward hospices and end-of-life care has been growing. ② A hospice is a facility that is focused on end-of-life care, allowing patients to confront death in comfort. ③ The distinction between hospitals and hospices has to do with the difference between curative care and end-of-life care. ④ Many hospitals and nursing homes offer end-of-life care services within their facilities. ⑤ While curative care is treatment that is intended to improve symptoms, the goal of end-of-life care is to lessen pain and discomfort in order to reduce a patient's suffering.

* curative: 치료의

---

1 classic 전형적인, 대표적인 specialized 전문적인, 전문화된 target (공격의) 목표로 삼다; *대상으로 삼다 conscious 의식[자각]하는; *특별한 관심이 있는 rush 돌진; *급격한 증가 endangered 위험[위기]에 처한 overcrowding 초만원, 과잉 수용 carbon 탄소 emission 배출 deteriorate 악화되다, 더 나빠지다 in turn 차례차례; *결국[결과적으로] appeal 항소; *매력

2 grading 등급 매기기 for sale 팔려고 내놓은 assign 배정하다; *(가치 등을) 부여하다 specific 특정한 inspector 조사관, 검사관 texture 질감 peer 자세히 들여다보다 yolk 노른자 examine 조사[검사]하다

3 end-of-life 시한부의 treatment 치료 hospice 호스피스(말기 환자용 병원) facility 시설, 기관 confront 직면하다 comfort 안락, 편안 (↔ discomfort) distinction 차이, 대조 nursing home 요양원 be intended to-v ~하려고 하다 symptom 증상 lessen 줄이다 suffering 고통, 괴로움

1 글의 흐름으로 보아, 주어진 문장이 들어가기에 가장 적절한 곳은?

> Some sunlight, however, reaches the moon's surface indirectly, after moving through Earth's atmosphere.

When a total lunar eclipse occurs, the moon sometimes seems to turn red. When this happens, it is called a blood moon. But what causes this? A total lunar eclipse takes places when the moon passes through the shadow of Earth. (①) As a result, Earth blocks the direct sunlight that usually illuminates the moon. (②) As the sunlight passes through Earth's atmosphere, a phenomenon known as Rayleigh scattering takes place. (③) This filters out certain colors of the light spectrum and scatters them. (④) Red wavelengths are the least likely to be affected, while blue wavelengths are the most likely to be scattered. (⑤) As a result, the light that reaches the moon tends to have a reddish glow.

* Rayleigh scattering: 레일리 산란   ** wavelength: 파장

2 다음 글에서 전체 흐름과 관계 <u>없는</u> 문장은?

Imagine the following scenario: A remote-controlled device placed inside a wound is activated and uses heat to kill even the most drug-resistant microbes. After it finishes disinfecting the wound, the device dissolves. ① Although such devices are not quite ready to be used, scientists are getting closer to perfecting them. ② U.S. engineers have already designed not only dissolvable electronics, but a biodegradable, remote-controlled circuit as well. ③ This circuit will be essential to building dissolvable electronics that could be used medically. ④ Besides their applications in the field of medicine, these devices could have effective uses in electronics and construction. ⑤ After completing their restorative tasks according to a set timeframe, they would simply dissolve, eliminating the need to surgically remove them later.

3 주어진 글 다음에 이어질 글의 순서로 가장 적절한 것은?

> People sometimes claim that sugar provides the body with a burst of instant energy. What actually happens when we eat sugar is that our blood sugar increases, which causes the pancreas to produce insulin, a hormone that is used to stabilize our blood sugar levels.

(A) It is also a good idea to avoid refined carbohydrates, which are found in bread, pasta and rice. In general, if you eat a balanced diet of regular meals, your blood sugar levels will remain stable.

(B) This feeling generally goes away naturally as your blood sugar levels return to normal. The best way to avoid it completely is by minimizing the amount of sugar in your diet.

(C) As a result, we then experience a sudden drop in our blood sugar, which makes us feel tired. In other words, fatigue is the body's natural response to sugar consumption.

* pancreas: 췌장

① (A) – (C) – (B)
② (B) – (A) – (C)
③ (B) – (C) – (A)
④ (C) – (A) – (B)
⑤ (C) – (B) – (A)

---

1 **indirectly** 간접적으로 **atmosphere** 대기 **lunar** 달의 **eclipse** (해·달의) 식 **illuminate** ~을 밝게 비추다, 조명하다 **phenomenon** 현상 **filter out** ~을 걸러내다 **spectrum** 스펙트럼, 빛띠 **scatter** (흩)뿌리다; *(빛·입자 따위를) 산란시키다 **reddish** 불그스름한 **glow** 불빛

2 **remote-controlled** 원격 조정의 **wound** 상처 **drug-resistant** 약물에 저항력이 강한, 내성이 생긴 **microbe** 미생물 **disinfect** 소독하다 **dissolve** 녹다, 용해되다(*a.* dissolvable) **perfect** 완벽하게 하다 **electronics** 전자 장치, 전자 공학 **biodegradable** 생분해성의 **circuit** (순환) 회로 **application** 지원; *적용 **restorative** 회복시키는, 회복의 **timeframe** 기간, 시간 **eliminate** 제거하다 **surgically** 외과적으로, 외과 수술로

3 **burst** 파열, 분출 **stabilize** 안정시키다 **refine** 정제하다 **carbohydrate** 탄수화물 **balanced** 균형 잡힌, 안정된 **remain** 계속[여전히] ~이다 **stable** 안정된, 안정적인 **go away** 떠나다, 없어지다 **minimize** 최소화하다 **fatigue** 피로 **response** 대답; *반응 **consumption** 소비[섭취](량)

4 글의 흐름으로 보아, 주어진 문장이 들어가기에 가장 적절한 곳은?

> Unfortunately, these problems continue outside the school buildings as well.

Everton College is currently faced with numerous problems. (①) First of all, most of the classrooms are overcrowded; for example, classes held in room 201 in the Science Hall have as many as 45 students, but there are only 31 desks. (②) In addition, many classrooms are poorly maintained, with stains all over their walls and floors. (③) Most troubling is the terrible shortage of parking spaces available for students' cars. (④) The one parking lot that's actually located on campus is almost always full, which means that students are forced to park their cars in the surrounding residential areas. (⑤) It can sometimes take so long to find a spot that students have to sprint just to make it to class on time.

5 다음 글에서 전체 흐름과 관계 <u>없는</u> 문장은?

There are many reasons that people create art, one of which is to express their moral and religious beliefs. Much African art has been created for this reason. ① Sculpture, storytelling, dance, and music in Africa all have their origins in religion. ② This religious influence is one reason that African art generally has variety in form yet similarity in style. ③ Religious beliefs and rituals varied, so each area produced different artistic items, such as drums and masks. ④ These days, folk religions are still practiced by more than half of the population in Africa. ⑤ Yet the basic style of this art was similar due to common religious themes.

6

주어진 글 다음에 이어질 글의 순서로 가장 적절한 것은?

> Charlie Steinmetz was one of the most gifted engineering minds of all time. It was Steinmetz that created the electrical generators used in Henry Ford's massive automobile factory.

(A) Steinmetz replied, "I'm charging you $100 for fooling around with the generators. But I'm charging you $9,900 for knowing where to fool around." Ford couldn't argue with that, and he paid the bill.

(B) After everything was running smoothly again, Steinmetz gave Ford a bill for $10,000. Even though Ford was rich, he was shocked. "Charlie," he said, "don't you think that's a lot for a couple hours of fooling around with the generators?"

(C) Once, during a busy workday, the factory generators broke down and none of the company mechanics could fix them. Finally, Ford called Steinmetz. The genius fooled around with the machines for a few hours, and the factory was back in business.

① (A) – (C) – (B)　　　　　　② (B) – (A) – (C)
③ (B) – (C) – (A)　　　　　　④ (C) – (A) – (B)
⑤ (C) – (B) – (A)

---

4 numerous 다수의　overcrowded 너무 붐비는, 초만원의　maintain (보수하여) 유지하다, 정비하다　stain 얼룩　shortage 부족　surrounding 주변의　residential 주거의　spot 장소, 위치　sprint (단거리를) 전력 질주하다

5 moral 도덕적인　religious 종교의(n. religion)　sculpture 조각　origin 기원, 근원　ritual 의식, 의례　vary 달라지다, 다르다　folk 민속의, 토속의　practice 연습하다; *행하다　theme 주제

6 gifted 재능 있는　mind 마음; *지성인　of all time 역대[지금껏]　generator 발전기　massive 엄청나게 큰　charge 청구하다　fool around (이것저것) 만지작거리다　run 달리다; *작동하다　workday 근무일; *하루의 노동 시간　be back in business 업무를 재개하다

7 글의 흐름으로 보아, 주어진 문장이 들어가기에 가장 적절한 곳은?

> Revising his idea, the man got two pieces of rubber and nailed one to the heel of each of his shoes.

Many years ago, there was a young man who worked in a factory full of heavy machinery. The equipment was so massive that it shook the whole building, making the man very uncomfortable. (①) As a solution, he decided to bring a rubber mat to stand on. (②) Sure enough, the mat softened the vibrations in the floor and eased the man's discomfort. (③) However, a few days later, he was dismayed to find that someone had stolen his mat. (④) Now he had two little rubber mats to stand on that no one could steal, and they worked as well as the original. (⑤) The young man was Humphrey O'Sullivan, the inventor of the first rubber-heeled shoes.

8 다음 글에서 전체 흐름과 관계 <u>없는</u> 문장은?

When a rabbit wiggles its nose, moving it quickly from side to side or up and down, it is picking up scents from many directions. ① By doing so, it has a better chance of detecting hidden predators. ② However, the skill of nose wiggling is not as simple as you might think. ③ In fact, few animals other than the rabbit are able to control the muscles and nerves in their noses well enough to wiggle them in this way. ④ Of course, humans can't wiggle their noses like this either, but we have more mobility in our upper lip. ⑤ Like wild rabbits, pet rabbits also wiggle their noses; they don't have to worry about detecting predators, but their sense of smell can still help them find food in the house.

9

주어진 글 다음에 이어질 글의 순서로 가장 적절한 것은?

During Socrates' final days, his friends formulated the perfect plan to help him escape from the prison where he was to be killed.

(A) They tried to use logic to convince Socrates that their plan was a good one. If he accepted their plan, they explained, he would be able to escape from prison and continue living his life. But if he turned them down, they continued, people would think his friends didn't care about him.

(B) Above all, he told them, the most important thing when making decisions is justice. Having spoken, Socrates turned his friends down and accepted his death.

(C) Therefore, if he wanted to protect his friends' reputations, following their plan and escaping from prison would be the logical choice. But Socrates explained that a person's reputation doesn't have any effect on whether an action is right or wrong.

① (A) – (C) – (B)　　　　　　② (B) – (A) – (C)

③ (B) – (C) – (A)　　　　　　④ (C) – (A) – (B)

⑤ (C) – (B) – (A)

---

7 revise 수정하다　rubber 고무　nail 못으로 고정하다　machinery 기계류　equipment 장치, 설비　sure enough 과연, 아니나 다를까　soften 부드럽게 하다　ease 완화하다　dismay 크게 실망시키다

8 wiggle (몸·꼬리를) 씰룩대다, 꿈틀거리다　pick up ~을 알아채다　scent 향　detect 발견하다, 감지하다　predator 포식자　other than ~ 외에　mobility 이동성, 움직이기 쉬움

9 formulate (세심히) 만들어 내다　logic 논리(a. logical)　convince 납득시키다, 확신시키다　turn down ~을 거절하다　justice 정의　reputation 평판, 명성

PART 5

긴 글에서 핵심을 파악하라

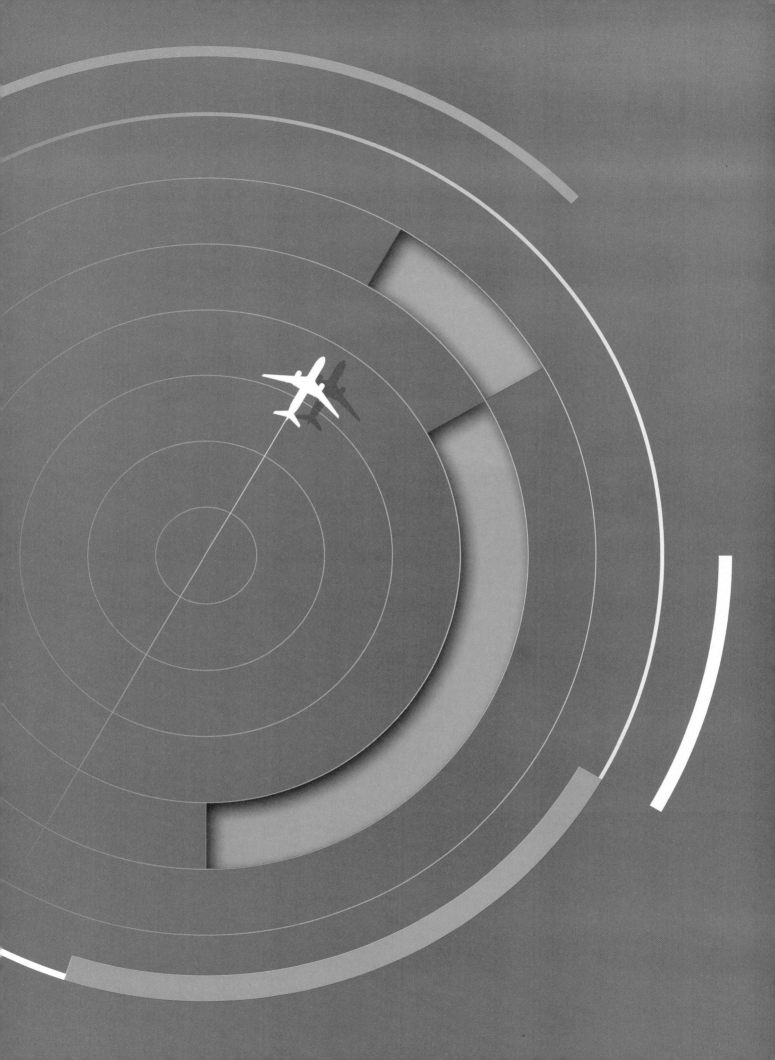

유형 다가가기

유형 설명	긴 글을 읽은 후 이와 관련된 두 문항에 답하는 유형이다. 주제, 제목, 요지 등 대의를 파악하는 문항과 어휘 파악이나 빈칸 추론과 같은 세부 사항을 파악하는 문항이 출제된다.
해결 전략	· 글을 읽기 전 문제를 먼저 살핀 후, 유의해서 확인해야 할 정보를 파악한다. · 대의 파악 문항은 전체 맥락을 따라가며 반복되는 내용이나 핵심어구를 찾는다. · 빈칸 추론 문항은 빈칸 전후 문맥의 흐름에 주목하여 세부 내용을 확인한다.

기출 깨뜨리기

[1-2] 다음 글을 읽고, 물음에 답하시오.

2022 수능

Classifying things together into groups is something we do all the time, and it isn't hard to see why. Imagine trying to shop in a supermarket where the food was arranged in random order on the shelves: tomato soup next to the white bread in one aisle, chicken soup in the back next to the 60-watt light bulbs, one brand of cream cheese in front and another in aisle 8 near the cookies. The task of finding what you want would be (a) time-consuming and extremely difficult, if not impossible.

In the case of a supermarket, someone had to (b) design the system of classification. But there is also a ready-made system of classification embodied in our language. The word "dog," for example, groups together a certain class of animals and distinguishes them from other animals. Such a grouping may seem too (c) abstract to be called a classification, but this is only because you have already mastered the word. As a child learning to speak, you had to work hard to (d) learn the system of classification your parents were trying to teach you. Before you got the hang of it, you probably made mistakes, like calling the cat a dog. If you hadn't learned to speak, the whole world would seem like the (e) unorganized supermarket; you would be in the position of an infant, for whom every object is new and unfamiliar. In learning the principles of classification, therefore, we'll be learning about the structure that lies at the core of our language.

1 윗글의 제목으로 가장 적절한 것은?

① Similarities of Strategies in Sales and Language Learning
② Classification: An Inherent Characteristic of Language
③ Exploring Linguistic Issues Through Categorization
④ Is a Ready-Made Classification System Truly Better?
⑤ Dilemmas of Using Classification in Language Education

2 밑줄 친 (a)~(e) 중에서 문맥상 낱말의 쓰임이 적절하지 <u>않은</u> 것은?

① (a) ② (b) ③ (c) ④ (d) ⑤ (e)

**기출
깨뜨리기**

전략

□ 글을 읽기 전에 각 문항의 문제 유형을 확인한다.

□ "Classifying things together into groups(사물들을 무리지어 분류하기)", "a ready-made system of classification embodied in our language(우리 언어에 포함되어 있는 이미 존재하는 분류 체계)", "the structure that lies at the core of our language(언어의 핵심에 있는 구조)"라는 주요한 표현들을 통해서 분류는 언어 속에는 이미 존재하고 있는 것으로 분류가 갖는 언어 속의 원칙과 특징에 대한 내용이므로, 글의 제목으로 ② '분류: 언어의 본질적 특성'이 가장 적절하다.

□ '개'라는 특정 부류의 동물들을 다른 동물들과 구별하는 것으로, 이러한 분류는 명백해 보인다는 내용이므로, 문맥상 ③의 (c) abstract(추상적인)를 obvious(분명한) 등으로 바꿔야 한다.

정답 1 ② 2 ③

[1-2] 다음 글을 읽고, 물음에 답하시오.

Psychologists conducted an experiment to find out the relationship between rewards and children's behavior. They selected a group of children from the ages of three to five who were interested in drawing. They then divided the children into three groups. The children in group A were promised that they would be awarded a certificate as a prize if they spent their free time drawing. In group B, the children were not told about the certificates but received one anyway if they chose to draw. Finally, the children in group C were neither given nor told about the certificates. The children were then observed during their free time, and those in groups A and B who chose to spend their time drawing were given certificates. Two weeks after finishing the experiment, the psychologists returned. What they found was that the children in group A had lost much of their interest in the activity of drawing, while the children in the other two groups continued to draw enthusiastically. This phenomenon is now known as the "overjustification effect." It occurs when the offer of a material reward actually _____. The psychologists' experiment showed that attempting to encourage children with certificates or prizes can have an adverse effect when it comes to activities the children naturally enjoy. The problem is that doing so causes the children's motivation to shift from internal satisfaction to external factors. Once these external factors are removed, the children's internal motivation fails to return, and they eventually lose interest in the activity.

1 윗글의 제목으로 가장 적절한 것은?

① A Surprising Cause of Lost Motivation

② The Real Reason Children Desire Praise

③ Awards: Effective Motivators for Children

④ Creative Activities Can Encourage Students

⑤ Offering the Best Reward for Good Behavior

2 윗글의 빈칸에 들어갈 말로 가장 적절한 것은?

① increases the chances that a person will succeed

② enhances a person's motivation to try something new

③ damages cooperation between people working together

④ reduces a person's intrinsic motivation to perform a task

⑤ causes a person to keep demanding a more valuable prize

1-2 psychologist 심리학자   certificate 증명서; *상장   enthusiastically 열광적으로, 열중하여   phenomenon 현상   overjustification 과잉 정당화   adverse effect 부작용, 역효과   when it comes to ~에 관해서(라면)   shift 이동하다   internal 내면의   external 외부적인, 외부의   factor 요소 문제 cooperation 협동   intrinsic 고유한; *내재하는

Actions that are meant to signal _____ in a relationship can sometimes seem intrusive if they are unwanted. Because of this, asking for details about someone's problems might cause resentment if that person doesn't feel like talking about a certain situation or event. This often occurs when parents ask their children questions about their personal lives. For example, a young woman who has just broken up with her boyfriend might turn to her mother, needing someone to talk to during a difficult time. Later, however, after the woman has gotten over her initial emotions, her mother may continue to ask her questions about her relationship. These questions are likely to be unwelcome, and, in many cases, a confrontation will follow. Knowing about a close acquaintance's distress often leads to a dilemma: Not asking about the situation might make us look uncaring, while asking about it too often can cause the person to become upset. In the case of parents, they clearly want to express their concern about their children's lives and to show them that they care. When it is the child who initiates the discussion, such as in the case of a heartbroken daughter after a recent breakup, this attention will likely be welcomed. But when the topic is raised by the parent and the child doesn't feel like talking about it, expressing concern by asking questions is not likely to be appreciated. Even if it is done with the best of intentions, it can cause an uncomfortable situation that has the potential to damage the bond between a parent and child.

3 윗글의 제목으로 가장 적절한 것은?

① Helpful Tips for Comforting Others
② What Is the Proper Way to Express a Complaint?
③ Disagreements Make Your Relationships Stronger
④ One Person's Concern Can Cause Another's Discomfort
⑤ Asking Questions: The Best Way to Maintain Relationships

4 윗글의 빈칸에 들어갈 말로 가장 적절한 것은?

① conflict
② interest
③ formality
④ closeness
⑤ responsibility

3-4 signal ~을 나타내다 intrusive 주제넘게 참견하는 resentment 분함, 분노 turn to ~에게 의지하다 get over ~을 극복하다 initial 처음의, 초기의 confrontation 대치, 대립 distress 고통, 괴로움 uncaring 무정한, 무신경한 concern 걱정; *관심 initiate 시작하다 appreciate 감상하다; *고맙게 생각하다 intention 의도 potential 가능성 bond 결속, 유대 문제 disagreement 불일치; *다툼

Did you ever wonder how famous writers come up with their ideas? Well, certain writers, such as Erika Nordstrom, use _____ as a source of material for their books. In a recent interview, Nordstrom explained that after her family's adoption of a lost puppy when she was a child, she began to keep a journal. Each day, she would write about all the funny things her new pet did and her efforts to train him. After some time, she found herself writing about other things in the journal as well. First, she wrote about her experience visiting a neighbor's farm, where she had the chance to ride a horse for the first time. Later, she wrote about the many interesting people who visited her home that summer. Eventually, many of these memories became the starting points for the popular books for teenagers Nordstrom wrote as an adult. When writing them, she would often go back to her childhood journals in order to remember what it was like to be young, and to find inspiration for interesting characters and events to include in her books. Today, Nordstrom's stories are loved by young people around the world. However, if it hadn't been for her new puppy and the journal she decided to keep as a child, we might never have had the chance to share her wonderful stories.

5　윗글의 제목으로 가장 적절한 것은?

① What Erika Nordstrom Loves Most
② The Secrets of Erika Nordstrom's Success
③ The Sources of Erika Nordstrom's Stories
④ The Childhood Memories of Erika Nordstrom
⑤ The Background of Erika Nordstrom's Family

6　윗글의 빈칸에 들어갈 말로 가장 적절한 것은?

① their own life experiences
② inspirational short stories
③ the tales of their ancestors
④ the inner voice that guides them
⑤ the thoughts of their family members

5-6 come up with ~을 생각해 내다　material 재료; *소재　adoption 입양　keep a journal 일기를 쓰다　inspiration 영감(a. inspirational)
문제 ancestor 조상

유형 설명	긴 글의 단락 순서를 바르게 배열하고, 지칭 대상과 내용 일치의 세부 사항 파악 문항에 답하는 유형이다.
해결 전략	• 순서를 파악할 수 있는 단서(대명사, 연결사, 지칭어 등)를 찾아서 자연스러운 흐름으로 배열한다. • 지칭 추론은 선택지의 전후 내용을 기반으로, 수와 성에 유의하여 지칭하는 바를 표시하며 찾는다. • 내용 일치는 선택지를 먼저 보고, 글을 읽으면서 차례대로 대조한다.

[1-3] 다음 글을 읽고, 물음에 답하시오.   2023 수능

(A)

"Hailey, be careful!" Camila yelled uneasily, watching her sister carrying a huge cake to the table. "Don't worry, Camila," Hailey responded, smiling. Camila relaxed only when Hailey had safely placed the cake on the party table. "Dad will be here shortly. What gift did (a) you buy for his birthday?" Camila asked out of interest. "Dad will be surprised to find out what it is!" Hailey answered with a wink.

(B)

"Dad, these glasses can help correct your red-green color blindness," said Hailey. He slowly put them on, and stared at the birthday presents on the table. Seeing vivid red and green colors for the first time ever, he started to cry. "Incredible! Look at those wonderful colors!" He shouted in amazement. Hailey told him in tears, "Dad, I'm glad you can now finally enjoy the true beauty of rainbows and roses. Red represents love and green represents health. You deserve both." Camila nodded, seeing how happy (b) her gift of the glasses had made their dad.

(C)

"Happy birthday! You're fifty today, Dad. We love you!" Camila said before (c) her sister handed him a small parcel. When he opened it, he discovered a pair of glasses inside. "Hailey, Dad doesn't have eyesight problems," Camila said, puzzled. "Actually Camila, I recently found out he has long been suffering from color blindness. He's kept it a secret so as not to worry us," Hailey explained.

(D)

"I bet (d) <u>you</u> bought a wallet or a watch for him," Camila said. In reply, Hailey answered, "No. I bought something much more personal. By the way, there's something (e) <u>you</u> should know about Dad..." They were suddenly interrupted by the doorbell ringing. It was their dad and they were overjoyed to see him. "My lovely ladies, thank you for inviting me to your place for my birthday." He walked in joyfully, hugging his daughters. They all walked into the dining room, where he was greeted with a rainbow-colored birthday cake and fifty red roses.

1 주어진 글 (A)에 이어질 내용을 순서에 맞게 배열한 것으로 가장 적절한 것은?

① (B) – (D) – (C)　　　　　　② (C) – (B) – (D)

③ (C) – (D) – (B)　　　　　　④ (D) – (B) – (C)

⑤ (D) – (C) – (B)

2 밑줄 친 (a)~(e) 중에서 가리키는 대상이 나머지 넷과 <u>다른</u> 것은?

① (a)　　　　② (b)　　　　③ (c)　　　　④ (d)　　　　⑤ (e)

3 윗글에 관한 내용으로 적절하지 <u>않은</u> 것은?

① Hailey는 생일 케이크를 테이블로 무사히 옮겨 놓았다.

② 아버지는 생일 선물로 받은 안경을 직접 써 보았다.

③ Hailey는 아버지가 색맹이라는 사실을 최근에 알게 되었다.

④ Hailey와 Camila는 아버지의 집을 방문하였다.

⑤ 아버지는 자신의 나이와 똑같은 수의 장미를 받았다.

기출 깨뜨리기

전략

☐ Camila와 Hailey가 케이크를 가져다 놓고 선물에 대해 얘기하며 아빠의 생일을 준비하는 내용의 (A)에 이어, 초인종이 울리며 아빠가 들어와 케이크와 장미로 환영받는 내용의 (D)가 먼저 이어지고, Hailey의 선물인 안경을 보고 Camila가 어리둥절해 하자 아빠가 그동안 색맹을 앓고 있었다고 말하는 내용의 (C)가 온 후, 안경 선물을 써 보고 너무 기뻐 모두 울며 행복해 했다는 내용의 (B)로 이어지는 것이 가장 자연스럽다.

☐ (e)는 Camila를 가리키고, 나머지는 모두 Hailey를 가리킨다.

☐ 아버지가 딸들의 집을 방문하여 생일 파티를 한 것이다.

정답 1 ⑤ 2 ⑤ 3 ④

119

[1-3] 다음 글을 읽고, 물음에 답하시오.

(A)

Louis Braille, best known for the system that shares his name, was born on January 4, 1809, in Coupvray, France. When he was only three, Louis lost his sight in an accident. Later, he became a student at the Paris Blind School. Desperately wanting to read, (a) he discovered that the school did have books designed to be read by the blind. The books used very large, raised letters that could be touched. Unfortunately, due to the large size of the letters, it took Louis a very long time to read a sentence.

(B)

Louis tried reading this code himself. It was raised like the gigantic letters in the library's books, but the dashes and dots were much smaller. It was easier, but it still took a long time to read. Dashes took up too much space, which meant each page contained only one or two sentences. Louis felt that (b) he could make a better system.

(C)

At home for vacation, Louis sat in his father's leather shop, surrounded by all of his father's tools. While working on creating a new system, Louis unintentionally touched one of (c) his awls. Suddenly, he realized the tool could help him make his new alphabet. He spent days working on it, basing it on six dots that could be arranged in different ways to represent the letters of the alphabet. (d) He used the awl to punch out a sentence and attempted to read it. It all made sense. That was the moment when the Braille alphabet was created!

(D)

To solve this problem, Louis searched for a more efficient way for the blind to read. Luckily, someone at the school told (e) him about a code being used by the French army to deliver messages at night. French officers used the code to create messages using dots and dashes instead of letters. They were raised above the paper so that the soldiers on the battlefield could read by touch without any light at night.

1 주어진 글 (A)에 이어질 내용을 순서에 맞게 배열한 것으로 가장 적절한 것은?

① (B) – (C) – (D)　　　　　② (B) – (D) – (C)

③ (C) – (D) – (B)　　　　　④ (D) – (B) – (C)

⑤ (D) – (C) – (B)

2 밑줄 친 (a)~(e) 중에서 가리키는 대상이 나머지 넷과 다른 것은?

① (a)　　　② (b)　　　③ (c)　　　④ (d)　　　⑤ (e)

3 윗글의 Louis Braille에 관한 내용과 일치하지 않는 것은?

① 세 살 때 사고로 실명되어 맹인 학교에 다녔다.

② 글자를 손으로 만질 수 있는 맹인용 책을 찾아 읽었다.

③ 프랑스 군의 암호에 영감을 얻어 맹인용 글자 체계를 만들고자 했다.

④ 아버지의 도움으로 새로운 글자 체계를 만들었다.

⑤ 그의 글자 체계는 6개의 점을 배열한 알파벳으로 이루어졌다.

1-3 share 공유하다, 같은 ~을 갖다　desperately 필사적으로, 절박하게　raised 양각의, 도드라진　gigantic 거대한　dash 돌진, 돌격; *대시 기호(−)
unintentionally 무심코　awl 송곳　base on ~에 기반을 두다　arrange 배열하다, 배치하다　punch out ~을 찍어내다　efficient 효율적인
battlefield 전장

다음 글을 읽고, 물음에 답하시오.

(A)

Charles Plumb was a graduate of the U.S. Naval Academy who flew 75 combat missions as a jet pilot during the Vietnam War until his plane was destroyed by a surface-to-air missile. He ejected and survived thanks to a parachute, but spent six long years as a prisoner of war in a Vietnamese prison. After a lot of twists and turns, (a) he came back to the U.S. and now lectures about his experiences.

(B)

Plumb finished talking about (b) him and turned to his audience. "Who packs your parachute?" he asked them. He told the audience that everyone has people in their lives that help them get through the day. "We just never get to tell them how grateful we are." Plumb ended his lecture by telling the audience to take a moment. "Find those people who support you and thank them for packing your parachute."

(C)

One day, Plumb was having dinner after one of his lectures when a man approached him. "You're Plumb!" he said excitedly. He knew who Plumb was and that he had been shot down in Vietnam, which surprised Plumb. How did (c) he know all this? "I packed your parachute!" the man told him. He'd served in the navy with Plumb, on the aircraft carrier *Kitty Hawk*, which Plumb flew off of. Plumb shook the man's hand and thanked him, saying that without that parachute, he would not have survived. Thinking of the man, Plumb was unable to sleep that night and decided to tell the next audience the story.

(D)

At his next lecture, Plumb told the audience about the man he'd met. Plumb wondered what (d) he had looked like in uniform back then and how many times they had seen each other. Because Plumb was a pilot and the other man was just a sailor, they would never have talked to each other, except to say hi. Plumb said that he thought about the man working all those long hours on the parachutes, sitting at a table deep inside the ship, folding and packing the material that controlled the fates of pilots (e) he didn't even know.

4 주어진 글 (A)에 이어질 내용을 순서에 맞게 배열한 것으로 가장 적절한 것은?

① (B) – (D) – (C) ② (C) – (B) – (D)

③ (C) – (D) – (B) ④ (D) – (B) – (C)

⑤ (D) – (C) – (B)

5 밑줄 친 (a)~(e) 중에서 가리키는 대상이 나머지 넷과 <u>다른</u> 것은?

① (a)   ② (b)   ③ (c)   ④ (d)   ⑤ (e)

6 윗글의 Charles Plumb에 관한 내용과 일치하지 <u>않는</u> 것은?

① 미(美) 해군사관학교 졸업생으로 전투기 조종사였다.

② 베트남에서 6년간 전쟁 포로로 수감되어 있었다.

③ 강연에서 도움을 주는 사람들에게 감사를 표하라고 말했다.

④ 같은 군에 복무했던 선원을 식사 중에 우연히 만났다.

⑤ 그와 선원은 복무 시절 가까운 사이였다.

4-6 combat mission 전투 임무 surface-to-air 지대공의 eject 쫓아내다; *(비행기에서) 탈출하다 parachute 낙하산 prisoner of war 전쟁
포로 twists and turns 우여곡절 lecture 강연하다; 강연 get through (시간을) 보내다 serve 복무하다 aircraft carrier 항공 모함
material 직물, 천 fate 운명

(A)

In 1966, an American woman named Dian Fossey went to Africa to do research on mountain gorillas, despite the fact that she had no experience or formal training in studying (a) them. Her life there was not easy — the jungles of Rwanda were cold, dark and muddy, and the high elevation of her camp made the air thin and difficult to breathe. To make matters worse, she had to battle intense feelings of loneliness.

(B)

Unfortunately, her concerns about the gorillas turned out to be justified. In 1978, on New Year's Day, the body of one of (b) them was discovered. He had been killed while defending his family against poachers. His killers had taken his body parts to sell. Just six months later, another local gorilla was killed, and then some more. Fossey sadly buried each one in a cemetery she made near her camp. Finally, she decided to stop the poachers by fighting back against them.

(C)

However, she refused to give up and continued to spend her days tracking mountain gorillas. It took her six months, but eventually she was able to get within 30 feet of some of (c) them, which enabled her to record their behavior in great detail. Unfortunately, poaching was a serious problem in the national park where she did her research. She feared that something terrible would happen to the gorillas unless (d) they were better protected.

(D)

She organized security patrols to stop the poachers and offered money to anyone who captured one. She even killed their cattle if (e) they entered the national park and burned down their houses. Although she called this "active conservation," other people complained that it was more like a war. Sadly, Fossey was murdered in 1985, most likely by one of the poachers. She was buried next to her gorillas in the cemetery she had made for them.

MINI Q.

밑줄 친 active conservation 이 가리키는 내용을 모두 우리말로 쓰시오.

7 주어진 글 (A)에 이어질 내용을 순서에 맞게 배열한 것으로 가장 적절한 것은?

① (B) – (C) – (D)
② (C) – (B) – (D)
③ (C) – (D) – (B)
④ (D) – (B) – (C)
⑤ (D) – (C) – (B)

8 밑줄 친 (a)~(e) 중에서 가리키는 대상이 나머지 넷과 <u>다른</u> 것은?

① (a)
② (b)
③ (c)
④ (d)
⑤ (e)

9 윗글의 Dian Fossey에 관한 내용과 일치하지 <u>않는</u> 것은?

① 고릴라 연구를 위한 전문적인 훈련을 받았다.
② 죽임을 당한 고릴라를 위해 무덤을 만들어주었다.
③ 밀렵꾼들에게 강력히 맞서기로 결심했다.
④ 고릴라에게 가까이 접근하기까지 6개월이 걸렸다.
⑤ 의문의 살해를 당하고 고릴라들 곁에 묻혔다.

7-9 formal 격식을 차린; *(교육·훈련이) 정규적인 muddy 진흙투성이인 elevation 승진; *해발 높이, 고도 battle 싸우다, 투쟁하다 intense 극심한, 강렬한 turn out to-v ~인 것으로 드러나다[밝혀지다] justify 옳음[타당함]을 보여 주다 defend 방에[수비]하다 poacher 밀렵꾼 cemetery 묘지 track 추적하다, 뒤쫓다 security 보안, 경비 patrol 순찰; *순찰대 capture 포획하다 cattle 소 active 적극적인 conservation 보호

[1-2]   다음 글을 읽고, 물음에 답하시오.

It is sometimes said that you can never have too much of a good thing. Most of us, however, know this isn't (a) <u>true</u>. It is definitely possible to have too much of a good thing. Think about popcorn at a movie theater. Compared to the smaller sizes, the biggest bucket of popcorn is surprisingly cheap. So you buy one and start to eat. The popcorn is salty, buttery and delicious. As you continue to eat it, however, it becomes less and less enjoyable. By the end of the movie, you're probably not getting any (b) <u>pleasure</u> from it at all. In economics, this is called the law of diminishing marginal utility. Marginal utility is the amount of satisfaction a customer gets from a product. The behavior of marginal utility (c) <u>differs</u> with different products. The marginal utility we receive from gasoline, for example, doesn't (d) <u>decrease</u> over time. Other products, however, are more like movie-theater popcorn. Companies try to sell larger sizes of these products to prevent the law of diminishing marginal utility from affecting their sales. If you bought a small bucket of popcorn, you'd eat it and be satisfied. You wouldn't want to buy a second one. But with the big bucket, you've already paid for more popcorn than you can enjoy. So the next time you see a large size of a product with a low price, think about its marginal utility! If it's going to (e) <u>increase</u>, it makes more financial sense to buy a smaller size.

1 윗글의 제목으로 가장 적절한 것은?

① When Prices Diminish, Demand Goes Up

② Some Products Increase in Value Over Time

③ Consumer Satisfaction Sometimes Fades Away

④ The Reason Why We Can't Stop Eating Popcorn

⑤ Marginal Utility: How Price Affects Satisfaction

2 밑줄 친 (a)~(e) 중에서 문맥상 낱말의 쓰임이 적절하지 <u>않은</u> 것은?

① (a)　　　② (b)　　　③ (c)　　　④ (d)　　　⑤ (e)

1-2 definitely 분명히, 틀림없이　bucket 양동이, 들통　surprisingly 놀랄 만큼, 대단히　enjoyable 즐거운　pleasure 기쁨, 즐거움　economics 경제학　diminish 줄어들다, 약해지다　marginal 미미한, 중요하지 않은; *한계의　utility 유용성, 효용　satisfaction 만족(감), 흡족　financial 금융의, 재정적인

(A)

One day, one of Mary's neighbors asked her if she could take care of a lost dog for a while. The neighbor had found it wandering around the building's parking lot. Mary agreed but told her (a) <u>she</u> could only do it for a few days. The two women took a picture of the dog and posted it on a local community website in the "lost pets" section. They also printed flyers and put them up around the neighborhood.

(B)

Getting out of bed, she found the dog standing outside the door. Upon seeing (b) <u>her</u>, it ran to Becky's room, where the girl was lying unconscious on the floor. As soon as Mary bent over to take care of her daughter, the dog stopped barking. Mary rushed Becky to the hospital, where she was given vital medical treatment for her disease. The doctors said that if she had brought Becky in a few minutes later, the girl could have died. The dog was a hero.

(C)

After they had posted all the flyers, Mary went to buy some pet supplies with her daughter Becky, who had a serious heart condition. Mary warned Becky not to get too excited about having a dog, reminding (c) <u>her</u> that it was just for a few days. A few days passed with no word from the dog's owner. Then, one morning, Mary was awakened by the sound of the dog furiously barking and scratching on (d) <u>her</u> bedroom door.

(D)

After Becky was released from the hospital, Mary's family named the dog Berry and welcomed him as a new family member. Two days later, Mary received a call from the dog's owner. He told (e) <u>her</u> that he had seen one of the flyers and wanted his dog back. He arrived at their apartment, where he was surprised to see the girl crying and her mother hugging her tight. Mary explained that the dog had saved her daughter's life. After thinking for a few moments, the dog's owner said, "Maybe he was supposed to find you guys. You'd better keep him."

3　주어진 글 (A)에 이어질 내용을 순서에 맞게 배열한 것으로 가장 적절한 것은?

① (B) – (D) – (C)　　　　　　　② (C) – (B) – (D)

③ (C) – (D) – (B)　　　　　　　④ (D) – (B) – (C)

⑤ (D) – (C) – (B)

4　밑줄 친 (a)~(e) 중에서 가리키는 대상이 나머지 넷과 <u>다른</u> 것은?

① (a)　　　　② (b)　　　　③ (c)　　　　④ (d)　　　　⑤ (e)

5　윗글의 Mary에 관한 내용과 일치하지 <u>않는</u> 것은?

① 이웃이 발견한 길 잃은 개를 맡아주었다.

② 개의 주인을 찾는 전단지를 인쇄하여 붙였다.

③ 개의 도움으로 자신의 생명을 구할 수 있었다.

④ 그녀의 딸은 심각한 심장 질환을 앓고 있었다.

⑤ 개의 주인은 그녀가 개를 키우도록 허락해 주었다.

3-5 wander 돌아다니다, 헤매다　flyer 비행사; *전단　unconscious 의식이 없는　bend over 몸을 굽히다　vital 필수적인　supply 《pl.》 물품
furiously 격하게, 맹렬히　scratch 긁다

Interest in artificial intelligence, also known as AI, has been rapidly expanding in recent years. In the near future, AI could be controlling almost all of the machines that are part of our daily lives, from automobiles to washing machines. A positive aspect of AI is that it gets rid of human error — computers never make math mistakes or forget to do things. However, a number of serious concerns have also arisen. When machines can think, they must make decisions which could directly affect human lives. And, although AI can make logical decisions based on our preferences, there are some obvious limitations, such as hardware wearing down. But the biggest questions concern _____. For example, imagine you own a driverless car. One day, as it is driving you to work, it hits and seriously injures a child running across the street. Who is to blame: you, the car manufacturer, or the car itself? Although AI has the potential to change the world for the better and make our lives much easier, using it wisely and safely will require many regulations and restrictions. Clearly, there is a lot to be considered before we allow artificial intelligence to become such an important part of the world we live in.

6 윗글의 제목으로 가장 적절한 것은?

① How Does AI Make Decisions?
② The History of AI Development
③ AI's Positive Impact on Our Future
④ The Need for AI Regulation and Controls
⑤ Thinking Machines: Are They Really Possible?

7 윗글의 빈칸에 들어갈 말로 가장 적절한 것은?

① ethics
② money
③ technology
④ psychology
⑤ communication

6-7 artificial 인공의 intelligence 지능 rapidly 빨리, 급속히 expand 확대되다, 팽창되다 automobile 자동차 aspect 측면 arise 생기다, 발생하다 directly 직접적으로 logical 타당한, 사리에 맞는; *논리적인 obvious 분명한, 명백한 limitation 제한; *한계 wear down 마모되다 injure 부상을 입히다 manufacturer 제조자[사] potential 가능성, 잠재력 regulation 규정 restriction 제한 **문제** ethics 윤리학; *윤리

(A)

A wise old man owned a gas station in a small town. One day, his granddaughter came to visit. She sat with (a) him in his rocking chair and watched the drivers come and go. After some time, a car pulled up and a man they didn't recognize got out. He stretched and looked around at the town.

(B)

The stranger then walked up to the old man and greeted (b) him. "I'm not from around here," he said. "What is this town like?" "Well," the old man replied, "what is your hometown like?" "Oh, it's terrible," said the man. "Everyone is rude and dishonest." The old man in (c) his rocking chair nodded and said, "This town is the same."

(C)

After the man had driven away, the little girl looked at her grandfather with curiosity on her face. "Grandpa," she said, "when the first man asked, you told (d) him our town was a terrible place to live. But you told the second man that it was a great place. Why?" "Well," said the old man, "people always find the same thing wherever they go. That's because no matter where you go, _____."

(D)

Soon after the stranger had left, another unfamiliar car pulled into the gas station. A man got out and walked over to the old man and his granddaughter. "Hi," he said. "I was wondering if this town is a good place to live." The old man thought about it and asked him what his town was like. The man smiled at (e) him and said, "It's a great place. Everyone is warm and friendly." The old man nodded at him and said, "This town is the same."

8

주어진 글 (A)에 이어질 내용을 순서에 맞게 배열한 것으로 가장 적절한 것은?

① (B) – (C) – (D)　　　　② (B) – (D) – (C)
③ (C) – (B) – (D)　　　　④ (C) – (D) – (B)
⑤ (D) – (B) – (C)

9

밑줄 친 (a)~(e) 중에서 가리키는 대상이 나머지 넷과 <u>다른</u> 것은?

① (a)　　　　② (b)　　　　③ (c)　　　　④ (d)　　　　⑤ (e)

10

윗글의 빈칸에 들어갈 말로 가장 적절한 것은?

① you'll miss your hometown
② you take your attitude with you
③ you'll be accustomed to the place
④ you have the support of your family
⑤ you have a unique and amazing talent

8-10 gas station 주유소　rocking chair 흔들의자　pull up (차가) 멈추다　stretch 기지개를 켜다　greet ~에게 인사하다　rude 무례한　nod (고개를) 끄덕이다　curiosity 호기심　**문제** be accustomed to ~에 익숙해지다

PART 6

어법성 판단

1 동명사구, to부정사구, 명사절이 주어로 올 때는 단수 취급하여 단수동사를 취한다.
Helping people with emotional problems **requires** a great deal of patience.

2 주어가 수식어구(형용사구, 전치사구, 분사구, 관계사절 등)에 의해 동사와 떨어져 있는 경우, 동사의 수 일치에 유의한다.
Kids who play with fire **are** in great danger of harm.

3 주격 관계대명사절의 동사는 선행사의 수에 일치시키고, 소유격 및 목적격 관계대명사절의 동사는 절 안의 주어에 수를 일치시킨다.
We're looking for *a new manager* who **has** extensive experience.

4 「부분을 나타내는 어구(most, all, some, half, the rest, the majority, 분수 등)+of+명사」가 문장의 주어인 경우, 동사는 of 다음에 오는 명사의 수에 일치시킨다.
Most of the residents of our neighborhood **are** Catholic.

5 「a number of+복수명사」가 주어로 올 때는 복수동사를 취하고, 「the number of+복수명사」나 「one of the+복수명사」가 주어로 올 때는 단수동사를 취한다.
The number of foreigners interested in Korean **has increased** over the past few years.

6 대명사는 앞에 나온 명사를 대신하므로 그 명사와 수를 일치시켜야 한다.
An octopus can change **its** skin color to match **its** surroundings.

다음 글의 밑줄 친 부분 중, 어법상 틀린 것은?　　　　2022 3월 고2 전국연합학력평가

Despite abundant warnings that we shouldn't measure ourselves against others, most of us still do. We're not only meaning-seeking creatures but social ① <u>ones</u> as well, constantly making interpersonal comparisons to evaluate ourselves, improve our standing, and enhance our self-esteem. But the problem with social comparison is that it often backfires. When comparing ourselves to someone who's doing better than we are, we often feel ② <u>inadequate</u> for not doing as well. This sometimes leads to what psychologists call *malignant envy*, the desire for someone ③ <u>to meet</u> with misfortune ("I wish she didn't have what she has"). Also, comparing ourselves with someone who's doing worse than we are ④ <u>risk</u> scorn, the feeling that others are something undeserving of our beneficence ("She's beneath my notice"). Then again, comparing ourselves to others can also lead to *benign envy*, the longing to reproduce someone else's accomplishments without wishing them ill ("I wish I had what she has"), ⑤ <u>which</u> has been shown in some circumstances to inspire and motivate us to increase our efforts in spite of a recent failure.

* backfire: 역효과를 내다　** scorn: 경멸

주의해야 할 동사의 여러 가지 쓰임

정답 및 해설 p.53

핵심 문법

1 think, make, find, consider, believe와 같은 5형식 동사의 목적어로 to부정사가 올 때, 「동사+가목적어 it+목적격보어+진목적어 to-v」의 형태로 쓴다.
Some people **consider it inappropriate to call** others by their first name when they are not close.

2 do동사는 앞에 나온 일반동사(구)를 대신하는 대동사 역할과, 일반동사 앞에서 동사의 의미를 강조하는 역할을 한다. 단, 앞에 나오는 be동사(구)를 대신할 때는 do동사가 아닌 be동사를 쓴다.
Food *goes bad* much faster in summer than it **does** in winter.

3 시간·조건의 부사절에서는 현재 시제가 미래 시제를, 현재완료 시제가 미래완료 시제를 대신한다.
A rocket will be launched next week *if* the weather **is** good.

4 요구, 제안, 주장, 권유, 명령 등을 나타내는 동사가 이끄는 that절이 당위성을 내포할 때 that절의 동사는 「(should) 동사원형」으로 쓰며, 이때 should는 생략할 수 있다.
The doctor *suggested* that we (**should**) **drink** lots of water when we exercise.

5 ago, yesterday, last week, 「in+연도」 등과 같이 명백한 과거를 나타내는 어구는 현재완료 시제와 함께 쓰이지 않으며, 과거 시제와 함께 사용해야 한다.
In 2001, he **visited** Korea to participate in a house-building project.

기출 예제

다음 글의 밑줄 친 부분 중, 어법상 틀린 것은?

2022 6월 고2 전국연합학력평가

Even though institutions like the World Bank use wealth ① <u>to differentiate</u> between "developed" and "developing" countries, they also agree that development is more than economic growth. "Development" can also include the social and environmental changes that are caused by or accompany economic growth, some of ② <u>which</u> are positive and thus may be negative. Awareness has grown — and continues to grow — that the question of how economic growth is affecting people and the planet ③ <u>needs</u> to be addressed. Countries are slowly learning that it is cheaper and causes ④ <u>much</u> less suffering to try to reduce the harmful effects of an economic activity or project at the beginning, when it is planned, than after the damage appears. To do this is not easy and is always imperfect. But an awareness of the need for such an effort indicates a greater understanding and moral concern than ⑤ <u>was</u> the previous widespread attitude that focused only on creating new products and services.

03 수동태

핵심 문법

1 행위의 대상에 중점을 두거나 행위자가 불분명한 경우, 수동태 「be v-ed」를 사용한다.
Until *my Ph.D. program* **was completed**, I deliberately neglected everything else.

2 완료형의 수동태는 「have[had] been v-ed」로, 진행형의 수동태는 「be being v-ed」로 나타낸다.
Copper **has been used** for coins throughout recorded history.

3 to부정사의 수동태는 「to be v-ed」로, 동명사의 수동태는 「being v-ed」로 나타낸다.
Nature designed infant monkeys **to be raised** by other monkeys.

4 목적어를 취하지 않는 자동사는 수동태로 쓸 수 없지만, 「자동사+전치사」의 동사구가 타동사 역할을 하는 경우에 수동태가 가능하다.
The children will **be cared for** by their grandmother.

5 수동태의 행위자를 나타낼 때는 흔히 「by+목적격」의 형태를 사용하지만, by 대신에 다른 전치사가 사용되는 경우도 있다.
He **is known to** the police because of his previous criminal record.

기출 예제

다음 글의 밑줄 친 부분 중, 어법상 틀린 것은?

2022 10월 고3 연합학력평가

The idea that leaders *inherently* possess certain physical, intellectual, or personality traits that distinguish them from nonleaders ① <u>was</u> the foundational belief of the trait-based approach to leadership. This approach dominated leadership research from the late 1800s until the mid-1940s and has experienced a resurgence of interest in the last couple of decades. Early trait theorists believed that some individuals are born with the traits that allow ② <u>them</u> to become great leaders. Thus, early research in this area often presented the widely stated argument ③ <u>that</u> "leaders are born, not made." Also, some of the earliest leadership studies were grounded in what ④ <u>referred</u> to as the "great man" theory because researchers at the time focused on identifying traits of highly visible leaders in history who were typically male and associated with the aristocracy or political or military leadership. In more recent history, numerous authors have acknowledged that there are many enduring qualities, ⑤ <u>whether</u> innate or learned, that contribute to leadership potential. These traits include such things as *drive, self-confidence, cognitive ability, conscientiousness, determination, intelligence,* and *integrity.*

* resurgence: 되살아남 ** aristocracy: 귀족

핵심 문법

1 appear, look, feel, sound, remain 등의 불완전자동사는 주로 형용사를 보어로 취한다.
The employee *looked* **nervous** while his work was being inspected.

2 allow, advise, cause, enable, encourage 등의 불완전타동사는 목적격보어로 to부정사를 취한다.
Many parents do not *allow* their children **to watch** violent films.

3 see, watch, hear, feel, listen to 등의 지각동사는 목적격보어로 동사원형을 취한다. 진행의 의미를 나타낼 때는 현재분사, 수동의 의미를 나타날 때는 과거분사를 사용할 수도 있다.
I *watched* a child **play** with her dog in the park.

4 make, have, let 등의 사역동사는 목적격보어로 동사원형을 취하며, 목적어와 목적격보어가 수동 관계일 경우 목적격보어로 과거분사를 취한다.
My mother *let* me **choose** an outfit for my sister's wedding.

5 불완전타동사의 목적어와 목적격보어가 능동 관계일 경우 목적격보어로 현재분사가 오며, 수동 관계일 경우 과거분사가 온다.
You should *get* your eyes **examined** before you buy glasses.

기출 예제

다음 글의 밑줄 친 부분 중, 어법상 틀린 것은?

2022 4월 고3 전국연합학력평가

The actual problems with monopolies are caused by statism, not capitalism. Under a statist social system, taxes, subsidies, tariffs, and regulations often serve to protect existing large players in the marketplace. Those players often use crony tactics to retain or expand the protections: a new tariff preventing foreign competition, a subsidy making it harder for new players ① to compete with them, or a regulatory measure that a large company has the resources to comply with. Under a capitalist social system, on the other hand, the government has no say in how ② dominantly a company may become in its industry or how companies take over and merge with one another. Furthermore, a capitalist society doesn't have rights-violating taxes, tariffs, subsidies, or regulations ③ favoring anybody nor does it have antitrust laws. Under capitalism, dominance can only be achieved by becoming really good at ④ what you're doing. And to maintain dominance, you have to continue to stay ahead of the competition, which sees your dominance and profits as a sign ⑤ that there is money to be made by others as well.

* statism: 국가 통제주의   ** crony: 정실(사사로운 정에 이끌리는 일)   *** antitrust law: 독점 금지법

to부정사와 동명사

1 to부정사는 명사, 형용사, 부사의 기능을, 동명사는 명사의 기능을 한다.
   Mom made a promise **to buy** me a new smartphone.
   Answering a question in a new way is essentially a creative act.

2 decide, hope, agree, choose, manage, promise 등의 동사는 to부정사를 목적어로 취한다.
   He *managed* **to adapt** to the new computer very quickly.

3 mind, avoid, finish, admit, deny, stop 등의 동사는 동명사를 목적어로 취한다.
   When the teacher came in, all the students *stopped* **chatting**.

4 remember, forget, regret 등이 to부정사를 목적어로 취하면 앞으로 일어날 일을 나타내고, 동명사를 목적어로 취하면 과거에 일어난 일을 나타낸다.
   Don't *forget* **to call** me before you leave for my office.
   I clearly *remember* **putting** my wallet in my pocket this morning.

5 전치사 to와 to부정사의 to를 구별해야 한다. 전치사 to 다음에는 동명사를 포함한 명사 상당어구가 와야 한다.
   I am used *to eating* quickly *to save* time.

6 「It takes+시간+to-v」는 '~하는 데 (시간)이 걸리다', 「spend+시간[돈]+v-ing」는 '~하는 데 (시간 [돈])을 쓰다' 라는 의미로 자주 쓰이는 관용 표현이다.
   It usually *takes a long time* for anyone **to build** friendships.

다음 글의 밑줄 친 부분 중, 어법상 틀린 것은?   2023 9월 고3 수능모의평가

Recognizing ethical issues is the most important step in understanding business ethics. An ethical issue is an identifiable problem, situation, or opportunity that requires a person to choose from among several actions that may ① <u>be evaluated</u> as right or wrong, ethical or unethical. ② <u>Learn</u> how to choose from alternatives and make a decision requires not only good personal values, but also knowledge competence in the business area of concern. Employees also need to know when to rely on their organizations' policies and codes of ethics or ③ <u>have</u> discussions with co-workers or managers on appropriate conduct. Ethical decision making is not always easy because there are always gray areas ④ <u>that</u> create dilemmas, no matter how decisions are made. For instance, should an employee report on a co-worker engaging in time theft? Should a salesperson leave out facts about a product's poor safety record in his presentation to a customer? Such questions require the decision maker to evaluate the ethics of his or her choice and decide ⑤ <u>whether</u> to ask for guidance.

PART 6
06
분사와 분사구문

핵심 문법

1 현재분사는 '능동·진행'의 의미를 나타내고, 과거분사는 '수동·완료'의 의미를 나타낸다.
Do you know the woman **standing** at the gate?
Fallen leaves contain large amounts of valuable elements.

2 분사구문은 주절의 주어와 능동 관계인 경우에는 현재분사, 수동 관계인 경우에는 과거분사로 시작하며,
시간, 이유, 부대상황(동시동작·연속동작), 조건, 양보 등의 의미를 나타낸다.
Returning from school, she soon fell asleep. 〈시간〉
Situated at the riverside, the villa commands a fine view. 〈이유〉

3 분사구문의 의미상 주어가 주절의 주어와 다른 경우, 분사 앞에 이를 언급한다. 분사의 의미상 주어가 일
반인을 나타내는 we, you, they 등일 때는 이를 생략하기도 한다.
The wind growing stronger, *we* went back inside.

4 「with+명사(구)+분사」는 부대상황을 나타낸다. 분사 앞의 명사(구)와 분사가 능동 관계일 때는 현재분
사가, 수동 관계일 때는 과거분사가 사용된다.
I fell asleep **with the TV turned on**.

기출 예제 다음 글의 밑줄 친 부분 중, 어법상 <u>틀린</u> 것은?　　2021 10월 고3 전국연합학력평가

According to its dictionary definition, an anthem is both a song of loyalty, often to a country, and a piece of 'sacred music', definitions that are both applicable in sporting contexts. This genre is dominated, although not exclusively, by football and has produced a number of examples ① <u>where</u> popular songs become synonymous with the club and are enthusiastically adopted by the fans. More than this they are often spontaneous expressions of loyalty and identity and, according to Desmond Morris, have 'reached the level of something ② <u>approached</u> a local art form'. A strong element of the appeal of such sports songs ③ <u>is</u> that they feature 'memorable and easily sung choruses in which fans can participate'. This is a vital part of the team's performance ④ <u>as</u> it makes the fans' presence more tangible. This form of popular culture can be said ⑤ <u>to display</u> pleasure and emotional excess in contrast to the dominant culture which tends to maintain 'respectable aesthetic distance and control'.

* synonymous: 밀접한 연관을 갖는　** tangible: 확실한

관계사와 접속사

1 선행사가 사람일 때는 관계대명사 who[that](주격), whose(소유격), whom[that](목적격)을, 선행사가 사물·동물일 때는 which[that](주격, 목적격), whose[of which](소유격)를 사용한다.
   We are looking for *a person* **whose** knowledge of marketing is extraordinary.

2 what은 선행사를 포함하는 관계대명사로 명사절을 이끌어 문장의 주어, 목적어, 보어로 사용되며, the thing(s) which로 바꾸어 쓸 수 있다.
   It is better to carefully choose **what** you eat and to avoid junk food.

3 '접속사+부사'의 역할을 하는 관계부사는 선행사에 따라 where, when, how, why가 있다.
   Go to *a quiet place* **where** you are not likely to be disturbed.

4 콤마(,) 다음에 사용된 계속적 용법의 관계대명사나 관계부사는 선행사에 대한 부가적인 설명이며, 각각 '접속사+대명사'와 '접속사+부사'의 역할을 한다.
   He wanted to come, **which**(= but it) was impossible.
   Luis became a teacher at the school, **where**(= and there) he met his wife.

5 절과 절을 연결하는 접속사 뒤에는 완전한 절이 오지만, 전치사 뒤에는 명사(구)가 온다.
   He got the job **because** he was the best candidate.
   She married him **because of** his kind personality.

다음 글의 밑줄 친 부분 중, 어법상 틀린 것은?   2023 6월 고3 수능모의평가

Ecosystems differ in composition and extent. They can be defined as ranging from the communities and interactions of organisms in your mouth or ① those in the canopy of a rain forest to all those in Earth's oceans. The processes ② governing them differ in complexity and speed. There are systems that turn over in minutes, and there are others ③ which rhythmic time extends to hundreds of years. Some ecosystems are extensive ('biomes', such as the African savanna); some cover regions (river basins); many involve clusters of villages (micro-watersheds); others are confined to the level of a single village (the village pond). In each example there is an element of indivisibility. Divide an ecosystem into parts by creating barriers, and the sum of the productivity of the parts will typically be found to be lower than the productivity of the whole, other things ④ being equal. The mobility of biological populations is a reason. Safe passages, for example, enable migratory species ⑤ to survive.

* canopy: 덮개 ** basin: 유역

PART 6
08 병렬구조와 어순

핵심 문법

1 and, but, or 등의 등위접속사로 연결되는 어구는 품사나 문법적 성격이 같아야 한다.
After feeding us breakfast, she would **scrub**, **mop**, *and* **dust** everything.

2 「both A and B」, 「either A or B」, 「neither A nor B」, 「not only A but (also) B」와 같은 상관접속사의 A, B에 해당하는 어구는 품사나 문법적 성격이 같아야 한다.
After graduation, you can *either* **go** to college *or* **find** a job.

3 의문문이 문장 속에서 명사절의 역할을 하는 간접의문문은 「의문사＋주어＋동사」 혹은 「의문사(주어)＋동사」의 어순을 취한다.
It was difficult to determine exactly **where the accident had taken place**.

4 부정의 부사구나 부사절, 장소의 부사(구) 혹은 보어를 문장의 첫머리에 두어 강조할 경우, 주어와 동사가 도치된다.
Little **did he** know that he was fueling his son with a passion that would last for a lifetime.
Not until she took medicine **did she** feel better.

5 「so＋동사＋주어」는 '~도 또한 …하다'의 의미를 나타내며, 「nor[neither]＋동사＋주어」는 '~도 역시 … 않다'의 의미를 나타낸다.
I have not seen her since then, **nor do I** want to see her again.

기출 예제

다음 글의 밑줄 친 부분 중, 어법상 틀린 것은?

Most historians of science point to the need for a reliable calendar to regulate agricultural activity as the motivation for learning about what we now call astronomy, the study of stars and planets. Early astronomy provided information about when to plant crops and gave humans ① their first formal method of recording the passage of time. Stonehenge, the 4,000-year-old ring of stones in southern Britain, ② is perhaps the best-known monument to the discovery of regularity and predictability in the world we inhabit. The great markers of Stonehenge point to the spots on the horizon ③ where the sun rises at the solstices and equinoxes — the dates we still use to mark the beginnings of the seasons. The stones may even have ④ been used to predict eclipses. The existence of Stonehenge, built by people without writing, bears silent testimony both to the regularity of nature and to the ability of the human mind to see behind immediate appearances and ⑤ discovers deeper meanings in events.

* monument: 기념비   ** eclipse: (해·달의) 식(蝕)   *** testimony: 증언

1   다음 글의 밑줄 친 부분 중, 어법상 틀린 것은?

You might expect that a country ① <u>sharing</u> the same latitude as Alaska would be a cold and unpleasant place to live. And while it is true that some parts of Norway can be quite cold and wintry, the country's overall climate is surprisingly mild. The main reason for this is the warm water of the Gulf Stream, ② <u>which</u> passes by the west coast of Norway. This warm current allows regions located inside the Arctic Circle ③ <u>enjoying</u> moderate weather even in winter. However, ④ <u>during</u> the course of all four seasons, the temperatures in Norway can vary quite a bit. In summer, Norway can experience temperatures as ⑤ <u>high</u> as 30 °C. Winter, on the other hand, tends to be cold and snowy.

2   다음 글의 밑줄 친 부분 중, 어법상 틀린 것은?

Scientists know that life ① <u>has existed</u> in Earth's oceans for more than three billion years. However, just where the billions upon billions of tons of water in these oceans originally came from is still unknown. Based on the available evidence, it seems ② <u>to condense</u> out of the atmosphere of the Earth long ago; however, scientists can't figure out for sure how it got into the atmosphere in the first place. The most popular theory is ③ <u>that</u> water was brought to Earth by comets and meteors that collided with our planet over the years. These kind of astronomical bodies contain large concentrations of water, which ④ <u>would</u> have been left behind in the atmosphere after a collision. In fact, tiny meteors continue to hit Earth all the time, ⑤ <u>adding</u> more water to our oceans.

3 (A), (B), (C)의 각 네모 안에서 어법에 맞는 표현으로 가장 적절한 것은?

(A) Providing / Provided hundreds of billions of dollars to more than 47 million people in a single year, the United States Social Security system is one of the most successful governmental programs in the nation. Although it is sometimes viewed as simply being a retirement program, approximately one third of the people who receive money from Social Security (B) is / are not retirees. The Social Security system (C) guaranteeing / guarantees that U.S. workers and their family members will be taken care of financially in a variety of circumstances. There are multiple types of benefits available, including retirement benefits for people who have worked for at least ten years, disability insurance for injured workers, and survivors' insurance for the families of workers who have died. Without this valuable program, many families would face extreme financial difficulties in times of crisis.

	(A)		(B)		(C)
①	Providing	……	is	……	guaranteeing
②	Providing	……	are	……	guarantees
③	Providing	……	is	……	guarantees
④	Provided	……	are	……	guarantees
⑤	Provided	……	is	……	guaranteeing

---

1 latitude 위도 wintry 겨울의, 겨울 같은 overall 전반적인 mild 온화한 warm current 난류 moderate 적당한; *(날씨 등이) 온화한 course (때의) 경과, 진행 vary 바뀌다, 달라지다

2 condense 응축되다, 응결되다 atmosphere 대기 figure out ~을 알아내다 comet 혜성 meteor 유성 collide 충돌하다(*n.* collision) astronomical 천문의 concentration 집중; *농축

3 Social Security system 사회보장제도 retirement 퇴직 retiree 퇴직자, 은퇴자 guarantee 보장하다 disability 장애 insurance 보험 valuable 귀중한, 유용한

4 다음 글의 밑줄 친 부분 중, 어법상 틀린 것은?

According to wildlife experts, once an animal has lived in captivity, there is much that must be done before it can be returned to the wild. Releasing such animals prematurely ① has the potential to cause them harm. Take the example of Buck and Luther, two dolphins who ② were retired from Navy use in 1996. The Navy took them to a retraining center before returning them to the sea, but they were set ③ freely too soon and barely survived their first weeks back in the wild. Among other problems, the newly ④ released dolphins had trouble hunting, defending themselves, and staying away from people. Obviously, the issue of ⑤ how to return captive animals to their natural habitat still needs to be worked out.

5 다음 글의 밑줄 친 부분 중, 어법상 틀린 것은?

Earl S. Tupper first encountered plastic during his job with a chemical company that ① had been developing plastics prior to World War II. He was fascinated by this newly invented substance but was too poor ② to purchase a sample to work with. So Tupper asked his supervisor if there was any waste material he could take home. He was able to obtain a piece of polyethylene slag, a by-product of the oil refining process ③ conducting at the factory. By purifying the slag, Tupper discovered how to mold ④ it and created sturdy, light-weight containers. Later, he made special airtight lids for his containers by copying the design of paint can lids. In 1938, Tupper ⑤ founded the Tupperware Plastics Company, and by 1946 his products were being sold to the public in department stores.

* polyethylene: 폴리에틸렌   ** slag: 용재(광석 등을 제련하는 과정에서 발생하는 찌꺼기)

6 (A), (B), (C)의 각 네모 안에서 어법에 맞는 표현으로 가장 적절한 것은?

Archaeologists working in Cyprus have uncovered a moment from the late Roman Empire frozen in time. Discoveries in the city of Kourion, where a powerful earthquake struck in the year 365, have revealed the remains of two men who (A) must / should have died in the disaster. Prior to this, archaeologists found many artifacts, along with seven other skeletons, in what was probably an ancient marketplace. Of these, one was a man barely older than 20 who was likely working alone at a workbench when the building he was in collapsed. Nearby (B) was / were other finds, such as various coins and cooking vessels. Another skeleton was found just one room over. There, archaeologists found a pot still on a fireplace and an ornate lamp (C) lying / laying at the entrance to the room.

	(A)		(B)		(C)
①	must	······	was	······	lying
②	must	······	were	······	laying
③	must	······	were	······	lying
④	should	······	was	······	laying
⑤	should	······	were	······	laying

---

4 in captivity 포로가 되어; *감금되어 release 풀어주다 prematurely (너무) 이르게 barely 간신히, 가까스로 stay away (~에게) 접근하지[가까이 가지] 않다 obviously 분명히 captive 사로잡힌, 억류된 habitat 서식지 work out ~을 해결하다

5 encounter 우연히 만나다 chemical 화학의 prior to ~에 앞서 fascinate 매료시키다 substance 물질 supervisor 감독관 by-product 부산물 refine 정제하다 purify 정화시키다 mold 틀에 넣어 만들다, 주조하다 sturdy 강한, 견고한 airtight 밀폐된 container 그릇, 용기

6 archaeologist 고고학자 uncover 알아내다 remains 남은 것; 유적; *유해 disaster 재난, 재해 artifact 인공물, 공예품 skeleton 뼈대, 골격, 해골 marketplace (옥외) 장터 barely 간신히, 가까스로; *꼭, 겨우 workbench 작업대 collapse 붕괴되다, 무너지다 vessel 선박; *그릇, 용기 fireplace 벽난로 ornate 화려하게 장식된

7　다음 글의 밑줄 친 부분 중, 어법상 틀린 것은?

Having some free time, I wandered around the beautiful old house. I was impressed by all the magnificent artwork and especially ① <u>loved</u> the portraits of family members that lined the halls. As I examined them one by one, I came across a painting of an elderly woman ② <u>which</u> was hung in a hallway near the dining room. Surprised, I stopped and took a closer look. The woman seemed ③ <u>extreme</u> familiar, but at first I wasn't sure why. And then it came to me. ④ <u>Digging</u> through my purse, I pulled out the old photograph of my grandmother that my father had given me. The woman in the photograph was the same as the one in the painting, wearing the same white gown and ⑤ <u>looking</u> calmly into the camera.

8　다음 글의 밑줄 친 부분 중, 어법상 틀린 것은?

When my children were young, our family didn't have much money. In fact, we had to work hard to save enough just ① <u>to buy</u> basics like peanut butter and diapers. Obviously, taking vacations was out of the question. But what I didn't realize was that we still ② <u>could have taken</u> our own kind of "vacation." Years later, I read an article in a magazine about a family that designated one day a week as "vacation day" and decorated one room in the house as their "destination spot." I really wish I ③ <u>thought</u> of that for my kids. I could have made fake passports for them and ④ <u>given</u> them stamps for each destination. After all, where you go doesn't always matter ⑤ <u>as much as</u> who you go with.

9

(A), (B), (C)의 각 네모 안에서 어법에 맞는 표현으로 가장 적절한 것은?

There has likely always been some form of drug "abuse" — that of alcohol has gone on for thousands of years. Only in the 20th century, however, (A) $\boxed{\text{have / having}}$ people begun to describe certain types of drug abuse as "addiction." Initially, the term simply meant a pattern of behavior, with virtually no negative feeling (B) $\boxed{\text{attaching / attached}}$. In fact, uses before the 20th century described addiction "to bad habits," "to civil affairs," and even "to useful things." In those days, the idea of addiction to drugs, which is common today, (C) $\boxed{\text{was / were}}$ not part of any definition. Thus, people once used "addiction" in a neutral way about a mere fondness or tendency.

	(A)	(B)	(C)
①	have	······ attaching	······ was
②	have	······ attached	······ was
③	have	······ attaching	······ were
④	having	······ attached	······ were
⑤	having	······ attaching	······ was

---

7 **wander around** 이리저리 돌아다니다　**magnificent** 훌륭한　**portrait** 초상화　**line** (벽 · 길가 등을 따라) 늘어서다　**examine** 조사하다; *고찰[음미]하다　**come across** ~을 우연히 발견하다　**hang** 걸다　**hallway** 복도　**pull out** ~을 꺼내다

8 **basic** 《pl.》 필수품　**diaper** 기저귀　**out of the question** 불가능한　**designate** 선정하다　**decorate** 장식하다　**destination** 목적지　**fake** 가짜의　**passport** 여권

9 **abuse** 남용, 오용　**addiction** 중독　**initially** 처음에　**term** 용어　**virtually** 사실상, 거의　**attach** 붙이다; *연관 짓다, 부여하다　**civil** 시민(들)의; *민사상의　**affair** 일, 문제　**definition** 의미, 정의　**neutral** 중립적인　**mere** 단순한　**fondness** 기호　**tendency** 경향

Actual Test

실전모의고사

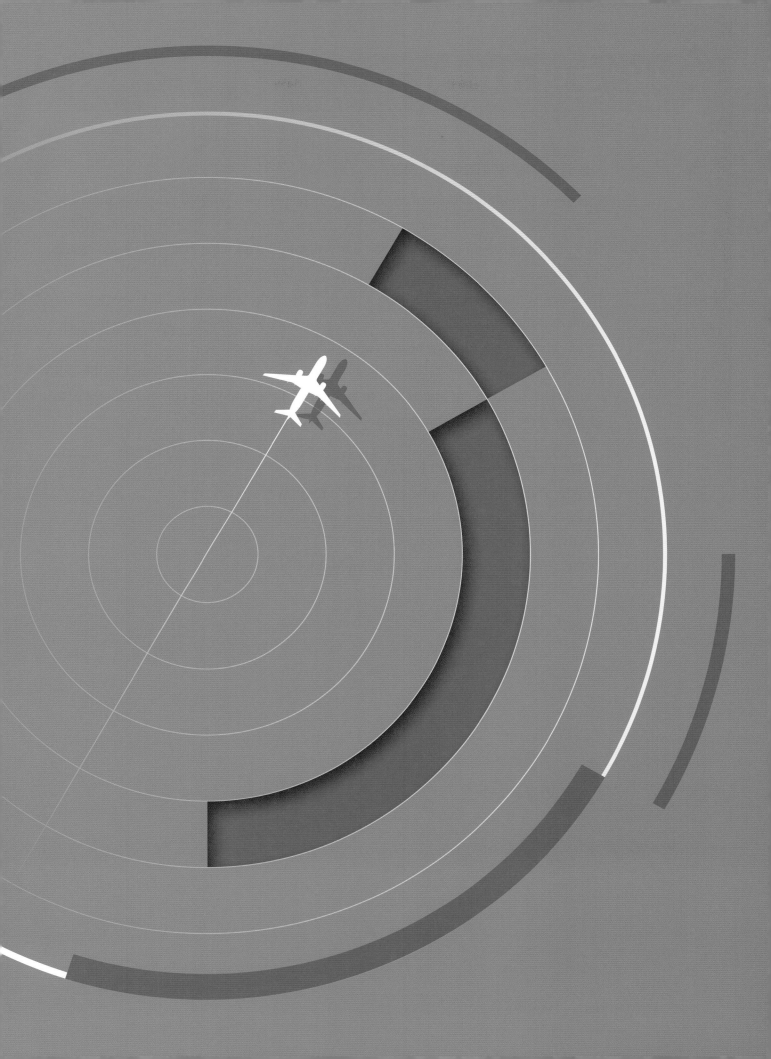

1   다음 글의 제목으로 가장 적절한 것은?

Questions about how life first formed on our planet have puzzled scientists for many years. How could life have possibly emerged from the hostile environment that was present throughout our planet's early history? And what could have led to the development of multicellular plants and animals from simple, single-celled organisms? Recently, some scientists proposed a theory that could help provide answers to some of these difficult questions. According to this theory, an important cellular component called glycerol could have been created through chemical reactions that took place long ago in outer space. Glycerol is an organic molecule, and it is found in the cell membranes of all living organisms. In addition, it is believed that cell membranes with glycerol were essential to the evolution of multicellular life on Earth.

① The First Creature That Lived on Earth
② Why Young Planet Earth Was Unsuitable for Life
③ Could Glycerol Prove That Life Exists on Other Planets?
④ Glycerol: A Possible Answer to the Origin of Life on Earth
⑤ Glycerol Raises New Questions about Multicellular Organisms

2 다음 도표의 내용과 일치하지 <u>않는</u> 것은?

Most Popular Film Genres by Age Group

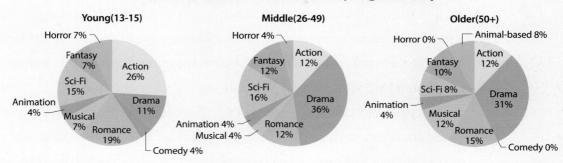

The three pie charts pictured above illustrate the differences in the popularity of film genres in three different age groups. ① While action movies were preferred by the youngest age group, the other two groups ranked them lower. ② After action movies, younger people ranked romance and sci-fi movies as their favorites. ③ As for people in the middle age-range, they liked dramas more than the action, fantasy, and romance films combined. ④ Meanwhile, the people in the oldest age group expressed little appreciation for comedies and horror, with each of these genres receiving zero percent of their votes. ⑤ Clearly, the movies that the older people liked the most were dramas.

3 다음 글의 밑줄 친 부분 중, 문맥상 낱말의 쓰임이 적절하지 <u>않은</u> 것은?

Every writer hopes to win the Nobel Prize for Literature, but few may be familiar with a lesser-known ① <u>reward</u>: the Diagram Prize for the Oddest Title of the Year. ② <u>Conferred</u> every year since 1978 by the British magazine *The Bookseller*, the prize is meant to celebrate works that are given strange or unlikely titles by their authors. The only other ③ <u>criterion</u> is that the book must be nonfiction. The list of finalists is chosen by publishers, booksellers, and librarians from around the world, and being selected is a great form of ④ <u>publicity</u> for the writers. Intrigued by the weird titles of the books, readers can't help but wonder what is ⑤ <u>contained</u> within their pages.

4 animal rain에 관한 다음 글의 내용과 일치하지 <u>않는</u> 것은?

"Animal rain" is a strange phenomenon in which small animals are blown into the sky by powerful winds and later dropped back down to earth. Reports of animal rain go back centuries. Waterspouts, the most common weather phenomenon associated with animal rain, occur when storm clouds spin around and form a whirlwind that stretches down to the surface of a body of water. Spinning at up to 160 kilometers per hour, waterspouts are strong enough to pull small fish up into the sky. Updrafts are another phenomenon that can cause animal rain. They can overpower much larger animals than waterspouts can, such as birds, frogs, and snakes. When waterspouts and updrafts travel over land, they lose energy and drop whatever they have picked up. The heaviest objects fall first, followed by the lighter ones, so animals tend to fall as groups at different times depending on their weight.

* waterspout: 물기둥 ** updraft: 상승 기류

① 동물들이 비처럼 하늘에서 떨어지는 현상이다.
② 수 세기 전부터 목격되었다.
③ 물기둥과 상승 기류가 원인으로 꼽힌다.
④ 상승 기류는 물기둥보다 더 큰 동물들을 들어 올린다.
⑤ 상승 기류는 육지를 이동할수록 그 힘이 더 강해진다.

5 다음 글에 드러난 Lana의 심경으로 가장 적절한 것은?

With its motor off, the boat glided quietly into the hidden lagoon. Lana was stunned by how beautiful everything was: the crystal-clear water, the white sand, the green banana trees swaying in the breeze. Suddenly, all thoughts of home went away. This was the vacation she'd always wanted. Enjoying the moment, Lana turned to Kevin and whispered, "Look at it! Have you ever seen such a perfect scene? Signing up for this boat tour was the best decision of our vacation!" As the boat reached the middle of the lagoon, the captain threw the anchor overboard and invited the passengers to take a swim. "Come on, Kevin!" Lana beckoned. She couldn't wait to get into the water. Slipping over the rail onto the ladder, she descended into the light blue water. "Oh, it's so warm. It's perfect," she said with a big smile.

* lagoon: 석호

① terrified
② surprised
③ annoyed
④ uninterested
⑤ thrilled

주어진 글 다음에 이어질 글의 순서로 가장 적절한 것은?

When scientists want to study a particular phenomenon, they first make a plausible guess about it and assume that it is true.

(A) Most of the time, the scientists' first hypothesis will be proven wrong by these experiments. Other times, the hypothesis will be considered correct for a long time before future studies show it to be false.

(B) This initial assumption is known as a hypothesis, and it is the starting point for the investigation. The scientists then design experiments to test the validity of the hypothesis by making observations about the phenomenon.

(C) For example, physicists thought for many centuries that Newton's laws of motion were comprehensively valid. However, as scientific technology progressed and new observations were made, scientists found that the laws did not apply to objects traveling at high speeds.

① (A) – (C) – (B)　　　　② (B) – (A) – (C)

③ (B) – (C) – (A)　　　　④ (C) – (A) – (B)

⑤ (C) – (B) – (A)

The "trolley problem" is a hypothetical situation. It is used to help people understand how difficult moral decisions can be. Imagine you see a trolley that is out of control and speeding down a track. Five people are working on the track and don't see the trolley coming. There is also a second track, on which only one person is working. There is a lever next to you. If you pull it, the trolley will turn onto the second track, killing the one worker. The other five, however, will be safe. What should you do? There is also a second version of the situation. You are standing on a bridge above the tracks, and there is no lever. However, a large man who you don't know is standing next to you. You realize that if you push him off the bridge, his body will stop the trolley and save the workers. Should you push him? Utilitarian thinkers believe we should always do the greatest good for the greatest number of people. Therefore, in both cases, they would approve of (a) sacrificing one life to save five. Deontological thinkers, on the other hand, think that if something is wrong, it is wrong in every situation. They would not approve of (b) causing a single death, even if it saves five lives. Interestingly, most people agree with the utilitarian perspective in the first situation but not in the second. This is probably because pulling a lever is an (c) indirect way of taking a life. This allows us to focus on the (d) positive consequence—saving the other lives. Pushing someone off a bridge, however, is a direct action. This makes it (e) easier to accept.

* trolley: 전차   ** hypothetical: 가설의

*** utilitarian: 공리주의의   **** deontological: 의무론적인

7 윗글의 제목으로 가장 적절한 것은?

① The Importance of Safety Rules

② Making a Difficult Moral Choice

③ It Is Never Okay to Kill Someone

④ Two Views of the Same Situation

⑤ Trolley Cars: Risky Transportation

8 밑줄 친 (a)~(e) 중에서 문맥상 낱말의 쓰임이 적절하지 <u>않은</u> 것은?

① (a) ② (b) ③ (c) ④ (d) ⑤ (e)

1   다음 글에서 필자가 주장하는 바로 가장 적절한 것은?

For three years, I have commuted by bicycle from my home to the downtown train station. I was very upset to see flyers at the station yesterday saying that the bike lockers, which up to now have been free and open to everyone, will have to be rented starting next month. How can you charge people to park their bikes while car parking in the adjacent lot is still free? Not only are bicycles better for the environment than motorized vehicles, but they also take up much less space. If anything, you should be charging car owners for their parking spaces, not cyclists. With the current state of our environment, we need to encourage people to travel by bicycle, not charge them for it.

① 출퇴근 수단으로 자전거 타기를 권장해야 한다.
② 기차역에 자전거를 보관하는 것을 피해야 한다.
③ 기차역 주변의 자동차 주차장은 폐쇄되어야 한다.
④ 자동차로 인한 환경오염 방지를 위해 노력해야 한다.
⑤ 자전거 이용자에게 주차 요금을 부과하는 것은 부당하다.

2   글의 흐름으로 보아, 주어진 문장이 들어가기에 가장 적절한 곳은?

> So the fish release water through their skin by osmosis and, to replace it, must drink more.

Fish get most of their water not by drinking but through a process called osmosis. When there are different liquids on two sides of a thin layer with many small holes, osmosis allows the liquids to balance out, leaving an equal concentration on both sides. In the case of fish, the layer is their skin and the liquid on one side is water outside of their bodies. (①) Ocean fish live in water that is saltier than the water in their bodies. (②) Freshwater fish live in water that isn't as salty as the water in their bodies. (③) Therefore, their skin takes water in rather than letting it out. (④) Fish that live in fresh water normally drink little or no water as a result. (⑤) Nonetheless, some water is consumed when they open their mouths to feed.

* osmosis: 삼투 (현상)

3 다음 글의 내용을 한 문장으로 요약하고자 한다. 빈칸 (A)와 (B)에 들어갈 말로 가장 적절한 것은?

Researchers interested in the effects of stress on health created an experiment involving 40 monkeys. They divided the monkeys into four groups and let them get used to their companions. Then they switched some of the monkeys from one group to another. The researchers knew that joining a new group is a stressful event for monkeys, so they monitored the health of the monkeys they had switched. As it turned out, not all the monkeys felt the same level of stress when they joined a new group. The monkeys that had a hard time fitting in felt more stress, and they had the poorest health. On the other hand, the ones that had an easier time fitting in with their new companions remained in good health.

⇩

The monkeys that found it less _____(A)_____ to join a new group were _____(B)_____ than the ones that did not.

	(A)		(B)
①	difficult	......	sicker
②	satisfying	......	angrier
③	exciting	......	happier
④	stressful	......	healthier
⑤	easy	......	fewer

4 다음 글의 밑줄 친 부분 중, 어법상 틀린 것은?

It's true that there are many differences between teenagers in today's world and ① that of previous generations. School shootings, AIDS, eating disorders, suicide — these problems which modern teens face today ② were unknown, or at least less severe, in decades past. However, young people today are still struggling with some of the basic emotional dilemmas that have always plagued teens. They still have trouble ③ finding the right balance between youth and adulthood, and they strive to define ④ themselves as different through their outward appearance or everyday behavior. Things may have changed superficially — instead of bell-bottoms and long hair, today's teens sport purple hair and body piercings. But at the core, ⑤ what was true in the past is also true today: teens must travel down that rocky road of self-discovery.

5 다음 빈칸에 들어갈 말로 가장 적절한 것은?

Of all the things that parents can give their children, the most precious is _____. Although it's not visible, it's more important than any material things. Whenever people think back on their relationship with their parents, they seldom remember the individual toys they were given or how many TVs they had in the house. What mattered most in those parent-child relationships had nothing to do with material objects. Instead, we remember the special moments our parents shared with us — offering advice about a problem at school, staying up late to read a bedtime story, or just showing up at an important sporting event or music recital. And we also remember those moments when our parents weren't there. Most experts will tell you that 99.9% of good parenting involves simply being there.

① time
② help
③ advice
④ education
⑤ responsibility

Free College Application Workshop

Are you getting nervous about applying to colleges?

Instead of worrying, sign up for the Brighton City Library's free workshop!

When?

September 3, from 7 p.m. to 9 p.m.

Where?

the basement conference room of the Brighton City Library

What?

two 30-minute lectures, practical advice, and essay-writing exercises

Who?

Anyone planning to apply to colleges may attend. Parents are welcome to join.

Why?

Because college application forms can be complicated and confusing.

Space is limited, so you must register online or in person at the library.

Attendees should bring a laptop and a list of schools they are interested in.

---

① Brighton 시립도서관의 지하 회의실에서 열린다.

② 두 개의 강의가 포함되어 있다.

③ 부모님도 참석할 수 있다.

④ 등록은 온라인으로만 가능하다.

⑤ 참여자들은 반드시 노트북을 가져와야 한다.

(A)

Monopoly is one of the most popular board games ever. However, the version many of us know today is quite different from the original. For years, Charles Darrow was recognized as the inventor of the game. It was said that he invented Monopoly during the Great Depression as a way of remembering better times. But he actually took (a) his idea from another game. It was called the Landlord's Game, and it was created by a woman named Elizabeth Magie.

(B)

Magie wanted to teach people about the dangers of land monopolies, so she created her game. After it was released, the Landlord's Game became popular with academics who agreed with George's ideas. However, the general public mostly ignored it. One day, Darrow, a salesman, saw some friends playing it. (b) He told his family about his idea for a similar game, and they helped him develop it. In 1935, a company called Parker Brothers bought the rights to both (c) his game and Magie's.

(C)

She was born in the USA in 1866 and had many different jobs during her lifetime. She came up with the idea for the game after reading a book by Henry George. George was an anti-monopolist, meaning (d) he didn't think a small group of people should control any industry. At the time, most of the land in America was owned by a handful of millionaires. George argued that any money earned from the land should belong equally to all citizens. He also believed that governments should tax land instead of labor.

(D)

They began marketing it all across the country, and soon it had become a huge hit. This made Darrow a wealthy man, as Parker Brothers paid (e) him a percentage of every sale of the game. Magie, on the other hand, received nothing more than a one-time payment of $500. Even worse, the lessons she had tried to teach people with her game had been reversed. In the new versions of it, players win by forming a monopoly and taking all the money from everyone else.

7 주어진 글 (A)에 이어질 내용을 순서에 맞게 배열한 것으로 가장 적절한 것은?

① (B) – (D) – (C)   ② (C) – (B) – (D)

③ (C) – (D) – (B)   ④ (D) – (B) – (C)

⑤ (D) – (C) – (B)

8 밑줄 친 (a)~(e) 중에서 가리키는 대상이 나머지 넷과 다른 것은?

① (a)   ② (b)   ③ (c)   ④ (d)   ⑤ (e)

9 윗글의 Elizabeth Magie에 관한 내용과 일치하지 않는 것은?

① 게임을 통해 토지 독점의 위험을 가르치고자 했다.

② 일생 동안 여러 다른 직업들을 가졌다.

③ Henry George의 책을 읽고 아이디어를 얻었다.

④ 게임이 인기를 얻은 후 500 달러밖에 받지 못했다.

⑤ 그녀가 의도한 게임의 교훈은 현재까지 전해지고 있다.

 MEMO

MEMO

지은이

NE능률 영어교육연구소

NE능률 영어교육연구소는 혁신적이며 효율적인 영어 교재를 개발하고
영어 학습의 질을 한 단계 높이고자 노력하는 NE능률의 연구 조직입니다.

The 상승 〈수능유형편〉

펴 낸 이   주민홍
펴 낸 곳   서울특별시 마포구 월드컵북로 396(상암동) 누리꿈스퀘어 비즈니스타워 10층
㈜)NE능률 (우편번호 03925)
펴 낸 날   2024년 1월 5일 개정판 제1쇄 발행

전   화   02 2014 7114
팩   스   02 3142 0356
홈페이지   www.neungyule.com
등록번호   제1-68호
I S B N   979-11-253-4299-1
정   가   15,000원

NE 능률

고객센터

교재 내용 문의 : contact.nebooks.co.kr (별도의 가입 절차 없이 작성 가능)
제품 구매, 교환, 불량, 반품 문의 : 02-2014-7114
☎ 전화문의는 본사 업무시간 중에만 가능합니다.

NE능률 교재 MAP

수능

아래 교재 MAP을 참고하여 본인의 현재 혹은 목표 수준에 따라 교재를 선택하세요.
NE능률 교재들과 함께 영어실력을 쑥쑥~ 올려보세요!
MP3 등 교재 부가 학습 서비스 및 자세한 교재 정보는 www.nebooks.co.kr 에서 확인하세요.

| 초1-2 | 초3 | 초3-4 | 초4-5 | 초5-6 |

| 초6-예비중 | 중1 | 중1-2 | 중2-3 | 중3 |

중2-3
첫 번째 수능 영어 기초편

중3
첫 번째 수능 영어 유형편
첫 번째 수능 영어 실전편

| 예비고-고1 | 고1 | 고1-2 | 고2-3, 수능 실전 | 수능, 학평 기출 |

예비고-고1
기강잡고 독해 잡는 필수 문법
기강잡고 기초 잡는 유형 독해
The 상승 직독직해편
올클 수능 어법 start
얇고 빠른 미니 모의고사
10+2회 입문

고1
빠바 기초세우기
능률기본영어
The 상승 문법독해편
수능만만 기본 영어듣기 20회
수능만만 기본 영어듣기 35+5회
수능만만 기본 문법·어법·어휘 150제
수능만만 기본 영어독해 10+1회
맞수 수능듣기 기본편
맞수 수능문법어법 기본편
맞수 구문독해 기본편
맞수 수능유형 기본편
수능유형 PICK 독해 기본
수능유형 PICK 듣기 기본
수능 구문 빅데이터 기본편
얇고 빠른 미니 모의고사
10+2회 기본

고1-2
빠바 구문독해
The 상승 어법어휘+유형편
The 상승 구문편
맞수 수능듣기 실전편
맞수 수능문법어법 실전편
맞수 구문독해 실전편
맞수 수능유형 실전편
맞수 빈칸추론
특급 독해 유형별 모의고사
수능유형 PICK 독해 실력
수능 구문 빅데이터 수능빈출편
얇고 빠른 미니 모의고사
10+2회 실전

고2-3, 수능 실전
빠바 유형독해
빠바 종합실전편
The 상승 수능유형편
수능만만 어법어휘 228제
수능만만 영어듣기 20회
수능만만 영어듣기 35회
수능만만 영어독해 20회
특급 듣기 실전 모의고사
특급 빈칸추론
특급 어법
특급 수능·EBS 기출 VOCA
올클 수능 어법 완성
능률 EBS 수능특강 변형 문제
영어(상), (하)
능률 EBS 수능특강 변형 문제
영어독해연습(상), (하)

수능, 학평 기출
다빈출코드 영어영역 고1독해
다빈출코드 영어영역 고2독해
다빈출코드 영어영역 듣기
다빈출코드 영어영역 어법·어휘

수능 이상/
토플 80-89·
텝스 600-699점

수능 이상/
토플 90-99·
텝스 700-799점

수능 이상/
토플 100·
텝스 800점 이상

The 상승

독해 기본기에서
수능 실전 대비까지 The 상승

수능유형편

정답 및 해설

NE 능률

The 상승

독해 기본기에서
수능 실전 대비까지 The 상승

수능유형편

정답 및 해설

01 주제·제목

해석 뇌의 시각적 시스템의 다양한 부분들은 꼭 필요한 때 꼭 필요한 것만 알려 주는 방식으로 정보를 얻는다. 여러분의 손 근육이 어떤 물체에 닿을 수 있도록 돕는 세포들은 그 물체의 크기와 위치를 알 필요가 있지만, 색깔에 대해 알 필요는 없다. 그것들(그 세포들)은 모양에 대해서는 조금 알아야 하지만, 매우 자세히 알 필요는 없다. 여러분이 사람의 얼굴을 인식하도록 돕는 세포는 모양의 세부 사항에 극도로 예민해질 필요가 있지만, 위치에는 신경을 덜 쓸 수 있다. 어떤 물체를 보는 사람은 누구든 모양, 색깔, 위치, 움직임 등 그 물체에 관한 모든 것을 보고 있다고 추정하는 것은 당연하다. 하지만, 여러분 뇌의 한 부분은 그것의 모양을 보고, 다른 한 부분은 색깔을 보며, 또 다른 부분은 위치를 감지하고, 또 다른 부분은 움직임을 인식한다. 그 결과, 국부적 뇌 손상 후에 물체의 특정한 측면은 볼 수 있으면서 다른 측면은 볼 수 없는 일이 일어날 수 있다. 수 세기 전, 물체의 색깔이 무엇인지 못 보면서 사람이 그 물체를 식별할 수 있는 방법에 대해 상상한다는 것이 사람들에게 어렵다는 것을 알게 되었다. 심지어 오늘날에도, 여러분은 물체가 어디에 있는지 알지 못하면서 그것을 보거나, 또는 그것이 움직임이 있는지 알지 못하면서 그것을 보는 사람에 대해 알게 되면 놀라워할 수 있다.

오답풀이 ① 시각 시스템은 우리의 신뢰를 저버리지 않는다!
② 색에 민감한 뇌세포의 비밀 임무
③ 사각지대: 뇌에 대해 아직 알려지지 않은 것
④ 뇌세포가 자연의 회복 과정을 예시하는 이유

구문분석 [2행] Cells [that help your hand muscles reach out to an object] need to know the size and location of the object, but **they** don't need to know about color.
[ ]는 주어 Cells를 수식하는 주격 관계대명사절이다. 문장의 동사는 need로 to부정사를 목적어로 취한다. but 뒤의 they는 앞에 나온 Cells를 가리키는 대명사이다.

[10행] Centuries ago, people found **it** difficult **to imagine** [how someone could see an object {without seeing what color it is}].
「find+O+O.C.」는 '~이 …하다고 알다'라는 의미로 목적어 it는 가목적어로 쓰였다. to imagine ~ cololr it is가 진목적어에 해당한다. to부정사의 동사 imagine의 목적절로 how 간접의문문이 쓰였으며 { }는 부사구로 쓰인 without 전치사구이다.

어휘 visual 시각적인 on a need-to-know basis 꼭 필요한 때 꼭 필요한 것만 알려주는 방식으로 cell 세포 muscle 근육 extremely 극도로 sensitive 예민한 assume 추정하다 detect 감지하다, 찾아내다 perceive 감지하다 consequently 그 결과, 따라서 localized 국부적인 aspect 측면
[문제] betray 배신하다, 저버리다 trust 신뢰 mission 임무

---

blind spot 사각지대, 맹점   exemplify 예를 들다   independent 독립된   perception 지각, 인식

이렇게도 나왔다⁺   p.9

정답 ⑤

해석 최근에 무급 노동이 일이라고 하는 이유는 '향상된 경제적 가치를 지닌 재화와 서비스를 생산하기 위해 노동과 원자재를 결합하는 활동이 바로 무급 노동이기 때문이라고' 주장하는 시도가 있어 왔다. Duncan Ironmonger와 같은 경제학자들은 그것(자원봉사)의 '경제적' 가치가 계산될 수 있도록 자원봉사에 금전적 가치를 귀속시키려고 시도해 왔다. 하지만 이럼에도 불구하고, 자본주의가 경쟁과 재정적 보상을 그것의 초석으로 삼고 있는데 자원봉사는 그렇지 않기 때문에 무급 노동과 자원봉사는 여전히 우리의 자본주의 체제의 정의된 경제적 틀 밖에 머물러 있다. 그렇다 할지라도, 자원봉사가 호주 경제에 연간 약 420억 달러를 기여하는 것으로 추정되어 왔다. 비록 우리의 경제적 구조를 지탱하고 우리의 사회적 자본을 향상시킴에 있어 자원봉사의 재정적 중요성을 정량화하고 적절하게 하려는 시도가 계속 이루어지고 있지만, 그것은 느리게 진행되고 있다. 그리고 자원봉사가 GDP 밖에 있는 한, 그것의 진정한 가치와 중요성은 무시된다. 정부는 자원봉사의 중요성에 대해 입에 발린 말을 계속 내놓지만, 궁극적으로는 그것을 공식적으로 인정하기를 거부한다.

문제풀이 글의 전반부에서 '무급 노동'에 대한 언급을 통해 자원봉사가 갖는 금전적 가치에 대한 언급이 있고, 글의 중반부에서는 그러한 시도에도 불구하고 자원봉사는 경제적 정의의 틀 밖에 놓이고 있으며, 국가적으로도 경제적 가치로서의 공식적인 인정을 못 받고 있다는 내용이므로, 글의 주제로는 ⑤ '자원봉사의 경제적 중요성에 대한 인식 부족'이 가장 적절하다.

오답풀이 ① 자원봉사를 사업 전략으로 활용하려는 노력
② 자원봉사를 노동과 동일시하는 잘못된 견해
③ 자본주의 체제에 대한 우리의 이해를 방해하는 장애물들
④ 자원봉사자들을 공공서비스에 참여시키려는 정부의 노력

구문분석 [1행] More recently there have been *attempts* [**to argue** {**that** unpaid work is work **because** 'it is an activity ⟨**that** combines labour with raw materials to produce goods and services with enhanced economic value'}}].
「there+be」 다음에 나오는 attempts가 이 문장의 주어이고, [ ]는 주어를 수식하는 형용사적 용법의 to부정사구이다. { }는 argue의 목적절과 접속사 because가 이끄는 부사절이 들어가 있으며, because 부사절 속의 ⟨ ⟩는 명사 activity를 선행사로 하는 주격 관계대명사절이다.

[7행] **Having said that**, it has been estimated [**that** volunteering contributes about $42 billion a year to the Australian economy].
Having said that은 Though they said that을 나타내는 분사구문이고, [ ]는 가주어 it에 대한 진주어절 역할을 하는 that 명사절이다.

어휘 recently 최근에 attempt 시도 unpaid work 무급 노동 combine 결합시키다 enhance 향상시키다 economist 경제학자 defined 정의된 framework 틀, 구조 capitalism 자본주의 competition 경쟁 financial 재정적인, 금융의 reward

보상 cornerstone 초석, 토대 estimate 추정하다 quantify
~을 정량화하다 qualify ~을 알맞게 하다 neglect 무시하다
pay lip service to ~이라고 말로만 하다 ultimately 궁극적으로
recognition 인식
[문제] utilise 활용하다 strategy 전략 identify ~ with … ~와
…을 동일시하다 obstacle 장애물 endeavour 노력 lack of
~의 부족 appreciation 인식, 이해

적용독해
p.10

1 ④ 2 ④ 3 ④ 4 ③ 5 ② 6 ②

1 ④

해석 쇼핑몰의 배치는 복잡한 경향이 있다. 많은 다른 층과 에스컬레이터, 그리고 복도가 있다. 이것은 우연이 아니다. 한 상점에서 다른 상점으로 가기 위해서는 많이 걸어야 한다. 만약 쇼핑객들이 직선으로 걸어갔다면, 그들은 모든 것들이 얼마나 멀리 떨어져 있는지를 깨달았을 것이다. 그러나, 그 거리가 짧은 구간들로 나누어졌기 때문에, 그것은 훨씬 짧아 보인다. 이 심리적인 속임수는 미루는 버릇으로 고심하는 사람들에게 유용할 수 있다. 큰 프로젝트에서 일하는 것은 끝이 없고 불가능해 보일 수 있다. 이것이 사람들이 그것들을 피하는 데 그들의 많은 시간을 사용하는 이유이다. 그러나 당신이 큰 프로젝트를 더 작은 작업들로 나누면, 그것은 갑자기 다루기 훨씬 더 쉬워 보인다. 결과적으로, 그 작업을 시작하는 것은 그렇게 어렵지 않을 것이다.

문제풀이 심리적인 속임수를 이용해 큰 작업을 작은 작업들로 나누어 쉬워 보이게 함으로써 미루는 버릇으로 고심하는 사람들이 작업을 시작하도록 도와준다는 내용의 글이므로, 글의 주제로는 ④ '어려운 작업을 더 쉬워 보이게 만드는 방법'이 가장 적절하다.

오답풀이 ① 어떤 종류의 프로젝트가 가장 좋은가
② 왜 사람들은 큰 쇼핑몰을 좋아하는가
③ 무엇이 사람들을 너무 열심히 일하게 하는가
⑤ 너무 많이 걷는 것을 피하기 위해 갈 곳

구문분석 [3행] **If** shoppers **were walking** in straight lines, they **would realize** [how far apart everything is].
「if+S+동사의 과거형, S+조동사의 과거형+동사원형」은 현재 사실의 반대를 가정하는 가정법 과거이다. [ ]는 realize의 목적어로 쓰인 간접의문문으로 「의문사+주어+동사」의 어순이다.

[6행] This is [why people **spend** much of their time **trying** to avoid them].
[ ]는 주격보어 역할을 하는 간접의문문으로 「의문사+주어+동사」의 어순이다. 「spend+시간+v-ing」는 '~하는 데 (시간)을 보내다'의 의미이다.

2 ④

해석 당시 대부분의 과학자들의 정반대되는 의견에도 불구하고, Jonas Salk는 '죽은' 소아마비 바이러스를 환자들에게 주사하는 것이 그들을 감염시키지 않고 그 병에 면역력을 갖게 할 것이라고 믿었

다. 그는 자신과 가족들을 포함하여 자원봉사자들에게 자신의 백신을 실험했고, 그들이 소아마비에 걸리거나 어떤 부정적인 부작용을 겪지 않고 모두 항소아마비 항체가 생겼다는 것을 발견했다. 1954년에, 그 백신에 대한 국가 차원의 실험이 백만 명의 아이들에게 행해졌고, 다음 해에 그 백신이 안전하고 효과적이라고 공표되었다. 대중들이 그 백신을 이용할 수 있게 되기 전에, 미국의 소아마비 감염 사례 수는 연간 평균 45,000 이상이었다. 하지만 1962년에 이르러, 그 수는 1,000 밑으로 떨어졌다. 흥미롭게도, Salk는 자신의 백신에 대해 특허를 받지 않았는데, 왜냐하면 그는 수익을 얻는 것보다 그것을 안전하고 효과적으로 만드는 데 더 관심이 있었기 때문이다.

문제풀이 Jonas Salk가 개발한 백신 덕분에 소아마비 감염자 수가 줄었다는 내용의 글이므로, 글의 제목으로는 ④ '소아마비 백신: Jonas Salk의 기적'이 가장 적절하다.

오답풀이 ① 백신으로 이어진 실수
② Jonas Salk의 비극적인 희생
③ 백신 개발의 역사
⑤ 백신이 예방 의학에 미치는 영향

구문분석 [1행] …, Jonas Salk believed that injecting patients
S'(동명사구)
with polio virus [that had been "killed"] would immunize
↑   V'
them from the disease without infecting **them**.
[ ]는 polio virus를 수식하는 주격 관계대명사절이다. 두 개의 them은 앞에 나온 patients를 가리킨다.

[9행] Interestingly, Salk never patented his vaccine, **as he was more concerned with** *making* it *safe and effective* than
V'   O'   O.C.'
with earning profits.
as는 〈이유〉를 나타내는 접속사로 쓰였다. 「make+O+O.C.」는 '~을 …하게 하다'의 의미로 목적격보어로 형용사구 safe and effective가 왔다.

MINI Q.

his vaccine

3 ④

해석 수년 동안, 환경 보호론자들은 야생에서의 생물 다양성이 사라지는 것에 대해 우려해 왔다. 그러나, 다양성의 상실은 농부들이 지켜보는 데서도 일어나고 있다. 한 가지 문제는 특정 품종의 가축이 그것들이 더 적은 젖이나 고기를 제공한다는 사실 때문에 점점 더 인기를 끌지 못하고 있다는 것이다. 똑같은 일이 곡류에도 해당된다. 지난 100년 동안, 곡류의 유전적 다양성의 4분의 3이 사라져 왔다. 많은 농부들은 더 빨리 자라고 더 많은 먹거리를 생산하는 식물 품종으로 전환해 왔다. 지구상에 있는 3만 개의 식용 식물종(種) 중, 쌀, 밀, 그리고 옥수수를 포함한 겨우 30가지 종이 우리가 먹는 것의 95퍼센트를 차지한다. 불행하게도, 현재 증가하는 인구를 감당하기 위하여 전 세계의 식량 생산을 증대해야 할 필요가 있다. 이 상황으로 인한 다양성의 상실은 다양한 환경 조건을 가진 새로운 장소에서 곡물을 기르는 것을 더 어렵게 만들 수도 있다.

문제풀이 인간이 식품 생산량의 증대를 위해 특정 품종의 가축이나 곡류만을 기르는 것으로 인해 생물 다양성이 사라지고 있는 것을 우려하

는 글이다. 따라서 글의 주제로는 ④ '인공적 조작으로 인한 생물 다양성의 감소'가 적절하다.

오답풀이 ① 기후 변화가 생물 다양성에 미치는 영향
② 지구상의 다양한 동식물
③ 생물 다양성의 상실로 인한 농업상의 문제점
⑤ 유전자가 조작된 개체들의 야생에서의 효용성

구문분석 [3행] One problem is [that certain breeds of livestock are growing less popular due to the fact {that they offer less milk or meat (than other breeds)}].
[ ]는 주격보어 역할을 하는 명사절이고, { }는 the fact와 동격인 명사절이다. less milk or meat 뒤에 than other breeds가 생략되어 있다.

[9행] The loss of diversity due to this situation could make it harder [to grow crops in new places {with different environmental conditions}].
5형식 문장으로 make 뒤의 it은 가목적어, to부정사구인 [ ]가 진목적어이며, 형용사 harder는 목적격보어이다. { }는 new places를 수식하는 전치사구이다.

4 ③

해석 과학자들은 오랫동안 달을 유망한 식민지화 장소로 여겨왔다. 우주의 다른 잠재적인 목적지와 비교하면, 달은 지구에 훨씬 더 가깝고, 이러한 근접성 덕분에, 사람들과 장비를 달에 수송하는 데 걸리는 시간은 비교적 짧을 것이다. 지구에 대한 달의 근접성은 짧은 기간 동안 그곳으로 방문객들을 끌어모을 수 있는 관광 산업을 발전시키는 것도 가능하게 만들 것이다. 게다가, 달에는 추출되어 정착지, 방사선 차단 장치, 그리고 훨씬 더 많은 것을 건설하기 위해 사용될 수 있는 많은 현지 자원이 있다. 마지막으로, 얼음이 달의 극점에 존재할 가능성은 식민지 주민들이 안정된 물 자원을 가질 수 있다는 희망을 준다.

문제풀이 과학자들이 달을 식민지화 가능성이 높은 장소로 여기는 이유를 설명하는 글이므로, 글의 주제로는 ③ '달을 식민지로 활용하는 것의 많은 이점'이 가장 적절하다.

오답풀이 ① 우주 여행에 필요한 다양한 기술
② 달에 자원이 존재하는지에 대한 논쟁
④ 다른 행성들을 식민지화하는 것과 관련된 어려움
⑤ 달에 사는 것이 지구에 사는 것보다 더 쉬울 수 있는 이유

구문분석 [2행] …, the Moon is **much** closer to Earth, and thanks to this close proximity, the time [(which[that]) it _would_ take to transport people and equipment there] _would_ be relatively short.
much는 '훨씬'의 의미로 비교급 closer를 강조하는 부사이다. [ ]는 the time을 수식하는 목적격 관계대명사절로, 관계대명사 which[that]가 생략되었다. 두 개의 would는 '~일 것이다'의 의미로 쓰인 조동사로, 약한 추측을 나타낸다.

[4행] The Moon's proximity to Earth would even make it

possible [**to develop** a tourist industry {that could bring visitors there for a short period of time}].
5형식 문장으로 it은 가목적어, to부정사구인 [ ]가 진목적어이며, 형용사 possible은 목적격보어이다. { }는 a tourist industry를 수식하는 주격 관계대명사절이다.

[7행] Finally, the possibility of [ice existing at the Moon's poles] gives hope {that colonists could have a reliable source of water}.
[ ]는 the possibility와 동격인 동명사구로 ice는 동명사 existing의 의미상 주어이다. { }는 hope와 동격인 명사절이다.

5 ②

해석 일반적인 생각과는 달리, 비디오 게임이 항상 건강에 나쁜 것은 아니다. '리미션'이라고 불리는 한 비디오 게임은 암에 걸린 아이들을 위해 고안된 것이다. 그 게임에서 그들은 암세포를 없애기 위해 미세한 캐릭터들을 인체 사이로 안내한다. 그 게임은 아이들이 겪는 과정을 반영하고, 게임의 무기들은 항암 치료 요법과 항생제 같은 실제 암 치료법을 기반으로 한다. 그 게임은 아이들이 암에 대해 배우는 것을 도와 그들에게 통제감을 준다. 그들이 게임에서 암세포를 쏘아 죽일 때, 그것은 마치 그들이 본인의 몸 안에 있는 암세포와 싸우는 것과 같다. 그 게임의 효과에 관한 한 연구에 따르면, 그들이 더 많은 암세포를 죽일수록, 그들은 감염이나 메스꺼움과 같은 부작용을 겪을 가능성이 더 적다. 인터뷰에서, 환자들은 게임 속에서 암세포를 극복하기 때문에 더 많은 에너지를 얻었고, 완전히 회복될 가능성이 더 높다고 느꼈다고 전했다.

문제풀이 암 치료 과정을 반영한 비디오 게임이 암환자들에게 도움이 되었다는 내용이므로, ② '게임으로 암환자들을 돕기'가 글의 제목으로 가장 적절하다.

오답풀이 ① 의료진을 휩쓸고 있는 게임 열풍
③ 비디오 게임을 하는 것이 암을 유발할 수 있는가?
④ 암 치료의 밝은 면과 어두운 면
⑤ 의학 치료: 아주 작은 로봇이 생명을 구하다

구문분석 [5행] The game helps children learn about cancer, [giving them a feeling of control].
「help+O+O.C.」는 '~가 …하는 것을 돕다'의 의미로 help의 목적격보어로 동사원형이 왔다. [ ]는 〈부대상황〉을 나타내는 분사구문이다.

[7행] According to a study [on the effectiveness of the game], **the more** cancer cells they destroy, **the less** _likely_ they _are to experience_ side effects like infections and nausea.
[ ]는 a study를 수식하는 전치사구이다. 「the+비교급 ~, the+비교급 …」은 '~할수록, 더욱 …하다'의 의미이다. 「be likely to-v」는 '~ 할 가능성이 있다'의 뜻이다.

[9행] …, patients reported [that they **had** more energy and felt {(that) their chances for full recovery were more promising} …].
[ ]는 reported의 목적어로 쓰인 명사절로, that절의 동사 had와 felt가 접속사 and로 병렬 연결되었다. { }는 접속사 that이 생략된 명사절

로, felt의 목적어로 쓰였다.

6 ②

해석 인간은 때때로 자연의 가장 거대한 생물들도 도울 수 있다. 50톤이 되는 혹등고래가 어떤 낚싯줄에 걸렸던 때가 이러한 경우였다. 한 어부가 그 고래를 보고 도움을 요청했을 때, 용감한 잠수부 팀이 그 고래를 구하려고 물에 들어갔다. 그것은 위험한 작업이었는데, 왜냐하면 그 고래가 꼬리로 한 번 톡 치기만 해도 잠수부들을 쉽게 죽일 수도 있었기 때문이었다. 하지만, 마침내 그들은 낚싯줄을 절단하고 그 고래를 풀어주는 데 성공했다. 그러나 헤엄쳐 가기 전에 그 고래는 각각의 잠수부들에게 다가와 코를 비볐다. 잠수부들은 이전에 그러한 애정 표현을 전혀 본 적이 없었다. 너무 놀라 움직이지도 못한 채, 그들은 그 고래가 먼 바다 속으로 천천히 사라질 때까지 지켜보았다.

문제풀이 잠수부들이 위험을 무릅쓰고 낚싯줄에 걸린 고래를 구해 주자 고래가 잠수부들에게 고마움의 표시를 한 후 사라졌다는 내용이므로, ② '고래가 구조자들에게 고마워하다'가 글의 제목으로 가장 적절하다.

오답풀이 ① 고래의 행동에 대한 연구
③ 한 어부가 놀라운 것을 발견하다
④ 인간과 고래는 함께 어울리지 않는다
⑤ 동물과 일하는 것의 위험성

구문분석 [4행] It was dangerous work, **for** the whale *could easily have killed* the divers with a simple flip of its tail.
for는 앞 문장에 대한 〈이유〉를 설명하는 접속사이다. 「could have v-ed」는 '~했을 수도 있었다'의 의미로 과거의 일에 대한 추측을 나타낸다.

[7행] [(Being) **Too** surprised **to move**], they watched *as* the whale slowly faded into the distant sea.
[ ]는 앞에 Being이 생략된 형태로 부대상황을 나타내는 분사구문이며, 「too+형용사[부사]+to-v」는 '너무 ~해서 …할 수 없다'의 의미이다. as는 〈시간〉을 나타내는 접속사로 쓰였다.

기출 깨뜨리기　　　　　　　　　　p.14

해석 환경 위험 요인에는 노출을 조장하거나 허용하는 인간의 행동과 함께 생물학적, 물리적, 화학적 위험 요인이 포함된다. 일부 환경 오염물질은 피하기가 어렵고(오염된 공기의 호흡, 화학적으로 오염된 공공 식수의 음용, 개방된 공공장소에서의 소음); 이러한 상황에서 노출은 대체로 자기도 모르게 이루어진다. 이러한 요인의 감소 또는 제거에는 대중의 인식 및 공중 보건 조치와 같은 사회적 행위가 필요할 수도 있다. 많은 국가에서, 일부 환경적 위험 요인이 개인 수준에서 피하기 어렵다는 사실은 피할 수 있는 그 위험 요인보다 도덕적으로 더 상당히 나쁜 것으로 느껴진다. 어쩔 수 없이 매우 높은 수준의 비소로 오염된 물을 마실 수밖에 없는 것이나, 식당에서 담배 연기를 수동적으로 들이마시도록 강요당하는 것은 개인이 담배를 피울지 말지에 대한 개인적인 선택보다 더 사람들을 화나게 한다. 이러한 요인들은 사람이 변화(위험 감소)가 어떻게 일어나는지를 고려하게 될 때 중요하다.

구문분석 [6행] In many countries, the fact [that some environmental hazards are difficult to avoid at the individual level] is felt to be more morally egregious than those hazards [that can be avoided].
첫 번째 [ ]는 앞의 the fact와 동격을 나타내는 명사절이며 이 문장의 주어는 the fact이고 동사는 is felt가 된다. 두 번째 [ ]는 those hazards를 수식하는 주격 관계대명사절이다.

[8행] [Having no choice but to drink water contaminated with very high levels of arsenic], **or** [being forced to passively breathe in tobacco smoke in restaurants], outrages people more than the personal choice of [**whether** an individual smokes tobacco].
첫 번째, 두 번째 [ ]는 주어 역할의 동명사구 2개로 접속사 or로 병렬되어 있고, 동사는 outrages가 된다. 세 번째 [ ]는 전치사 of의 목적절로 의문사 whether가 「의문사+S+V」 어순의 간접의문문을 이끌고 있다.

어휘 hazard 위험 (요인)　biological 생물학적　physical 물리적　chemical 화학적　promote 조장하다, 촉진하다　exposure 노출　contaminant 오염물질　avoid 피하다　circumstance 상황　involuntary 자기도 모르게 하는　reduction 감소　elimination 제거　societal 사회의　awareness 인식　measure 조치　have no choice but to *do* (어쩔 수 없이) ~하는 수밖에 없다　arsenic 비소　passively 수동적으로　outrage ~을 화나게 하다

정답 ②

해석 둘 다 대학에서 뛰고 싶어 하는 두 명의 운동선수를 생각해 보라. 한 명은 매우 열심히 해야 한다고 말하고, 다른 한 명은 순조롭게 자신의 생활을 하며 자신이 부족한 특정 기술을 연마할 계획을 세우기 위해 목표 설정을 이용한다. 둘 다 열심히 하고 있지만 후자만이 영리하게 하고 있다. 운동선수가 정말로 열심히 하지만 자신이 원하는 진전을 이루어 내지 못하면 좌절하게 될 수 있다. 그런 차이를 만들어 낼 수 있는 것은 추진력, 즉 기술과 육체 영역에서 이루어진 이점을 극대화하기 위해 정신적 장치를 활용하는 것이다. 추진력은 방향(목표)을 제공하고, 노력(동기부여)을 유지시키며, 단순히 열심히 하는 것을 넘어서는 훈련의 마음가짐을 만든다. 추진력은 육체와 기술 장치에 직접적인 힘을 가하여, 그것들이 활력과 목적을 가지고 회전할 수 있도록 그것들을 강화하고 다듬는다. 욕망은 여러분이 운동을 하거나 연습할 때 그러한 장치가 더 빨리, 그리고 더 세게 회전하도록 만들지도 모르지만, 추진력이 애초에 그것들을 만든 것이다.

문제풀이 그냥 열심히 하는 것과 특정한 계획을 세우기 위해 목표 설정을 이용하는 것이 다르듯이, 운동선수가 단순히 열심히 하는 것보다는 기술과 육체 영역에서 이루어진 이점을 극대화할 수 있도록 정신적 장치, 즉 추진력을 활용하는 것이 좋다고 주장하고 있다.

구문분석 [5행] [What can make the difference] is drive — utilizing the mental gear to maximize gains [made in the technical and physical areas].
첫 번째 [ ]는 선행사를 필요로 하지 않는 What 관계대명사절이 주어로 쓰인 것이며, 두 번째 [ ]는 선행사 gains를 수식하며 과거분사 made로 시작하는 분사구이다.

[9행] [While desire might make you spin those gears faster and harder {as you work out or practice}], drive is [what built them in the first place.]
첫 번째 [ ]에서 while은 대조의 의미 '~이지만'을 나타내는 부사절의 접속사이며, { }는 '~할 때'라는 의미의 시간의 접속사 as가 이끄는 부사절이다. 두 번째 [ ]는 주어 drive의 주격 보어로 관계대명사 what이 이끄는 명사절이다.

어휘 athlete 운동선수   goal setting 목표 설정   stay on track 순조롭게 생활하다, 정상 궤도를 달리다   frustrate 좌절하다   progress 진전, 진보   drive 추진력   utilize 활용하다   gear 장치, 장비   maximize 극대화하다   gain 이익, 이점   sustain 유지시키다   mindset 마음가짐, 사고방식   strengthen 강화하다   polish 다듬다   in the first place 애초에

적용독해

1 ③   **2** ②   **3** ④   **4** ⑤   **5** ⑤   **6** ⑤

1 ③

해석 고양이들은 훌륭한 벗이 되지만, 때때로 그들은 가구를 할퀴어서 손상시킬 수 있다. 이러한 이유로, 어떤 사람들은 그들의 고양이들의 발톱을 제거한다. 그러나, 발톱을 제거하는 것은 말도 안 된다. 물건들을 할퀴는 고양이들은 나쁘게 행동하고 있는 것이 아니다. 그것은 그들이 근육을 늘이고, 발톱을 좋은 상태로 유지하며, 영역을 표시하도록 하는 자연스러운 행동이다. 일부 사람들은 발톱을 제거하는 것은 당신의 손톱을 자르는 것과 다르지 않다고 주장한다. 이것은 사실이 아니다. 그것은 어떤 목적도 없고 오래 지속되는 부정적인 효과를 줄 수 있는 고통스럽고 위험한 수술이다. 더 좋은 대안은 단순히 고양이들이 가구를 할퀴는 것을 멈추도록 훈련시키는 것이다. 많은 상점에서 특수한 할퀴기용 기둥과 판을 구할 수 있으며 어떠한 손상도 없이 고양이들이 자유롭게 할퀼 수 있도록 디자인되었다.

문제풀이 가구를 손상시킨다는 이유로 고양이의 발톱을 제거하는 것은 목적도 없고 부정적인 효과를 주는 위험한 수술이라는 내용이므로, 글의 요지로는 ③이 가장 적절하다.

구문분석 [2행] ..., some people **have** their cats **declawed**.
「have+O+O.C.」는 '~을 …하게 하다'의 의미로 목적어와 목적격보어가 수동의 관계에 있으므로 목적격보어로 과거분사가 왔다.

[3행] It is natural behavior [that **allows** them to ***stretch*** their muscles, (to) *keep* their claws in good condition, and (to) *mark* their territory].
[ ]는 natural behavior를 수식하는 주격 관계대명사절이다. 「allow+O+to-v」는 '~가 …하게 하다'의 의미이며, to stretch, (to) keep, (to) mark가 and로 병렬 연결되었다.

[7행] A better alternative is [simply **training** cats **to stop** scratching furniture].
[ ]는 주격보어 역할을 하는 동명사구이다. 「train+O+to-v」는 '~가 … 하도록 훈련시키다'의 의미이다.

2 ②

해석 사람들이 동일한 일을 반복해서 하는 것은 꽤 흔하다. 우리는 모두 우리가 편하다고 여기는 습관들을 가지고 있다. 우리는 매일 같은 사람들을 만나고, 같은 음식을 먹고, 같은 TV 프로그램을 본다. 그래서 우리는 대개 결국에는 같은 생각을 하고 같은 의견을 가지게 된다. 그것은 별로 흥미롭게 들리지는 않는데, 그렇지 않은가? 그러니 다른 어떤 것을 시도해 보는 것은 어떨까? 여러분은 작은 것으로 시작해 볼 수 있다. 아마도 여러분은 거의 말을 걸어본 적이 없는 반 친구들 중 한 명에게 인사를 할 수 있을 것이다. 혹은 여러분은 그저 점심 식사로 새로운 것을 먹으려고 시도해 볼 수도 있다. 여러분의 판에 박힌 일상을 시험 삼아 깨보아라, 그러면 어떤 일이 일어날지 누가 알겠는가? 여러분의 삶에 작은 변화를 줌으로써, 여러분은 새로운 경험이나 흥미로운 기회에 이르는 문을 열 수 있을지도 모른다.

문제풀이 매일 동일한 일을 반복하면서 동일한 생각이나 의견을 가지기보다 되풀이되는 일상에 작은 변화를 시도해 보라고 주장하는 글이다.

구문분석 [1행] **It is fairly common** *for people* [**to do** the same things again and again].

It은 가주어, to부정사구인 [ ]는 진주어이며, for people은 to부정사의 의미상 주어이다.

[3행] So we usually **end up thinking** the same thoughts <u>and</u> **having** the same opinions.

「end up v-ing」는 '결국 ~하게 되다'라는 의미로, 동명사 thinking과 having이 접속사 and에 의해 병렬 연결되었다.

3 ④

해석 방어적 비관주의자들은 긍정적인 결과를 성취하기 위해서 일종의 부정적인 사고를 사용하는 사람들이다. 그들은 이 계산된 전략을 불안감과 두려움 같은 감정을 다스릴 때 사용한다. 먼저, 그들은 잘못될 수 있는 모든 것을 상상하면서, 스스로에게 낮은 기대치를 설정한다. 그러고 나서 그들은 이 문제들 각각에 관한 해결책을 생각해 내는데, 이것은 그들로 하여금 마치 그들이 (문제를) 통제하고 있다고 느끼게 한다. 낮은 자존감을 가진 사람들과는 달리, 방어적 비관주의자들은 자신에 관한 형편없는 의견을 성공하기 위한 도구로 사용한다. 예를 들어, 발표를 하기 전에, 방어적 비관주의자는 '아무도 이 정보를 이해하지 못할 거야. 나는 이것을 매우 주의 깊게 설명해야 할 거야.'라고 생각할지도 모른다. 이런 방법으로, 방어적 비관주의자들은 문제를 해결할 수 있다. 그리고 그들이 성공하지 못하는 상황에서, 그들은 마치 그들이 대비가 되어 있는 것처럼 느끼며, 따라서 실패를 재앙으로 여기지 않는다.

문제풀이 방어적 비관주의자는 최악의 경우를 대비하여 많은 해결책을 생각하거나 마음의 준비를 하고, 이러한 전략을 성공의 도구로 삼는다는 내용이므로, 글의 요지로는 ④가 가장 적절하다.

구문분석 [3행] First, they set low expectations for themselves, [**imagining** <u>everything</u> {that can go wrong}].

[ ]는 〈동시동작〉을 나타내는 분사구문이다. { }는 everything을 수식하는 주격 관계대명사절이다.

[4행] Then they come up with a solution for each of these problems, [**which** makes them feel …].

[ ]는 앞 문장 전체를 선행사로 하는 계속적 용법의 주격 관계대명사절이다.

[9행] And in situations [**in which** they don't succeed], they feel *as though* they *were prepared* and … .

[ ]는 situations를 선행사로 하는 「전치사+관계대명사」절이다. 「as though+가정법 과거」는 '마치 ~인 것처럼'의 의미로, as if로 바꿔 쓸 수 있다.

4 ⑤

해석 우리 사회에는 과학자들과 평범한 사람들 간에 서로 잘 소통하는 것을 방해하는 유감스러운 간격이 존재한다. 과학적인 지성을 가진 사람들은 자신의 연구를 일상적 언어로 설명하는 데 어려움을 겪는 반면 언변에 재능이 있는 사람들은 대개 많은 과학적 지식을 가지고 있지 않다. 하지만 사실은 과학자들이 매일 수행하고 있는 연

구와 실험이 우리의 삶에 커다란 영향을 미치고 있다는 것이다. 그렇다면 그들이 무슨 일을 하고 있으며 왜 하고 있는지에 대해 사회에 알리려는 노력을 하는 것이 타당하지 않겠는가? 그들의 모든 시간을 실험실에 숨어 있는 데 써버리는 대신, 과학자들은 자신의 연구에 대해 연설을 하거나 기자에게 이야기하는 데 매일 약간의 시간을 할애해야 한다.

문제풀이 과학자들은 자신들이 무엇을 연구하고 있으며 왜 연구하는지에 관하여 대중에게 알릴 필요가 있다는 내용의 글로, 마지막 두 문장에서 글쓴이의 주장을 잘 알 수 있다.

구문분석 [5행] Wouldn't **it** make sense, then, *for them* [**to make** an effort to inform society about {what they are doing} and {why (they are doing)}]?

it은 가주어, [ ]가 진주어이며, for them은 to부정사의 의미상 주어이다. 두 개의 { }는 전치사 about의 목적어 역할을 하는 간접의문문으로, 「의문사+주어+동사」의 어순이다. why 뒤에는 they are doing이 반복을 피하기 위해 생략되었다.

5 ⑤

해석 노래가 대부분의 사람들이 이해할 수 있는 일상 언어로 쓰여지는 반면에, 시는 어렵고 문학적인 방식으로 쓰여진다는 발상에서 가사와 시는 때때로 구별되기도 한다. 하지만 노래나 시의 언어에 근거하여 이러한 두 가지 형태의 글을 분리하는 대신에, 무엇이 그 단어들에 수반되는지를 고려하는 것이 더 유용하다. 가사는 멜로디, 리듬, 그리고 기악법과 같은, 다른 음악적 요소와 함께한다. 그러나, 시에서, 단어들은 오직 침묵을 수반한다. 주위의 음악적 요소가 가사에서 제거되면, 그 가사는 때때로 시로 여겨질 수도 있다. 이것은 시와 가사를 그것들의 내적 언어의 특징이 아닌 그 단어들이 그것들을 둘러싸는 소리 또는 그것의 부재와 어떻게 연관되는지를 토대로 (시와 가사를) 정의하는 것이 얼마나 중요한지를 보여준다.

문제풀이 마지막 문장에서 시와 가사를 내적 언어의 특징이 아닌 외부 소리와의 관련성에 따라 구분하는 것이 중요하다고 했으므로, 글의 요지로는 ⑤가 가장 적절하다.

구문분석 [1행] Song lyrics are sometimes distinguished from poems through <u>the idea</u> [that songs are written in <u>everyday language</u> {that most people can understand}], **while** poems are written in a difficult, literary style].

the idea와 [ ]는 동격이다. { }는 everyday language를 수식하는 목적격 관계대명사절이다. 접속사 while은 '~인 데 반하여'라는 의미로 대조를 나타낸다.

[4행] …, **it** is more useful [**to consider** {what accompanies the words}].

it은 가주어이고 [ ]가 진주어이다. { }는 consider의 목적어로 쓰인 간접의문문으로 「의문사(주어)+동사」의 어순이다.

[8행] This shows [how important **it** is **to define** poems and song lyrics based *not* on their internal linguistic qualities *but* on {how their words relate to the sounds, or lack thereof, that surround them}].

[ ]는 shows의 목적어로 쓰인 명사절이다. it은 가주어이고, to define

이하가 진주어이다. 「not A but B」는 'A가 아니라 B'의 의미이다. { }는 전치사 on의 목적어로 쓰인 명사절로, 의문사 how가 이끄는 간접의문문이다.

6 ⑤

해석 현대 사회에서, 근로자들을 숙련된 근로자들과 숙련되지 못한 근로자들의 범주로 나누는 것은 어린 시절에 그 뿌리를 두고 있다. 놀랍지 않게도, 사회적 약점을 지니고 태어난 아이들은 결국 숙련되지 못한 근로자들이 될 가능성이 더 많다. 우리는 평등한 기회의 땅에서 사는 것에 대해 이야기할지도 모르지만, 어떤 사람의 기회의 질이 어느 정도는 태어날 때 정해진다는 것을 부인할 수 없다. 이러한 상황을 개선하기 위해서는, 변화가 필요하다. 사회적 혜택을 받지 못한 아이들의 가정환경의 질을 높이는 사회적 정책은 그들이 자라면 그들에게 성공에 대한 공평한 기회를 주는 것을 도울 것이다. 연구들은 그러한 개선들이 사회적 행동, 학업, 그리고 궁극적으로는 직업 생활 성공에 긍정적인 효과가 있다는 점을 밝혀왔다. 이러한 종류의 조기 개입을 통해 기회 불평등을 다루는 것은 현재 직장 고용 관행에 지장을 주는 것보다 분명히 더 좋다.

문제풀이 사회적 약자 계층에 대한 기회 불평등을 개선하기 위해 그들이 어렸을 때부터 정책적 지원을 해야 한다고 주장하는 글이다.

구문분석 [2행] Unsurprisingly, children [born with social disadvantages] **are more likely to** *end up as* unskilled workers.
[ ]는 children을 수식하는 과거분사구이다. 「be more likely to-v」는 '~할 가능성이 더 많다'의 의미이다. 「end up as」는 '결국 ~이 되다'의 의미이다.

[5행] Social policies [that enrich the home environments of disadvantaged children] would **help give**….
[ ]는 Social policies를 수식하는 주격 관계대명사절이다. 「help (to-) v」는 '~하는 것을 돕다'의 의미이다.

[9행] [Addressing opportunity inequality through this kind of early intervention] is clearly preferable to interfering with current workplace hiring practices.
[ ]는 동명사구 주어로 단수 취급하여 단수 동사 is가 쓰였다.

MINI Q.
어떤 사람의 기회의 질이 어느 정도는 태어날 때 정해진다는 것

03 요약문

기출 깨뜨리기 p.20

해석 '장인 정신'은 산업 사회의 도래와 함께 쇠락하는 삶의 방식을 나타낼지도 모르지만, 이것은 오해의 소지가 있다. 장인 정신은 지속적이고 기본적인 인간의 충동, 즉 일 자체를 위해 잘하고 싶은 욕망을 일컫는다. 장인 정신은 숙련된 육체 노동보다 훨씬 더 넓은 구획을 가르는데, 그것은 컴퓨터 프로그래머, 의사, 예술가에게 도움이 되고, 시민 정신이 그런 것처럼 그것이 숙련된 기술로서 행해질 때 양육은 향상된다. 이 모든 영역에서 장인 정신은 객관적인 기준, 즉 그 자체의 것에 초점을 맞춘다. 그러나 사회적, 경제적 조건은 흔히 장인의 수련과 전념을 방해하는데, 즉 학교는 일을 잘하기 위한 도구를 제공하지 못할 수 있고, 직장은 품질에 대한 열망을 진정으로 가치 있게 여기지 않을 수 있다. 그리고 비록 장인 정신이 일에 있어서 자부심으로 개인에게 보상을 줄 수 있지만, 이 보상은 간단하지 않다. 장인은 흔히 뛰어남에 대한 상충되는 객관적 기준에 직면하며, 어떤 일 그 자체를 위해 그것을 잘하려는 욕망은 경쟁적 압박에 의해, 좌절에 의해 또는 집착에 의해 약화될 수 있다.
⇨ 다양한 상황에서 시간이 지남에 따라 존속되어 온 인간의 욕망인 장인 정신은 흔히 그 완전한 발전을 제한하는 요소들과 마주친다.

구문분석 [1행] "Craftsmanship" may suggest a way of life [that declined with the arrival of industrial society] — but **this** is misleading.
[ ]는 선행사를 a way of life를 선행사로 하는 주격 관계대명사절이며, 대명사 this는 but 앞부분 내용 전체를 가리킨다.

[2행] Craftsmanship names an enduring, basic human impulse, [the desire to do a job well for its own sake].
이 문장의 동사는 names이고 목적어는 an enduring, basic human impulse이다. 목적어구에서 핵심 목적어인 impulse와 [ ]는 동격이다.

어휘 craftsmanship 장인 정신 decline 쇠퇴하다 misleading 오해의 소지가 있는 name 명명하다, 일컫다 enduring 지속적인 impulse 충동 for one's own sake ~ 자체를 위한 manual 육체 노동의, 손으로 하는 serve 도움이 되다, 기여하다 parenting 양육, 육아 craft 기술 citizenship 시민 정신 domain 영역 objective 객관적인 standard 기준 stand in the way of ~을 방해하다 discipline 수련, 규율 commitment 전념, 몰두 aspiration 열망 conflicting 상충되는 obsession 집착
[문제] diverse 다양한 context 상황, 맥락 encounter 마주치다 cultivate 양성하다, 발전시키다 accelerate 가속하다 diminish 줄어들다

정답 ①

해석 Leipzig 대학 촉각 연구소의 대표 주자인 Martin Grunwald는 심리학자들이 우리의 촉각에 충분한 주의를 기울이지 않는다고 생각한다. 이를 염두에 두고, 그는 사람들이 자신들의 얼굴을 무의식적으로 만지는 방식을 연구했다. 우리 모두 그것을 한다. 여러분은 이 글을 읽고 있는 동안에도 그것을 지금 하고 있을지도 모른다. 이러한 동작들은 의사소통을 위해서가 아니며, 대개의 경우 우리는 심지어 그것들을 의식하지 못한다. 하지만 Grunwald가 발견했던 것처럼, 그러한 사실이 그 행위들이 아무런 목적 없이 행한다는 것을 의미하지 않는다. 그는 피실험자들이 5분 동안 일련의 촉각 자극을 기억하려고 애쓰는 동안 그들의 뇌 활동을 측정했다. 그가 불쾌한 소음으로 피실험자들을 방해했을 때, 그들은 자신들의 얼굴을 만지는 비율을 급격히 증가시켰다. 그 소음이 피실험자들의 뇌의 리듬을 엉망으로 만들었고 그들의 집중력을 방해할 때, 자신을 만지기는 그들로 하여금 자신들의 집중력을 다시 정상 궤도에 들어서게 하도록 도와주었다. 달리 말하면, 자신을 만지기가 그들의 정신을 붙들어 맸다.
⇨ 비록 우리 자신의 얼굴을 만지는 것이 특별한 도움이 되지 않는 것처럼 보이지만, 연구는 피실험자들의 자신을 만지기의 비율이 불쾌한 소음에의 노출에 따라 상승했으며, 이러한 행동은 그들의 정신이 집중된 상태를 유지하도록 도와주었다는 것을 보여 주었다.

문제풀이 Martin Grunwald 교수의 연구에 의하면, 얼굴 만지기와 같은 무의식적인 사소한 동작도 여러 불쾌한 정신적 방해로부터 원래의 집중된 정신 상태로 복원하는 데에 도움이 된다는 내용의 글이다.

구문분석 [1행] Martin Grunwald, [leader of the Haptic Research Laboratory at the University of Leipzig], feels [(that) psychologists do not pay nearly enough attention to our sense of touch].
주어 Martin Grunwald와 첫 번째 [ ]는 동격이다. 두 번째 [ ]는 동사 feels의 목적절로 명사절의 접속사 that이 생략되어 있다.

[8행] [When he disturbed **them** with unpleasant noises], the subjects dramatically increased the rate [at which they touched their faces].
첫 번째 [ ]는 시간의 부사절이며, 대명사 them은 앞 문장의 test subjects를 가리킨다. 주어는 the subjects, 동사는 increased이며, 두 번째 [ ]는 목적어 the rate를 선행사로 하는 「전치사+관계대명사」절이다.

어휘 psychologist 심리학자   pay attention to ~에 주의를 기울이다   spontaneously 자연스럽게, 무의식적으로 communication 의사소통   in most cases 대부분의 경우에   be aware of ~을 알다   subject 피실험자   a sequence of 일련의 stimulus 자극 (*pl.* stimuli)   disrupt 방해하다   concentration 집중   on track 정상 궤도에
[문제] in accordance with ~에 따라서   behavior 행위 escalate 상승하다, 오르다   normalize 정상화하다

적용독해   p.22

    1 ②   2 ④   3 ②   4 ④

1 ②

해석 연구원들은 과도한 정신 활동이 우리를 지치게 만들 수 있는지 알아보기 위해 실험을 했다. 실험에서, 몇몇 참가자들은 정신적으로 힘든 컴퓨터 게임을 하도록 요구받았고, 반면에 다른 참가자들은 그저 어떤 인지적 노력도 요구되지 않는 활동인 영화 관람을 즐겼다. 그 후, 모든 참가자들은 운동용 자전거를 타는 것으로 지구력 테스트를 받았다. 그 결과는 게임을 했던 사람들이 영화를 봤던 사람들보다 더 빨리 포기했다는 것을 보여주었다. 이것은 정신 활동이 실제로 그들을 지치게 만들었다는 것을 암시하는 것처럼 보인다. 그러나 의료 테스트는 그들의 혈압, 호흡과 심박수, 즉 사람의 신체 상태에 대한 표준 측정치가 정상적이었다는 것을 보여주었다. 연구원들은 이 오해가 참가자들이 지구력 테스트가 실제보다 더 힘들 거라고 예상했기 때문에 발생했다고 생각한다.
⇨ 한 실험은 너무 많이 생각하는 것에서 비롯된 육체적 피로감은 마음의 속임수에 지나지 않는다는 것을 보여주었다.

문제풀이 과도한 정신 활동과 육체적 피로감의 관계를 확인하는 실험을 통해, 정신적 피로로 인해 몸이 지친다고 느끼는 것은 단순히 심리적 요인일 뿐이라는 내용의 글이다.

구문분석 [1행] Researchers conducted an experiment [**to find out** {*if* excessive mental activity can make us feel worn out}].
[ ]는 〈목적〉을 나타내는 부사적 용법의 to부정사구이다. { }는 '~인지 어떤지'의 의미인 접속사 if가 이끄는 명사절로, 동사구 find out의 목적어로 쓰였다.

[5행] The results showed that those [who had played the game] gave up more quickly than those {who had watched the movie}.
[ ]와 { }는 각각 선행사인 those를 수식하는 주격 관계대명사절이며, 「those who ~」는 '~하는 사람들'이라는 의미이다.

2 ④

해석 사람들이 취하는 모든 행동이 다 인식 가능한 대의명분을 지닌 것은 아니다. 예를 들어, 수영을 하다 바다에 빠져 죽어 가는 한 사람을 구하기 위해 자신의 목숨을 거는 안전 요원은 물속에 뛰어들 자신의 결정에 근거가 되는 원칙들을 먼저 정하지 않는다. 우리가 안전 요원의 인격을 칭찬할 때, 우리는 그녀의 이성이 아닌 숭고한 본능을 칭찬한다. 뿐만 아니라, 우리가 의식적으로 행동할 때, 반드시 더 효율적이거나 효과적인 것은 아니다. 사실상, 우리가 어떤 기술을 배우고 나면, 그것이 수영이나 춤, 또는 타자 치기든, 우리의 행동에 대한 주의 깊은 조심성은 단지 방해가 되는 경향이 있다. 위대한 발상조차 대개 우리가 서서히 짜 맞추는 개념의 주의 깊고 체계적인 형성의 결과물이 아니다. 오히려, 훌륭한 통찰력은 흔히 우리가 그것을 가장 덜 기대할 때 선물처럼 우리에게 온다.

⇨ 우리는 우리의 행동에 대해 항상 타당한 이유를 갖지는 않는다. 흔히, 직감이 의도적인 행동보다 더 나은 결과를 낳을 수 있다.

문제풀이 우리가 취하는 모든 행동이 타당한 원칙이나 이유에 기반한 것이 아니며, 오히려 본능으로 행한 행동의 결과가 더 좋을 수 있다는 내용의 글이다.

구문분석 [1행] **Not all** of the actions [(which[that]) people take] have identifiable causes.
Not all은 '전부 ~인 것은 아니다'의 의미인 부분 부정이다. [ ]는 the actions를 수식하는 목적격 관계대명사절로 관계대명사 which[that]가 생략되었다.

[1행] …, a lifeguard [who risks her own life {to save a swimmer drowning at sea}] does not first establish a set of principles [upon which she then bases her decision {to jump into the water}].
첫 번째 [ ]는 a lifeguard를 수식하는 주격 관계대명사절이며, 첫 번째 { }는 〈목적〉을 나타내는 부사적 용법의 to부정사구이다. 두 번째 [ ]는 a set of principles를 선행사로 하는 「전치사+관계대명사」절이며, 두 번째 { }는 her decision을 수식하는 형용사적 용법의 to부정사구이다.

MINI Q.

a set of principles

3 ②

해석 유럽계 개척자들의 북미로의 진입은 북미 원주민들의 전통적인 삶의 방식을 영원히 바꿔 버렸다. 그러나, 단지 소수의 북미 원주민들만이 백인 개척자들의 삶의 방식이 자신들의 것보다 우월하다고 여겼다. 백인 학교에서 정규 교육을 받은 북미 원주민 아이들조차 거의 항상 돌아가서 자신의 동족들과 함께 사는 것을 선택했다. 이것은 두 가지 삶의 방식 중에서 선택할 기회가 주어진 어느 북미 원주민들에게나 마찬가지였다. 원주민들의 관점에서 볼 때, 유럽계 외부인들에 의해 그들에게 제시된 삶의 방식은 자유가 없었고, 빈부의 양극단을 초래했으며, 돈과 다른 물질적인 것들을 축적하는 데 너무 많이 집중했다. 그것이 그들에게 진정한 행복을 가져다 줄 수 있다는 것은 불가능하게 보였기 때문에 그들은 이런 이질적인 삶의 방식을 거부하는 데 아무런 문제가 없었다.
⇨ 대다수의 북미 원주민들은 유럽 개척자들의 삶의 방식을 수용하기보다 그들의 삶의 방식을 유지하는 것을 선호했는데, 그들은 그것이 그들의 자유와 행복을 제한한다고 여겼다.

문제풀이 북미 원주민들이 자유와 행복을 제약하는 유럽계 개척자들의 삶의 방식보다 자신들의 삶의 방식을 고수했다는 내용의 글이다.

구문분석 [3행] … found the way of life of the white settlers superior to their own.
「find+O+O.C.」는 '~가 …라고 여기다[생각하다]'의 의미로, 목적격보어로 형용사구가 왔다. 「superior to ~」는 '~보다 뛰어난'의 의미를 가진 비교급 표현이다.

[3행] Even the Native American children [who received a formal education in white schools] nearly always chose to return … .
[ ]는 the Native American children을 수식하는 주격 관계대명사절이다.

[7행] …, the way of life [being offered to them by the European outsiders] lacked freedom, created extremes of wealth and poverty, and focused too much on … .
[ ]는 주어 the way of life를 수식하는 현재분사구이며, 동사 lacked, created, focused가 접속사 and로 병렬 연결되었다.

4 ④

해석 1960년대 후반에, 심리학자 Walter Mischel은 아이들의 즉각적인 만족감과 지연된 만족감 둘 다 연구하기 시작했다. 그의 실험에서, 그는 미취학 아동들에게 마시멜로나 프레첼 같은 즉각적인 보상을 제공했지만, 아이들에게 그들이 짧은 시간 동안 기다린다면 더 큰 보상을 받을 수 있다고 말했다. Mischel은 자제력이 사람들에게 어느 정도까지 선천적인 것인지와 그것이 유혹을 견디기 위한 전략들을 개발해 내는 능력에 얼마나 많이 좌우되는지를 알아내고 싶었다. 실험에 참가한 모든 아이들은 즉각적인 보상을 참는 것이 힘들다는 것을 알았다. 하지만 가장 성공적으로 견뎌낸 아이들은 보상으로부터 주의를 딴 데로 돌리기 위해 노래를 부르거나 심지어 스스로를 신체적으로 제지하기 위해 손을 깔고 앉는 것과 같은 전략들을 이용했다. 게다가, Mischel은 연구원이 적극적으로 아이들의 주의를 딴 데로 돌릴 때 그들이 즉각적인 보상을 참기 더 수월하다는 것을 발견했다.
⇨ 자제력을 발휘하는 아이들의 능력은 스스로가 유혹을 이겨내도록 돕기 위한 방법들을 개발해 내는 능력과 연관이 있다.

문제풀이 자신만의 다양한 전략을 개발하여 자제력을 발휘한 아이들이 즉각적인 보상을 잘 참았다는 내용의 글이다.

구문분석 [4행] Mischel wanted to figure out [to what degree self-control is something {(that) people are born with}] and [how much it depends on one's ability {to develop strategies for resisting temptation}].
두 개의 [ ]는 figure out의 목적어로 쓰인 명사절로, 등위접속사 and로 병렬 연결되었다. 첫 번째 { }는 something을 수식하는 목적격 관계대명사절이며, 두 번째 { }는 one's ability를 수식하는 형용사적 용법의 to부정사구이다.

[6행] All of the children in the experiments found **it** hard [**to resist** the immediate reward].
「find+O+O.C.」의 5형식 문장으로, it은 동사 found의 가목적어이고 [ ]가 진목적어이다.

[7행] But those [who most successfully resisted] employed strategies such as {**singing** to distract their attention away from the reward and even **sitting** on their hands to physically restrain themselves}.

[ ]는 those를 수식하는 주격 관계대명사절이다. { }는 전치사 as의 목적어로 쓰인 동명사구로, singing과 sitting이 등위접속사 and로 병렬 연결되었다.

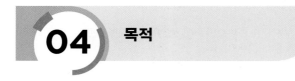

04 목적

기출 깨뜨리기   p.26

해석 Green 씨께

저의 이름은 Donna Williams이고, Rogan 고등학교의 과학 교사입니다. 저는 우리 학교의 과학 교사들을 위한 특별한 워크숍을 계획하고 있습니다. 저희는 온라인 과학 수업에 대한 교수 방법을 배우는 데 관심이 있습니다. 저는 과학 수업에 인터넷 플랫폼을 사용하는 데 대한 귀하의 아이디어에 감명을 받았습니다. 귀하가 온라인 교육의 전문가이어서, 저는 다음 달에 예정된 워크숍에 귀하가 특별 강연을 해 주시기를 부탁드리려고 합니다. 저희 교사들이 성공적인 온라인 과학 수업을 해내는 데 강의가 도움이 되리라고 확신하며 귀하의 통찰력으로부터 저희가 배울 수 있기를 희망합니다. 귀하의 답변을 고대하고 있겠습니다.

Donna Williams 드림

구문분석 [3행] We are interested in learning [**how to teach** online science classes].

[ ]는 동명사 learning의 목적어 역할을 하는 명사구이며 명사적 용법의 to부정사 「의문사 how+to-v」의 구조로 되어 있다.

[5행] [**Since** you are an expert in online education], I would like to ask you to deliver a special lecture at the workshop [scheduled for next month].

첫 번째 [ ]는 접속사 Since로 이유를 나타내는 부사절이다. 두 번째 [ ]는 과거분사구로 앞에 있는 the workshop을 수식하고 있다.

어휘 workshop 워크숍, 연수회 how to teach 가르치는 방법, 교수 방법 impressed 감명을 받은 expert 전문가 deliver a special lecture 특강을 하다 manage 해내다, 성공하다 insight 통찰력

이렇게도 나왔다   p.27

정답 ③

해석 Natalie Talley 씨께

제 이름은 Olivia Spikes이며, Millstown의 시장입니다. 다음 달 세계 선수권 대회에 출전하기 전에 Millstown의 모든 이들을 대신하여 우리가 당신을 항상 응원하고 있다는 사실을 알려드리고 싶습니다. 당신은 Millstown 최초의 유명한 피겨 스케이팅 선수이기 때문에 우리는 모두 당신의 열렬한 팬입니다. 우리 지역 사회는 당신이 작년에 전국 선수권 대회에서 우승한 것을 매우 자랑스럽게 여겼습

니다. 당신의 놀라운 연기는 우리 모두를 정말로 감동하게 했습니다. 우리 모두 당신이 다시 온 나라를 감동하게 할 것이라고 믿습니다. 빙판 위에서 연기할 때마다 고향의 서포터들이 당신을 응원할 것입니다. 행운을 빕니다!

Olivia Spikes 드림

문제풀이 Millstown 시장이 이 지역 최초의 유명한 피겨 스케이팅 선수에게 보내는 편지로, 이 지역 주민 모두가 이 선수의 스케이팅 연기에 감동을 받았고 앞으로 항상 이 지역 주민 모두가 응원할 것이라는 격려의 글이므로, 글의 목적으로는 ③이 가장 적절하다.

구문분석 [3행] ..., I wish to let you know [**that** we are supporting you all the way].
               V´ O´ O.C.´

to부정사 to let에서 동사 let은 사역동사로 목적어 다음에 목적격 보어로 동사원형이 나온다. [ ]는 동사 know의 목적절로 명사절의 접속사 that이 이끌고 있다.

[8행] Your hometown supporters will cheer for you [**whenever** you *perform* on the ice].

문장에서 주절의 시제가 미래시제일 때, 시간을 나타내는 부사절에서는 현재시제가 미래를 나타낸다. whenever는 '~할 때마다'라는 의미로 시간을 나타내는 부사절의 접속사이므로 현재시제 perform이 된다.

어휘 mayor 시장 attend 참석하다 championship 선수권 대회 on behalf of ~을 대신하여 support 응원하다 performance 연기 impress 감동시키다 entire 전체의

적용독해   p.28

1 ④   2 ⑤   3 ②

1 ④

해석 최근에 CALBIT사(社)는 CALBIT의 임원들에 의해 작성된 것처럼 보이는 이메일이 회사 내 (직원들의) 이메일 주소로 전송되고 있다는 것을 알게 되었습니다. 이러한 이메일들의 정확한 내용은 서로 다르지만, 그것은 보통 재정 또는 해외 결제 부서들의 고용 기회와 관련한 것입니다. 예가 될 만한 이메일 제목으로는 '사내 근무 가능'과 '주목: 재정 부서에 공석' 등이 있습니다. 이런 메시지들은 비록 회사 로고와 회사 웹 사이트로의 링크가 첨부되어 있어도, CALBIT 임원들에 의해 작성된 것이 아니며 정확한 정보를 담고 있지 않습니다. 만약 여러분이 이러한 이메일 중 하나를 받았을지도 모른다고 생각하시면, 즉시 내선 515번으로 전화를 걸어 기술부에 알려 주십시오. 무엇보다도 중요한 것은, 그것들이 여러분의 컴퓨터를 바이러스에 노출시킬 수 있기 때문에 첨부파일을 열거나 링크들 중 어떤 것도 클릭하지 않도록 하십시오.

문제풀이 기업 임원을 사칭하여 허위 고용 정보를 보내는 사기성 이메일에 주의하라는 내용의 글이다.

구문분석 [1행] ... that emails [appearing **to have been written**
                  S´

by CALBIT executives] are being delivered to email addresses
… .

[ ]는 that절의 주어인 emails를 수식하는 현재분사구이다. 이메일이 쓰여진 것이 도착한 것보다 더 이전에 일어난 일이므로 완료부정사 to have been written을 썼다.

2 ⑤

해석 오늘 아침, 저희 아이들이 귀사의 방송 프로그램인 「Saturday Morning Kids' Hour」를 보는 동안, 저는 광고 방송 중 하나에서 학교 운동장에서 함께 놀고 있는 여러 명의 아이들을 보여주는 광고가 있다는 것을 알게 되었습니다. 새로운 아이 한 명이 그 무리에 다가가서 그들과 함께 놀 수 있는지를 묻자, 다른 아이들은 그 아이가 광고되고 있던 의류 브랜드를 입지 않았다는 이유로 그 아이를 거부합니다. 이 광고는 특히 아이들 자신이 내성적이거나 인기가 없다면, 다른 사람들에 대한 그 아이들의 행동과 그들의 자부심에도 심각한 부정적인 영향을 줄 수 있습니다. 그러므로, 저는 귀사가 「Saturday Morning Kids' Hour」의 광고 방송 중에 이 광고를 더 이상 방송하지 않을 것을 요청합니다. 그 광고 대신에, 영양가 높은 음식을 먹는 것이나 서로를 존중하는 것의 이점 같은 것에 대한 긍정적인 메시지가 방송될 수 있을 것입니다.

문제풀이 아동 프로그램 방영 중에 나오는 한 광고가 아이들에게 부정적인 영향을 줄 수 있으므로, 다른 광고로 대체해 달라고 요청하는 글이다.

구문분석 [4행] …, the other children reject her because she is not wearing the clothing brand [being advertised].

[ ]는 the clothing brand를 수식하는 현재분사구이다.

[9행] …, positive messages [about things like the benefits {of eating nutritious foods or treating one another with respect}] could be broadcast.

[ ]는 positive messages를 수식하는 전치사구이며 { }는 benefits를 수식하는 전치사구이다. 전치사 of의 목적어로 쓰인 동명사 eating과 treating이 or로 병렬 연결되었다.

3 ②

해석 Hayes 씨께,
저희의 연례 모금 행사인, Cook for the Community가 다가오고 있습니다. 아시다시피, 이 행사는 지역 개인들과 음식점들에 의해 준비된 음식을 포함한 바비큐가 나오는 뷔페식 저녁 식사로 구성되며, 최고의 바비큐에 대한 투표도 포함되어 있습니다. 저희는 기업들로부터의 기부와 자원봉사 조직원들과 요리사들에게 많이 의존합니다. 저희는 과거의 기부자로서 당신이 올해도 기부하는 것을 고려하기를 희망합니다. 수익금은 음식을 구입할 형편이 안 되는 지역 사회의 사람들을 지원하므로, 당신의 도움은 큰 의미가 있을 것입니다. 저의 명함을 함께 보냅니다. 도와주고 싶으시다면, 간단히 저에게 연락하시거나 Green Street에 있는 Northampton Food Bank에 들러주세요.
Claire Woods 드림

문제풀이 자금 모금 행사를 위한 기부를 부탁하는 글이므로, 글의 목적으로는 ②가 가장 적절하다.

구문분석 [2행] As you know, this event consists of a buffet-style dinner of barbecue with food [prepared by local individuals and restaurants], … .
[ ]는 food를 수식하는 과거분사구이다.

[7행] The proceeds support people of the community [who cannot afford food], … .
[ ]는 people of the community를 수식하는 주격 관계대명사절이다.

PART 1 REVIEW TEST p.30

1 ① 2 ⑤ 3 ④ 4 ⑤ 5 ③ 6 ①
7 ④ 8 ① 9 ①

1 ①

해석 사회에서 살아갈 때, 사람들은 흔히 그들이 필요로 하는 것을 얻고 그들의 목표를 달성하기 위해 서로 물건을 교환한다. 오래 전에, 화폐는 그러한 교환들을 대표하는 표준 형태가 되었다. 이 표준은 유익한데, 왜냐하면 그것은 노동, 서비스와 상품에 대한 정확한 가치를 부여해서, 교환의 각 당사자가 거래가 공정한 것이라고 확신할 수 있도록 하기 때문이다. 그런 교환들은 사회 구성원들이 전체적으로 사회의 질을 향상시키기 위해 공동으로 일하는 것을 가능하게 한다. 각각의 교환을 수행하는 데 사용되는 대표적인 척도로서, 화폐는 이것이 일어날 수 있도록 해준다. 다시 말해서, 화폐는 그 자체로는 가치가 없다. 그것의 가치는 오직 그것이 사회적 산물이라는 사실에 의해 만들어진다.

문제풀이 사회 구성원들 사이의 공정한 거래를 가능하게 하는 화폐의 사회적 가치에 대해 설명하고 있는 글이므로, 글의 제목으로는 ① '돈의 사회적 가치'가 가장 적절하다.

오답풀이 ② 돈은 다양한 형태로 존재한다
③ 돈: 효과적으로 사용하는 방법
④ 공정한 교환을 하는 비결
⑤ 돈이 우리의 사회적 지위를 바꿀 수 있는가?

구문분석 [3행] This standard is beneficial because it assigns an exact value to labor, services and goods, [allowing each party in an exchange to be sure that the transaction is a fair one].
[ ]는 〈부대상황〉을 나타내는 분사구문이다. 「allow+O+to-v」는 '~가 …하게 하다'의 의미이다.

[5행] Such exchanges make it possible *for the members of a society* [to work collectively {to improve the quality of the

society as a whole}}].
「make+O+O.C.」 구문으로 it은 가목적어, to부정사구 [ ]가 진목적어이며 for the members of a society는 to부정사구의 의미상 주어이다. { }는 〈목적〉을 나타내는 부사적 용법의 to부정사구이다.

[6행] **As** the representative measurement [used to carry out each exchange], money *enables* this *to occur*.
As는 '~로서'의 의미를 나타내는 전치사로 쓰였다. [ ]는 the representative measurement를 수식하는 과거분사구이다. 「enable+O+to-v」는 '~가 …하는 것을 가능하게 하다'의 의미이다.

2 ⑤

해석 예전에 자신의 왕실 손님들에게 깊은 인상을 주려고 신하들에게 숲에서 원숭이를 잡아와 춤을 추도록 훈련시키라고 명령한 왕이 있었다. 신하들은 성공했고, 머지않아 그들은 원숭이들이 화려한 의상과 가면을 착용하고 무대에서 춤을 추도록 가르쳤다. 왕의 모든 손님들은 매우 감동했고, 그 나라에서 가장 훌륭한 춤꾼을 가졌다며 왕을 축하했다. 어느 날, 신하 한 명이 장난을 치기로 결심했다. 원숭이들의 공연 중에, 그는 한 움큼의 견과류를 무대 위로 던졌다. 원숭이들은 사나워졌고, 그들의 옷과 가면을 찢으며 견과류를 놓고 서로 싸웠다. 춤은 엉망이 되었다. 청중들은 원숭이들을 보고 웃었지만, 그들은 왕이 원숭이들을 우아한 춤꾼으로 변화시키려고 했던 것을 조롱하면서, 그를 보고 훨씬 더 크게 웃었다.

문제풀이 원숭이를 아무리 훈련시켜도 그 본성까지 바꿀 수는 없다는 내용의 일화이므로, 글의 요지로는 ⑤가 가장 적절하다.

구문분석 [7행] The monkeys went wild, [**ripping** off their clothes and masks <u>and</u> **fighting** with each other over the nuts].
[ ]는 〈부대상황〉을 나타내는 분사구문이며 현재분사 ripping과 fighting이 접속사 and로 병렬 연결되어 있다.

[9행] …, but they laughed **even** harder at the king, [ridiculing him for trying to *turn* monkeys *into* courtly dancers].
even은 '훨씬'의 의미로 비교급 harder를 강조하는 부사이다. [ ]는 〈동시동작〉을 나타내는 분사구문이다. 「turn A into B」는 'A를 B로 바꾸다'의 의미이다.

3 ④

해석 친애하는 Riley 씨께,
귀사는 최근에 새로운 진공청소기를 출시했습니다. 그 제품의 품질과 특징은 인상적입니다. 제가 그 제품에 대한 결정을 내리기 전에, 저는 유지비와 알려진 품질 문제에 관한 정보들을 알고 싶습니다. 저는 대형 호텔 체인의 청소 장비 구입을 책임지고 있습니다. 지난 몇 년 동안, 저는 저희의 청소 요구를 위해 귀사의 브랜드를 여러 번 선택했습니다. 귀사의 믿을만한 제품과 훌륭한 고객 서비스 덕분에, 저는 결코 실망한 적이 없습니다. 저는 단순히 이 제품에서 무엇을 기대할 수 있는지 알고 싶으니, 저를 안심시키는 데 도움을 줄 수 있는 시험 결과나 자료를 보내주실 수 있다면 감사하겠습니다. 시간을 내주셔서 미리 감사 드립니다.
Homer Freedman 드림

문제풀이 새로 출시된 진공청소기에 대한 추가적인 정보를 요청하고 있으므로 글의 목적으로는 ④가 적절하다.

구문분석 [4행] I am responsible for [**purchasing** the cleaning equipment for a large hotel chain].
[ ]는 전치사 for의 목적어로 쓰인 동명사구이다.

[8행] I simply want to know [**what to expect** from this product], so I would be grateful if you could send <u>any testing results or data</u> {that would *help to reassure* me}.
[ ]는 동사 know의 목적어로 쓰인 의문사구로 「what to-v」는 '무엇을 ~할지'라는 의미로 쓰였다. { }는 any testing results or data를 수식하는 주격 관계대명사절이다. 「help (to-)v」는 '~하는 것을 돕다'의 의미이다.

4 ⑤

해석 여러분은 더 짧게 샤워하는 것이 물을 아끼는 데 도움이 될 수 있다고 생각할지도 모르지만, 사실상 이 같은 행동은 아주 적은 영향력을 가진다. 반면에, 소고기 생산은 엄청난 양의 물을 필요로 하는데, 소가 먹는 모든 곡물을 재배하는 데 물이 필요하기 때문이다. 많은 양의 물은 또한 냉동 피자 같은 가공 식품을 만드는 데도 필요하다. 아마도 최악의 소식은 우리가 살 수 있는 가장 맛있는 제품 중 하나인 초콜릿 또한 물이 가장 많이 필요한 것 중 하나라는 것이다. 대부분의 개인들은 자신의 구매에 대해 많은 통제력을 지니지만, 그들은 제품을 생산하는 데 얼마나 많은 물이 사용되는지를 포함하여, 그 다양한 제품들이 얼마나 환경 친화적인지를 알지 못하는 경향이 있다. 그러므로 우리가 물을 절약할 수 있는 최고의 방법 중 하나는 사실 우리가 구매하는 것에 좀 더 주의를 기울이는 것이다.

문제풀이 생산 시 엄청난 양의 물이 필요한 제품들이 많으니 제품을 구매하는 데 주의를 기울이자는 내용의 글로, 마지막 문장에 글쓴이의 주장이 잘 나타나 있다.

구문분석 [2행] …, [producing beef] requires huge amounts of water, because all of the grains {(that) cows eat} need water to grow.
[ ]는 동명사구 주어로 단수 취급하여, 단수 동사 requires가 쓰였다. { }는 all of the grains를 수식하는 목적격 관계대명사절로 관계대명사 that이 생략되었다.

[4행] Perhaps the worst news of all is [that **one** of the most delicious items {(that) we can buy}, **chocolate**, is also one of the most water-demanding].
[ ]는 주격보어 역할을 하는 명사절이다. { }는 the most delicious items를 수식하는 목적격 관계대명사절로 관계대명사 that이 생략되었다. chocolate은 that절의 주어 one과 동격이다.

[8행] So one of the best ways **for us** [to save water] is actually to pay closer attention to {*what* we buy}.
[ ]는 the best ways를 수식하는 형용사적 용법의 to부정사구이며, for us는 to save의 의미상 주어이다. { }는 선행사를 포함하는 관계대명사 what이 이끄는 명사절로 전치사 to의 목적어로 쓰였다.

5 ③

해석 우리의 유전자가 성별과 눈 색깔 같은, 우리에 대한 많은 것들을 결정한다는 것은 새로운 사실이 아니다. 우울증이 집안 내력일 수 있다는 사실도 새로운 사실이 아니다. 그러나, 이 우울증이 우리의 DNA에 의한 것인지 가족 환경의 결과인지는 최근까지 수수께끼였다. 우울증 질환 유전학에 대한 새로운 연구에 따르면, 일부 사람들은 다른 사람들보다 우울증에 걸릴 가능성이 더 높다. 만약 우리 직계 가족 중 누군가가 그 질환을 지닌적이 있다면, 우리가 우울증에 걸릴 위험은 두 배, 혹은 심지어 세 배가 될 수도 있다. 또한, 조울증을 겪는 개인들의 절반 정도가 우울증 질환 병력을 지닌 부모가 있다. 이러한 결과들은 우울증이 불가피하다는 것을 나타내는 것은 아니지만, 특정 유전자를 지닌 사람들의 발병률이 더 높다는 것을 보여준다.

문제풀이 특정 유전자를 지닌 사람들이 우울증에 걸릴 가능성이 더 높다는 내용의 글이므로, 글의 요지로는 ③이 가장 적절하다.

구문분석 [1행] **It** isn't news [**that** our genes determine many things about us, such as our gender and eye color].
It은 가주어이고 that이 이끄는 명사절 [ ]가 진주어이다.

[2행] The fact [that depression can run in families] isn't news
S ⊖   V
either.
The fact와 [ ]는 동격이다. either는 부정문에서 '~도 또한 그렇다'의 의미이다.

[2행] However, [**whether** this depression is in our DNA **or** a result of our family environment] was a mystery until recently.
[ ]는 주어로 쓰인 명사절로 「whether ~ or …」는 '~인지 아니면 …인지'라는 의미이다.

6 ①

해석 늑대가 전혀 없는 지역에 사는 사슴들은 때때로 만성 소모성 질환(CWD)이라고 불리는 병을 앓는다. 하지만, 최근에 늑대가 되돌아온 미국의 다른 지역에서는, 사슴 개체군이 CWD의 징후를 보이지 않는다. 이와 유사하게, Yellowstone 국립공원에 있는 들소와 엘크와 같은 큰 방목 동물들은 그들이 원하는 대로 살았었다. 그들을 쫓는 포식 동물이 없는 상태에서, 그들은 보통 그곳에 마지막으로 남은 식물까지 모조리 먹어 치울 때까지 같은 지역에 머물렀다. 하지만, 늑대가 그 공원에 재투입된 후에, 방목 동물들은 그들을 피하기 위해 더 많이 이리저리로 옮겨다녀야 한다. 결과적으로, 식물들은 다시 자라나서 번성하고 있다. 이것은 결국 먹이로 그 식물을 의존하는 다른 동물들도 돌아오도록 해 주었다.
⇨ 늑대와 같은 포식 동물들은 생태계에서 생명체의 <u>균형</u>을 유지하는 데 <u>필수적인</u> 역할을 한다.

문제풀이 늑대와 같은 포식 동물들이 생태계 내의 먹이 사슴의 균형을 유지해 준다는 내용의 글이다.

구문분석 [1행] Deer [living in a region {where there are no
S
wolves}] sometimes experience a condition [called chronic
V
wasting disease(CWD)].

첫 번째 [ ]는 Deer를 수식하는 현재분사구이며, { }는 a region을 수식하는 관계부사절이다. 두 번째 [ ]는 a condition을 수식하는 과거분사구이다.

[9행] This, in turn, **has allowed** other animals [that rely on
V   O
the vegetation for food] *to return* as well.
O.C.
has allowed는 〈결과〉를 나타내는 현재완료 시제이며, 「allow+O+to-v」는 '~가 …하게 하다'의 의미이다. [ ]는 other animals를 수식하는 주격 관계대명사절이다.

7 ④

해석 1903년 어느 날, 화학자 Edouard Benedictus가 유리 용기를 떨어뜨렸고 그것은 바닥에서 깨졌다. 하지만, 놀랍게도 그 유리는 산산조각이 나지 않았다. Benedictus는 그 용기를 살펴보았고 그가 그것을 콜로디온 용액으로 채웠을 때 (그릇) 내부에 남은 얇은 막을 발견했다. 이 사건이 있고 얼마 지나지 않아, 그는 신문을 읽다가 자동차 충돌 사고에 관한 한 기사를 우연히 접하게 되었다. 차 안의 승객들은 자동차의 앞유리가 산산조각이 나서 그들을 베었을 때 심하게 다쳤다. 자신의 깨진 용기에 일어났던 일을 기억해 내면서, Benedictus는 자동차 앞유리가 산산조각이 나는 것을 막기 위해 거기에 특수한 코팅 막이 이용될 수 있다는 생각을 해냈다. 그리고 얼마 후, 그는 세계 최초의 안전유리 개발에 성공했다.

문제풀이 한 화학자가 우연한 계기로 새로운 발명품을 고안하게 된 일화를 다룬 글이므로, 글의 제목으로는 ④ '우연한 발견이 새로운 제품으로 이어지다'가 가장 적절하다.

오답풀이 ① 안전유리가 예상치 못한 혜택을 가져오다
② 자동차 사고를 예방하기 위해 사용되는 안전장치들
③ 자동차 사고로 인한 부상 극복하기
⑤ 안전유리는 일반 유리와 어떻게 다른가

구문분석 [6행] [Remembering {**what** had happened to his broken container}], Benedictus got the idea [that a special
⊖
coating could be used on windshields to *prevent* them *from shattering*].
첫 번째 [ ]는 〈동시동작〉을 나타내는 분사구문이다. { }는 선행사를 포함하는 관계대명사 what이 이끄는 명사절로 Remembering의 목적어 역할을 한다. 두 번째 [ ]는 the idea와 동격인 명사절이다. 「prevent+O+from v-ing」는 '~가 …하는 것을 막다'의 의미이다.

8 ①

해석 검역은 국가 간에 질병이 확산되는 것을 막는 것을 돕기 위해 공항에서 시행된다. 이러한 관행은 (유럽) 대륙 인구의 3분의 1을 사망하게 한 끔찍한 흑사병이 있었던 14세기 유럽에서 시작됐다. 1377년에, 최초의 검역법이 오늘날 크로아티아의 두브로브니크로 알려진 라구사 시에서 통과되었다. 흑사병 지역에서 도착한 모든 배는 선원들 중 아무도 감염되지 않았다는 것이 확실해질 때까지 격리돼야만 했다. 이후에, 배가 기다려야 하는 기간은 40일로 정해졌다. 그러한 특정 기간을 선택한 것에 과학적인 이유는 없었지만, 이러한 관행은 현대적인 개념의 검역으로 이어졌다. 사실상, 여기에서 실제로 격리

라는 단어가 비롯되었는데, 라구사는 이탈리아어를 사용하는 도시이고, 40은 이탈리아어로 'quaranta'이다.

문제풀이 오늘날 공항에서 시행되는 검역이 14세기 유럽에서 흑사병 확산을 막기 위한 관행에서 비롯되었다는 내용의 글이므로, 글의 주제로는 ① '검역 관행이 어떻게 비롯되었는가'가 가장 적절하다.

오답풀이 ② 현대 사회의 검역의 한계
③ 검역 시행의 이점
④ 검역을 제대로 시행하는 방법
⑤ 의료 서비스 개선을 위한 가장 효율적인 전략

구문분석 [2행] …, during the time of a horrific plague [that killed one-third of the continent's population].
[ ]는 a horrific plague를 수식하는 주격 관계대명사절이다.

[5행] All ships [arriving from plague areas] had to remain isolated until *it* was certain {that none of the crew members were infected}.
[ ]는 주어인 All ships를 수식하는 현재분사구이며, 주격보어로 과거분사가 왔다. 종속절에서 it은 가주어이고 명사절인 { }가 진주어이다.

9 ①

해석 수년간, 심한 시차증을 겪는 사람들은 단기 기억에 문제가 있다는 사실이 제기되어 왔다. 예를 들면, 단기간에 많은 장거리 비행을 하는 조종사들과 항공 승무원들은 열쇠를 잃어버리고 호텔 방 번호를 기억하지 못하는 것과 같은 일들을 흔히 보고한다. 한 연구원이 최근에 한 달 동안 여러 번의 대서양 횡단 비행을 한 후에 이러한 현상을 경험했다. 호기심이 생겨, 그는 시차증이 뇌 기능, 특히 기억에 어떻게 영향을 미치는지 연구하기로 결심했다. 그는 심한 시차증을 앓고 있는 사람들의 뇌를 정밀 촬영했고 그 이미지들을 여행을 전혀 하지 않았던 사람들의 것과 비교했다. 그의 연구 결과는 시차증이 사람들의 뇌세포에 손상을 야기했으며 그들의 뇌 일부가 심지어 줄어들어 있었음을 보여 주었다.
⇨ 최근의 한 실험에 의하면, 시차증은 일종의 뇌 손상을 초래하고 단기 기억 능력 감퇴를 초래할 수 있다.

문제풀이 장거리 비행을 자주 하는 사람들이 겪는 시차증이 뇌세포에 손상을 일으켜 단기 기억 능력을 감퇴시킬 수 있다는 내용의 글이다.

구문분석 [2행] For example, pilots and flight attendants [who travel on many long-distance flights in a short period] often report things **like** {*losing* their keys and *being* unable to …}.
[ ]는 주격 관계대명사절로 주어인 pilots and flight attendants를 수식하며, 동사는 report이다. { }는 전치사 like의 목적어로 쓰인 동명사구로 losing과 being이 and로 병렬 연결되었다.

[6행] (Being) **Intrigued**, he decided to study [how jet lag affects brain functions, especially memory].
Intrigued는 〈이유〉를 나타내는 분사구문으로 앞에 Being이 생략되었다. [ ]는 study의 목적어로 쓰인 간접의문문으로 「의문사+주어+동사」의 어순이다.

[7행] He scanned the brains of people [suffering from serious jet lag] and compared the images to **those** of people {who had *not* traveled *at all*}.
문장의 동사 scanned와 compared가 and로 병렬 연결되었다. 현재분사구 [ ]와 주격 관계대명사절 { }는 각각 바로 앞의 people을 수식한다. those는 앞에 나온 명사 images를 가리키는 지시대명사이며 「not ~ at all」은 '전혀 ~ 않다'의 의미이다.

01 빈칸 추론

기출 깨뜨리기 p.38

해석 우리의 의식을 현재, 과거, 미래로 분리하는 것이 허구이며 또한 이상하게도 자기 지시적인 틀이라는 점을 우리는 이해한다. 즉, 여러분의 현재는 여러분 어머니 미래의 일부였고 여러분 자녀의 과거는 여러분 현재의 일부일 것이라는 것이다. 시간에 대한 우리의 의식을 이러한 전통적인 방식으로 구조화하는 것에는 일반적으로 잘못된 것이 전혀 없으며 그것은 흔히 충분히 효과적이다. 그러나 기후 변화의 경우, 시간을 과거, 현재, 미래로 예리하게 구분하는 것은 심하게 (사실을) 오도해 왔던 것이며 가장 중요하게는 지금 살아 있는 우리들의 책임 범위를 시야로부터 숨겨 왔다. 시간에 대한 우리의 의식을 좁히는 것은 사실 우리의 삶이 깊이 뒤얽혀 있는 과거와 미래의 발전에 대한 책임으로부터 우리를 단절시키는 길을 닦는다. 기후의 경우, 우리가 사실을 직면하면서도 우리의 책임을 부인하는 것이 문제가 아니다. 문제는 시간을 나눔으로써 현실이 시야로부터 흐릿해지고 그래서 과거와 미래의 책임에 관한 질문이 자연스럽게 생겨나지 않는 것이다.

오답풀이 ① 우리의 모든 노력이 효과적인 것으로 증명되어 장려되는
② 충분한 과학적 증거가 우리에게 제공되어 온
③ 미래의 관심사는 현재의 필요보다 더 시급한
④ 우리의 조상들은 다른 시간의 틀을 유지했던

구문분석 [1행] We understand [**that** the segregation of our consciousness into present, past, and future is {**both** a fiction **and** an oddly self-referential framework}];
[ ]는 명사절의 접속사 that이 이끄는 동사 understand의 목적절이다. that절 속에서 주어는 the segregation이고 동사는 is이며, 주격 보어로 상관접속사 「both ~ and ....」를 이용해 나타내고 있다.

[8행] The narrowing of our consciousness of time smooths the way to divorcing ourselves from responsibility for developments in the past and the future [with which our lives are in fact deeply intertwined].
주어는 The narrowing이며 동사는 단수동사로 smooths가 되고, 목적어는 the way이다. [ ]는 「전치사+관계대명사」로 선행사는 the past and the future이다.

어휘 consciousness 의식 fiction 허구 oddly 이상하게 self-referential (문장이나 글이) 스스로의 진위를 주장하는, 자기 지시의 framework 틀 structure 구조화하다 conventional 전통적인 manner 방식 division 구분 desperately 심하게, 극도로 mislead (사실을) 오도[호도]하다, 혼동을 주다 extent 범위 smooth the way to ~로 가는 길을 닦다 divorce 단절시키다, 분리하다 partition 나누다, 분할하다 arise 생겨나다
[문제] prove 증명하다 sufficient 충분한 urgent 시급한

ancestor 조상

이렇게도 나왔다⁺ p.39

정답 ①

해석 상대적으로 미발달한 언어들은 식물들에 대한 어떤 하나의 단어도 없다. 용어가 없다는 것은 그들이 차이를 인식하지 못한다는 것을 의미하지 않고, 그들이 시금치와 선인장의 차이를 모른다는 것을 의미하지도 않는다. 그들은 단지 식물을 지칭하는 포괄적인 용어가 없을 뿐이다. 우리는 우리 자신의 언어에서 이와 같은 경우를 볼 수 있다. 예를 들어, 영어에는 식용 버섯을 가리키는 하나의 기본적인 용어가 없다. 우리는 또한 여러분이 3주 동안 병원에 입원한다면 알려야 할 모든 사람들에 대한 용어도 없다. 여기에는 가까운 친척, 친구, 고용주, 신문 배달원, 그리고 그 기간 동안 여러분과 약속이 있는 어떤 사람도 포함될지 모른다. 용어가 없다는 것이 여러분이 그 개념을 이해하지 못한다는 것을 의미하지는 않는다. 그것은 단지 그 범주가 우리 언어에 반영되어 있지 않다는 것을 의미한다. 이것은 그것에 대한 필요가 한 단어가 만들어져야 할 정도로 절실하지 않기 때문일 수 있다.

문제풀이 우리의 언어에는 간혹 특정한 부분이나 범주를 지칭하면서 그 내용을 포괄하는 언어가 없을 때가 있고, 그것이 우리의 필요만큼 절실하지 않기 때문에 없을 수 있다는 내용이다. 따라서 빈칸에는 특정한 영역이나 부분을 가리키는 ① '범주'가 적절하다.

오답풀이 ② 역사 ③ 분위기 ④ 빈도 ⑤ 선호

구문분석 [1행] The lack of a term doesn't **mean** [(that) they don't perceive differences], and it doesn't **mean** [(that) they don't know the difference between spinach and a cactus];
첫 번째, 두 번째 [ ] 모두 동사 mean의 목적절 역할을 하고 있으며, 둘 다 모두 명사절의 접속사 that이 생략된 형태이다.

[5행] We also lack a term for all the people [(that) you would have to notify {**if** you were going into the hospital for three weeks}].
[ ]는 all the people을 선행사로 하는 목적격 관계대명사가 생략된 형태이다. { }는 가정법의 if절이다.

어휘 relatively 상대적으로 term 용어 perceive 인지하다, 인식하다 spinach 시금치 cactus 선인장 all-encompassing 모든 것을 망라하는, 총괄적인 refer 말하다, 언급하다 edible 먹을 수 있는 mushroom 버섯 notify 알리다, 알게 하다 delivery 배달 appointment 약속 period 기간 concept 개념 coin 만들어내다
[문제] frequency 빈도 preference 선호, 좋아하기

적용독해

1 ② 　 2 ① 　 3 ③ 　 4 ④ 　 5 ② 　 6 ④

1 ②

해석 나무늘보들은 원래 회색이나 갈색이다. 그러나, 야생에 사는 나무늘보들은 나이가 들면서 서서히 초록색으로 변한다. 왜냐하면 다양한 종류의 미생물들이 그들의 두꺼운 털 속에 살고 있기 때문이다. 이 미생물들은 해조류가 자라게 한다. 그것은 모두에게 좋은 상황이다. 해조류들은 살 수 있는 곳을 얻고, 나무늘보들은 효과적인 형태의 위장을 얻는다. 과학자들은 이제 나무늘보의 털에 사는 몇몇의 곰팡이는 <u>인간에게도 이로울 수 있다</u>고 믿고 있다. 나무늘보의 털에 사는 84종의 곰팡이를 채취해서 분석한 결과, 연구원들은 그것들 중의 일부는 항생제로써 작용한다는 것을 알아냈다. 심지어 유방암이나 말라리아의 위험을 감소시키는 능력을 보여준 몇몇의 종들도 있었다. 더 많은 연구가 필요하지만, 연구원들은 이러한 곰팡이의 잠재적인 의학적 사용에 대해 낙관적이다.

문제풀이 빈칸 뒤에 나무늘보의 털에 사는 곰팡이 중 일부가 항생제로서 작용하여 연구원들은 곰팡이의 잠재적인 의학적 사용에 대해 낙관적이라는 내용이 이어지고 있으므로, 빈칸에는 ② '인간에게도 이로울 수 있다'가 가장 적절하다.

오답풀이 ① 어떤 질병들을 퍼뜨릴지도 모른다
③ 사람 피부에서도 쉽게 살 수 있다
④ 인간의 활동에 의해 서서히 죽고 있다
⑤ 지구상의 어떤 곳에서도 찾을 수 없다

구문분석 [5행] [After collecting and analyzing 84 species of fungi {living in sloth fur}], researchers found [that some of them act **as** antibiotics].
첫 번째 [ ]는 접속사 After를 남겨둔 분사구문이다. { }는 84 species of fungi를 수식하는 현재분사구이다. 두 번째 [ ]는 found의 목적어로 쓰인 명사절이다. as는 '~로서'라는 의미의 전치사로 쓰였다.

[7행] There were even some species [that showed the ability {to reduce the risk of breast cancer or malaria}].
[ ]는 some species를 수식하는 주격 관계대명사절이다. { }는 the ability를 수식하는 형용사적 용법의 to부정사구이다.

2 ①

해석 익숙지 않은 잠자리에서의 수면은 힘들 수 있다. 실제로, 새로운 환경으로 인한 수면 문제는 '첫날밤 효과'로 불린다. 연구원들은 이러한 현상이 우리 뇌의 분할에 의한 것이라고 생각한다. 즉 우뇌는 숙면을 취하지만, 좌뇌는 그렇지 않다는 것이다. 이러한 불균형의 원인은 좌뇌의 역할 중 하나가 우리가 낯선 환경에 있을 때, <u>경계 태세를 유지하는</u> 것이라는 점이다. 다시 말해서, '첫날밤 효과'는 야간 근무를 하는 일종의 내장된 경비원이다. 그것은 아주 작은 소리라도 들으면, 우리를 깨운다. 이러한 기제는 우리 조상들이 포식자들로 가득 찬 정글에서 잠을 잤을 때는 아마도 꽤 유용했을 테지만, 우리가 호텔 방이나 친구 집에서 밤을 보낼 때는 정말 불편할 수 있다.

문제풀이 빈칸 뒤에서 '첫날밤 효과'가 야간 근무를 하는 일종의 내장된 경비원이라고 했으므로, 빈칸에는 ① '경계 태세를 유지하다'가 가장 적절하다.

오답풀이 ② 게으른 상태로 있다
③ 우리를 차분하게 하다
④ 호르몬을 생산하다
⑤ 정보를 처리하다

구문분석 [1행] In fact, <u>sleep problems</u> [caused by new surroundings] **are referred to as** the "first night effect."
[ ]는 sleep problems를 수식하는 과거분사구이다. 「be referred to as ~」는 '~로 불리다'의 의미이다.

[6행] ..., the "first night effect" is a sort of built-in <u>security guard</u> [working the night shift].
[ ]는 security guard를 수식하는 현재분사구이다.

MINI Q.

새로운 환경으로 인해 수면 문제가 발생하는 현상 ('첫날밤 효과')

3 ③

해석 '시스템 사고'란 사물들의 개별적인 부분들을 보기보다는 그것들이 전체로서 어떻게 작용하는지를 보는 능력을 일컫는다. 많은 사람들은 문제를 해결하는 제일 좋은 방법이 시스템을 더 작은 부분으로 나눈 다음 각 부분을 잘 작동하도록 만드는 것이라고 배워왔다. 그러나, 각각의 부분을 개선시키는 것이 반드시 전체를 향상시켰다는 것을 의미하지는 않는다. 사실, 단 한 부분을 더 좋게 바꾸는 것이 실제로는 <u>전체 시스템을 덜 효율적으로 만들</u> 수 있다. 교통 문제가 있는 작은 도시를 상상해 보라. 전체 상황을 보기보다, 도시 행정부는 그저 도로를 더 많이 만들기로 결정한다. 이 새로운 도로들 때문에, 점점 더 많은 사람들이 교외로 이동하기 시작한다. 결국, 그 해결책은 도움이 되지 않았다. 대신 그것은 교외의 무분별한 팽창을 가능하게 했고 교통 체증을 증가시켰는데, 이 모든 것이 시스템 사고가 사용되지 않았기 때문이다.

문제풀이 빈칸 뒤에서 교통 문제가 있는 도시를 일부분만 개선하여 교통 체증을 오히려 증가시킨 예시를 들어 부분보다 전체를 볼 수 있는 시스템 사고의 중요성을 설명하는 글이므로, 빈칸에는 ③ '전체 시스템을 덜 효율적으로 만들다'가 적절하다.

오답풀이 ① 관련 없는 과정들을 무시하다
② 필요한 부분의 수를 증가시키다
④ 제한된 부문에 작은 발전을 야기하다
⑤ 시스템을 두 개의 분리된 부분으로 나누다

구문분석 [1행] "Systems thinking" refers to <u>the ability</u> [to see how things work as a whole **rather than** just looking at their separate parts].
[ ]는 the ability를 수식하는 형용사적 용법의 to부정사구이다. 「rather than ~」은 '~보다는'의 의미이다.

[4행] However, [improving each section] does **not**

necessarily mean {(that) you've improved the whole}.

[ ]는 동명사구 주어로 단수 취급한다. 「not necessarily ~」는 부분부정으로 '반드시 ~은 아니다'의 의미이다. { }는 mean의 목적어로 쓰인 명사절로 접속사 that이 생략되어 있다.

4 ④

해석 여러분은 서로 다른 두 가지 활동을 동시에 할 수 있는가? 그 두 가지 일이 <u>서로 다른 종류의 주의력을 요구하는</u> 한, 대부분의 사람들은 할 수 있다. 예를 들면, 음악가들은 악보를 읽으며 동시에 악기를 연주할 수 있다. 그들은 악보를 읽기 위해 시각적인 정보에 집중하고, 그것을 연주하기 위해 신체적인 반응을 한다. 이러한 일들은 서로 다른 종류의 집중력을 수반하기 때문에, 그것들은 동시에 수행될 수 있다. 운전하면서 이야기하는 것도 마찬가지이다. 언어에 대한 우리의 집중이 운전에 대한 우리의 집중을 방해하지 않는다. 반면에, 대부분의 사람들은 책을 읽고 대화를 하는 것과 같이 유사한 두 가지 일을 동시에 하는 것이 불가능하다는 것을 알게 된다. 그 두 가지 일은 모두 언어의 사용에 기반하고 있어, 우리는 한 번에 한 가지만을 할 수 있다.

문제풀이 빈칸 뒤에서 서로 다른 영역의 집중력이 요구되는 경우 두 가지 일을 동시에 할 수 있다는 예시들을 제시하고 있으므로, 빈칸에는 ④ '서로 다른 종류의 주의력을 요구하다'가 적절하다.

오답풀이 ① 하나의 더 큰 일의 일부이다
② 더 많은 주의력으로 행해지다
③ 신체적인 활동을 포함하지 않다
⑤ 그것들을 수행하는 사람에게 친숙하다

구문분석 [7행] …, most people find **it** impossible [**to do** two similar things at once, …].

it은 find의 가목적어, [ ]가 진목적어이며, 형용사 impossible은 목적격보어이다.

[8행] <u>Both</u> (reading a book and having a conversation) <u>rely</u>
S　　　　　　　　　　　　　　　　　　　　　　　　V
on the use of language, so we can only do one at a time.

Both 뒤에 반복되는 어구(reading a book and having a conversation)가 생략되었다. Both는 복수 취급하므로 복수 동사 rely가 왔다.

MINI Q.

to do two similar things at once

5 ②

해석 오늘날, 매체는 지나치게 여론조사에 의존하는 것 같다. 이러한 여론조사들은 사람들이 그 결과가 한 문제에 대한 진실을 이해하는 데 과학적인 지름길일 거라고 믿으며 그것에 주목하기 때문에 평가에 유용하다. 여론조사가 만들어 내는 간단한 비율과 백분율은 믿을만하고, 정확하며, 객관적인 것처럼 보인다. 하지만, 여론조사를 부정확하게 만들 수 있는 많은 잠재적인 위험들이 있다. 만약 여론조사에 사용되는 질문을 만드는 사람이 편견을 가지고 있다면, 그 결과 역시 그런 방향으로 편향되기 쉽다. 또한, 그 질문이 다양한 집단의 사람들에게 제시되지 않는다면, 그 결과가 전체 인구를 대표한다고

여겨질 수 없다. 비록 여론조사가 어느 정도 가치를 지니고 있을지라도, 여러분은 <u>그것들을 너무 많이 신뢰해서는</u> 안 된다.

문제풀이 글 중반의 However 이후로 필자는 여론조사의 신빙성을 해치는 원인들을 제시하고 있으므로, 빈칸에는 ② '그것들을 너무 많이 신뢰하다'가 가장 적절하다.

오답풀이 ① 자신의 것을 만들려고 시도하다
③ 그것들의 중요성을 과소평가하다
④ 그것들의 정확성에 의문을 품다
⑤ 그것들에 응답하는 사람들을 신뢰하다

구문분석 [1행] These polls are good for ratings because people pay attention to their results, **believing** them [to be
　　　　　　　　　　　　　　　　　　　　　　　　　　　(= their results)
scientific shortcuts to {*understanding* the truth about an issue}].

believing 이하는 〈부대상황〉을 나타내는 분사구문이며, [ ]는 believing의 목적격보어로 쓰인 명사적 용법의 to부정사구이다. { }는 전치사 to의 목적어로 쓰인 동명사구이다.

[5행] If the <u>person</u> [writing the <u>questions</u> {used in the poll}]
　　　　　S　　　　　　　　　　　　　　　　　　　　
<u>is</u> biased, … .
　V

[ ]는 주어인 the person을 수식하는 현재분사구이고, 동사는 is biased이다. { }는 the questions를 수식하는 과거분사구이다.

6 ④

해석 고대 그리스 희곡의 정확한 기원은 알려지지 않았지만, 많은 이론들이 제시되어 왔다. 가장 인정받는 이론들 중 하나는 <u>미신적인 의식이 점차 희곡으로 발달하였다</u>고 주장한다. 수천 년 전에, 사람들은 여러 방법들을 통해 자연의 예측할 수 없는 요소들을 통제하기를 원했다. 이러한 방법들 중 하나가 원하던 결과를 가져오는 것처럼 보였을 때, 그것은 하나의 의식이 될 때까지 계속해서 반복되었다. 이러한 의식들은 흔히 음악과 춤을 그 특징으로 삼았는데, 가면을 쓰고 의상을 갖춰 입은 사람들이 무대에서 공연을 했다. 시간이 지나면서, 원래 그 의식들을 만들어 낸 미신들과 신화들은 지식에 의해 그것들의 오류가 증명됨에 따라 사라졌다. 이런 공연들에서 남겨진 것들은 현대 예술과 희곡의 많은 부분에 기초를 제공하였다.

문제풀이 자연의 예측할 수 없는 요소들을 통제하려는 목적으로 행해졌던 미신적인 의식들이 희곡의 기초가 되었다는 내용의 글로, 빈칸에는 ④ '미신적인 의식이 점차 희곡으로 발달하였다'가 가장 적절하다.

오답풀이 ① 외국 문화가 그리스인들에게 희곡을 가져다주었다
② 희곡은 현대 종교가 시작되기 전까지 존재하지 않았다
③ 고대 사람들은 희곡을 생각을 전달하는 데 사용했다
⑤ 극장에서 공연하는 것은 생계 수단이었다

구문분석 [1행] The exact origins of drama in ancient Greece are unknown, but many theories **have been put forth**.

have been put forth는 〈계속〉을 나타내는 현재완료 수동태이다.

[5행] These rituals often featured music and dance, **with** masked and costumed people **performing** on stage.

「with+O+v-ing」는 〈부대상황〉을 나타내는 분사구문으로 '~가 …하면

서'의 의미이다.

[7행] …, the superstitions and myths [that originally created the rituals] disappeared **as** they were … .

[ ]는 주어 the superstitions and myths를 수식하는 주격 관계대명사절이고, 동사는 disappeared이다. as는 '~함에 따라'라는 의미의 접속사이다.

MINI Q.

the superstitions and myths

02 함의 추론

기출 깨뜨리기   p.44

해석 18세기와 19세기에 완전히 정착된 개인 일기는 현대적 주체성 구축의 중심이 되었는데, 그것의 중심에는 세계와 자아에 대한 이해에 이성과 비판의 적용이 있었고, 이는 새로운 종류의 지식을 창조할 수 있게 해 주었다. 일기는 그것을 통해 계몽된, 자유로운 주체가 구성될 수 있는 중심 매체였다. 그것은 개인이 자신의 행방, 감정, 생각에 대해 매일 쓸 수 있는 공간을 제공했다. 시간이 지남에 따라 그리고 다시 읽음으로써, 이질적인 항목, 사건 및 우연이 자신에 관한 통찰력과 이야기로 만들어질 수 있었으며, 주체성의 형성을 가능하게 만들었다. '말로 만들어지고 또한 탐구되는 (것으로의) 자아'라는 개념이 나타나는 것은 바로 그러한 맥락에서다. 일기는 개인적이고 사적인 것이었다. 사람들은 자신을 위해 쓰곤 했는데, Habermas의 명확한 표현을 빌리면, <u>자신을 자신에게 공개적으로 만들곤</u> 했다. 자기 자신을 사적 영역에서 공개함으로써, 자아는 또한 자기 점검과 자기 비판의 대상이 되었다.

오답풀이 ② 다른 사람의 일기를 읽음으로써 자신의 정체성을 구축한다
③ 글을 쓰는 과정에서 피드백을 주고받는다
④ 다른 사람들에게 제시할 대체 자아를 창조한다
⑤ 자아성에 관한 글을 쓰기 위한 주제를 개발한다

구문분석 [1행] [{**Coming** of age in the 18th and 19th centuries}, the personal diary became a centerpiece in the construction of a modern subjectivity, {at the heart of which is the application of reason and critique to the understanding of world and self}], [which allowed the creation of a new kind of knowledge].

첫 번째 [ ]는 주절로 주어가 the personal diary이고 동사는 became인 문장이다. 첫 번째 { }는 의미상 주어가 the personal diary인 현재분사구이다. 두 번째 { }는 선행사를 subjectivity로 하는 관계대명사절로 관계대명사 뒤에 「동사＋주어」의 도치 구문이 나오고

있다. 두 번째 [ ]는 앞부분 내용 전체를 선행사로 하는 계속적 용법의 관계대명사절이다.

[8행] **It** is [in that context] **that** the idea of "the self [as] both made and explored with words" emerges.

[ ]는 It ~ that 강조구문의 강조 대상이다. that절 이하의 본래 문장에서 부사구 in that context만을 따로 떼어 강조하고 있다.

어휘 come of age 충분히 발달하다, 성년이 되다   centerpiece 중심   subjectivity 주체성   application 적용   critique 비판   enlighten 계몽하다   whereabout 행방, 소재   happenstance 우연   insight 통찰(력)   narrative 이야기   emerge 나타나다   formulation 명확한 표현   sphere 영역
[문제] means 수단   identity 정체성   alternate 대체하는   selfhood 자아, 개성

이렇게도 나왔다+   p.45

정답 ⑤

해석 우리가 세상을 보는 관점은 순수하고 객관적인 형태로 외부에서 우리에게 주어지는 것이 아니라, 그것은 우리의 정신 능력, 우리가 공유한 문화적 관점, 그리고 우리의 독특한 가치관과 신념에 의해 형성된다. 이것은 우리의 마음 외부에 현실이 없다거나 세계는 환영에 불과하다고 말하는 것이 아니다. 그것은 우리가 지닌 현실 버전은 바로 그것, 즉 '우리의' 버전이지 '그' 버전은 아니라고 말하는 것이다. 이론적 구성물로서가 아닌, 이치에 맞는 단일하거나, 보편적이거나 또는 권위 있는 버전은 없다. 우리는 세계를 '정말로 있는 그대로'가 아니라, 그것이 우리에게 나타나는 대로만 볼 수 있는데, 왜냐하면 세계에 형태를 부여하는 관점 없이 '정말로 있는 그대로'란 없기 때문이다. 철학자 Thomas Nagel은 '입장이 없는 관점'은 없다고 주장했는데, 왜냐하면 우리는 특정한 관점에서 보는 경우를 제외하고는 세계를 볼 수 없고, 그 관점이 우리가 보는 것에 영향을 미치기 때문이다. 우리가 이해할 수 있게 만드는 인간의 렌즈를 통해서만 우리는 세계를 경험할 수 있다.

문제풀이 우리의 세계관은 외부로부터 오는 객관적 관점이나 형태가 아니라 우리 자신만의 독특한 가치관과 신념에 의해 형성된다는 내용의 글이다. '입장이 없는 관점'이라는 말은 외부로부터 관측되거나 혹은 판단되는 완전한 관점을 말하는 것으로 앞에 no가 붙어서 완전히 객관적 세계관이나 관점은 없다는 것이다. 따라서 '입장이 없는 관점'이 의미하는 바는 ⑤ '편견이 없으며 객관적인 세계관'이 가장 적절하다.

오답풀이 ① 주관적 견해에 영향을 받는 현실 인식
② 대부분의 사람들이 염두에 두고 있는 귀중한 관점
③ 극소수의 사람들이 채택한 특정한 견해
④ 우리의 편견을 물리치는 비판적 통찰력

구문분석 [3행] This is not to say [**that** there is no reality outside our minds] or [**that** the world is just an illusion].

첫 번째, 두 번째 [ ] 모두 say의 목적절로 접속사 or로 병렬되고 있다. that은 목적절을 이끄는 명사절의 접속사이다.

[5행] There is **no** single, universal or authoritative version [that makes sense], **other than** as a theoretical construct.

「no ~ other than ...」은 '…외에는 다른 ~는 없다'라는 의미로 쓰이며, [ ]는 앞의 single, universal or authoritative version을 수식하는 주격 관계대명사절이다.

어휘 pure 순수한 objective 객관적인 perspective 관점 version 버전, 견해, 설명 precisely 바로, 정확하게 universal 보편적인 authoritative 권위 있는, 권위적인 theoretical construct 이론적 구성물 nowhere 어디에도 ~ 없다(않다) intelligible (쉽게) 이해할 수 있는
[문제] valuable 귀중한 prejudice 편견 unbiased 편견 없는

적용독해

p.46

1 ①   2 ③   3 ④

1 ①

해석 옛말에 따르면, '당신이 먹는 음식이 곧 당신이다'. 이것은 특히 홍학에게 사실이다. 비록 그것의 색깔은 그것의 가장 독특한 특징이지만, 홍학 깃털의 밝은 분홍색은 유전적인 특징이 아니다. 대신에, 그것은 베타카로틴이라는 주홍색 색소에서 나온다. 그것은 홍학이 먹는 해조류, 애벌레, 그리고 브라인 새우 등에서 발견된다. 홍학의 소화기 계통에 있는 효소는 베타카로틴을 분해한다. 그것은 간에 의해 흡수되어 깃털과 피부로 분배된다. 홍학은 태어날 때는 회색이지만, 이 과정이 점차적으로 그것의 색깔을 분홍색으로 바꾼다. 인간도 당근이나 토마토와 같은 베타카로틴을 함유하는 음식을 먹지만, 결코 그들의 색깔에 영향을 줄 만큼 충분하지는 않다. 반면에, 홍학은 베타카로틴이 풍부한 음식을 많이 먹는다.

문제풀이 홍학은 그들이 먹는 것에 함유된 베타카로틴이라는 물질로 인해 태어날 때는 회색이었다가 점차 분홍색으로 변하기 때문에 '당신이 먹는 음식이 곧 당신이다'라는 옛말이 특히 홍학에게 사실이라는 밑줄 친 부분이 의미하는 바는 ① '홍학은 식단의 영향을 강하게 받는다.'가 가장 적절하다.

오답풀이 ② 홍학의 식단은 극도로 제한적이다.
③ 당신은 홍학이 먹는 방법으로부터 많은 것을 배울 수 있다.
④ 홍학은 먹히는 것을 피하기 위해 색깔을 바꾼다.
⑤ 사람과 홍학은 많은 같은 음식을 먹는다.

구문분석 [1행] According to an old saying, "you are [**what you eat**]."
[ ]는 선행사를 포함하는 관계대명사 what이 이끄는 명사절로, 문장의 보어 역할을 한다.

[7행] Humans also eat foods [containing beta-carotene], such as carrots and tomatoes, *but not* **nearly enough to affect** their color.
[ ]는 foods를 수식하는 현재분사구이다. 「부사+enough to-v」는 '~할 만큼 충분히 …하게'라는 의미이다. but not은 but they don't eat으로 바꾸어 쓸 수 있다.

[9행] The flamingo, on the other hand, has a diet [(which[that] is) heavy in beta-carotene-rich foods].

[ ]는 a diet를 수식하는 주격 관계대명사절로, 「주격 관계대명사+be동사」가 생략되었다.

2 ③

해석 나무는 해마다 성장하면서, 한때 그들을 보호해 주었지만 더는 그것의 확장하는 부피를 에워쌀 수 없는 나무껍질의 층을 벗어 버린다. 우리도 마찬가지이다. 우리는 결국 우리의 삶에서 어떤 불쾌한 것들로부터 우리를 보호하기 위해 만들어 내는 방어물을 벗어 버린다. 만약 이렇게 하지 못한다면, 우리는 성장해서 우리의 잠재력을 충분히 실현시키지 못할 것이다. 나무는 외부의 위협으로부터 성장과 변화의 연약한 과정을 보호하기 위해 거친 나무껍질에 의존한다. 마찬가지로, 우리의 방어물들은 힘든 시간 동안 우리가 스스로를 치료하고 세상에 다시 맞설 준비를 하게 해 준다. 그러나 일단 우리가 완전히 치유되어 다시 온전해지면, 우리는 이 방벽들을 버려야 한다. 그러지 않으면, 우리는 결코 삶의 진정한 즐거움을 경험하지 못할 것이다.

문제풀이 밑줄 친 문장 앞에서 나무가 용도를 다한 나무껍질을 벗는다고 언급한 후, 뒤에서는 우리를 보호하기 위해 발달시켰던 방어물을 결국에는 벗어 버린다는 내용이 나오므로 '우리 역시 마찬가지다'라는 어구가 의미하는 것은 ③ '사람들은 더 이상 필요하지 않은 방어물을 제거한다.'가 가장 적절하다.

오답풀이 ① 나무와 사람 모두 해마다 성장한다.
② 치료는 느리고 어려운 과정이다.
④ 사람은 나무껍질과 비슷한 방어벽이 필요하다.
⑤ 나무는 사람에게 그들이 필요한 쉼터를 준다.

구문분석 [2행] We eventually outgrow the defenses [that we develop {**to shield** ourselves…}].
[ ]는 the defenses를 수식하는 목적격 관계대명사절이다. { }는 〈목적〉을 나타내는 부사적 용법의 to부정사구이다.

[6행] Likewise, our defenses **allow us to heal** ourselves during troubled times and (to) **prepare** to face the world again.
「allow+O+to-v」는 '~가 …하게 하다'의 의미로 목적격보어 to heal과 (to) prepare가 and로 병렬 연결되었다.

3 ④

해석 당신은 학교에 입학했을 때를 기억하는가? 숫자와 글자들은 어떤 종류의 복잡하고 불가사의한 암호처럼 보였다. 기본적인 읽기 능력을 배우기 위해서, 당신은 당신의 편안한 공간을 떠나야 했다. 그 과정은 오랜 시간이 걸렸고, 당신은 무슨 일이 일어나고 있는지 모른다는 것과 어떤 것들은 당신에게 이해가 되지 않는다는 것을 받아들여야만 했다. 어떤 이유로, 우리 어른들은 배우는 것이 우리에게 더 쉽다고 생각한다. 우리는 일련의 고통 없는 단계들과 어쩌면 약간의 연습을 기대한다. 우리는 전략을 가지고 있고, 우리는 모든 것을 조직화하는 척 한다. 그러나 우리는 그 좌절에서 벗어날 방법을 계획할 수 없다. 사업 연수회는 이것의 증거를 제공한다. 모든 연령과 직급의 직원들은 친숙하지 않은 주제들, 특히 세법과 같은 어려운 것들과 씨름한다. 강사들은 그들의 방법을 개선할 수 있지만, 불편함을 없앨 방법은 없다. 그것이 그 과정의 자연스럽고 피할 수 없는 부분이다.

문제풀이 우리는 어른으로서 배우는 것이 더 쉽다고 생각하지만 배우는 과정에서의 불편함은 피할 수 없다는 내용의 글이다. 우리는 전략을 가지고, 모든 것을 조직화하는 척 하지만 '좌절에서 벗어날 방법을 계획할 수' 없다는 문맥에서 밑줄 친 부분이 의미하는 바는 ④ '조직화함으로써 배우는 것의 어려움을 피하다'가 가장 적절하다.

오답풀이 ① 우리가 나이 들면서 어려운 개념들을 암기하다
② 교육 목표를 정하는 과정에서 벗어나다
③ 우리가 공부하는 모든 주제에 학습 전략을 적용하다
⑤ 일련의 계획된 단계를 따름으로써 효율적으로 배우다

구문분석 [3행] The process took a long time, and you had to accept [that you didn't know {**what** was going on}] and [that some things didn't make sense to you].
두 개의 [ ]는 동사 accept의 목적어로 쓰인 명사절이며, and로 병렬 연결되었다. { }는 의문사 what이 이끄는 명사절로 첫 번째 [ ]의 동사 know의 목적어로 쓰였다.

[9행] Instructors can improve their methods, but there is no way [to take out the discomfort].
[ ]는 no way를 수식하는 형용사적 용법의 to부정사구이다.

03 심경·분위기 추론

기출 깨뜨리기 p.48

해석 다시 한번, 나는 피아노 경연대회에서 내 친구에게 졌다. Linda가 우승했다는 것을 알게 되었을 때, 나는 매우 괴롭고 우울했다. 내 몸은 불쾌함으로 떨리고 있었다. 내 심장은 빠르게 뛰었고, 내 얼굴은 불그스레해졌다. 나는 마음을 가라앉히기 위해 콘서트홀에서 뛰쳐나와야 했다. 홀로 계단에 앉아, 나는 선생님께서 하신 말씀을 떠올렸다. "인생은 이기는 것과 관련이 있는데, 반드시 다른 사람들과 싸워서 이기는 것이 아니라 자기 자신이 되는 것에서 이기는 것과 관련이 있단다. 그리고 이기는 방법은 자신이 누군가를 알아내고 최선을 다하는 거란다." 선생님 말씀은 절대적으로 옳았다. 나는 내 친구를 적대할 이유가 없었다. 대신, 나는 나 자신과 나 자신의 발전에 중점을 두어야 한다. 나는 천천히 숨을 내쉬었다. 내 손은 이제 떨리지 않았다. 마침내 내 마음이 편해졌다.

오답풀이 ① 고마워하는 → 슬픈   ③ 부러워하는 → 의심하는
④ 놀란 → 실망한   ⑤ 따분한 → 안도한

구문분석 [4행] Life is about winning, [**not** necessarily **about** winning against others **but (about)** winning at being you].
[ ]는 「not about A but (about) B」의 구문으로 'A에 관한 것이 아니라 B에 관한 것이다'라는 의미를 가지며, A와 B는 모두 전치사 about의 목적어 역할을 하는 동명사구가 제시되어 있다.

[6행] And the way [**to win**] is [**to figure** out {who you are} and (**to) do** your best].
첫 번째 [ ]는 명사 the way를 수식하는 형용사적 용법의 to부정사이

다. 두 번째 [ ]는 주격보어 역할을 하는 명사적 용법의 to부정사구로 figure out과 do 동사들이 and로 병렬되어 있다. { }는 figure out의 목적절로 쓰인 간접의문문이다.

어휘 deeply 깊이   uneasiness 불쾌함, 거북함   reddish 불그스레한   settle down (마음을) 가라앉히다   necessarily 반드시   figure out ~을 알아내다   absolutely 절대적으로   oppose 적대하다   improvement 발전, 개선

이렇게도 나왔다⁺ p.49

정답 ②

해석 Meghan은 고개를 들어 성난 회색 구름이 물을 가로질러 밀려오는 것을 보았다. 폭풍이 방향을 바꿔서 그녀 쪽으로 오고 있었다. 그녀는 일어나서 그녀의 샌들을 잡으려고 손을 뻗었다. 그때 그녀는 호수 한 가운데에서 첨벙거리고 있는 개를 발견했다. 처음에 그녀는 그 개가 놀고 있다고 생각했다. 그녀는 1~2초 정도 지켜보고는 그 개가 놀고 있는 것이 아니라는 것을 깨달았다. 그는 빠지지 않으려고 애쓰고 있었다. 심장이 스프링 해머처럼 쿵쾅거리면서 그녀는 물속으로 뛰어 들어가 그 개를 향해 헤엄치기 시작했다. 그녀가 그 개에 도달하기 전에, 비가 내리기 시작했다. 그녀는 개를 보았고, 그리고 몇 초 후에 그 개가 사라졌다. 그녀는 팔을 길게 뻗고, 다리를 더욱 힘차고 빠르게 차면서 미친 듯이 앞으로 나아갔다.

문제풀이 폭풍이 밀려오는 호수 근처에 있던 Meghan은 호수 한 가운데에서 첨벙거리는 개를 보고 가슴이 뛸 정도로 놀랐고, 결국 그 개를 구하려 뛰어 들었으나 그 개가 사라져 보이지 않아 미친 듯이 수영하며 나아가는 다급한 상황의 글로, ② '긴장되고 급박한' 분위기를 느낄 수 있다.

오답풀이 ① 엄숙하고 근엄한   ③ 고요하고 평화로운
④ 흥겹고 활기찬   ⑤ 단조롭고 지루한

구문분석 [5행] [**With her heart pounding** like a trip-hammer], she ran into the water **and** started swimming toward the dog.
　　　　　　S　V1　　　　　　　　V2
[ ]는 「with+O+분사」의 형태로 동시동작을 나타내는 분사구문이다. 주어는 she이고 동사는 ran과 started가 and로 병렬되고 있다.

[7행] She pushed forward frantically, [her arms **reaching** out in long strokes], [her legs **kicking** harder and faster].
두 개의 [ ]는 모두 동시동작을 나타내는 분사구문으로 '~하면서'라는 의미이며, 접속사는 생략되었고 의미상 주어 her arms와 her legs는 남아 있는 형태이다.

어휘 storm 폭풍   spot ~을 발견하다   splash (물을) 튀기다   pound 세게 두드리다   trip-hammer 스프링 해머, 기계 해머   frantically 미친 듯이

적용독해

1 ① 2 ① 3 ③

1 ①

해석 우리가 들판을 향하여 운전할 때, 나는 Blue Sky Tours의 간판을 발견했다. 들판 주변에 세워진 몇몇 열기구 회사들이 있었지만, Blue Sky 사(社)의 열기구들이 제일 컸다. 우리가 도착했을 때, 우리의 열기구는 부풀어서 출발할 준비가 되어 있었기에, 우리는 기다릴 필요가 전혀 없었다. 이전에는 열기구에 타본 적이 없었기 때문에, 바구니에 탈 때 내 심장이 두근거렸다. 그것은 내가 생각했던 것보다 더 넓었고 다섯 개의 구획으로 나뉘어 있었다. 중간에는 거대한 토치가 있었고, 조종사가 불길을 올리자 우리는 서서히 공중으로 상승하기 시작했다. 경관은 아주 훌륭했다. 우리는 우리가 운전해 온 길과 밤을 보낸 마을을 볼 수 있었다. 그리고 우리 주변에는 온통 높은 산들과 끝없이 펼쳐진 녹색 들판뿐이었다.

문제풀이 처음으로 타보는 열기구에서 훌륭한 경치를 바라보고 있는 상황이므로, ① '들뜬' 심경일 것이다.

구문분석 [4행] [**Having** never **been** in a hot-air balloon before], my heart was pounding *as* I climbed into the basket.
[ ]는 〈이유〉를 나타내는 분사구문으로, 열기구를 타보지 못한 것은 주절의 과거 시점보다 이전의 일이므로 완료형 분사구문인 「having v-ed」가 쓰였다. as는 시간을 나타내는 접속사로 쓰였다.

[7행] We could see the road [(which[that]) we had driven on] and the village {in which we had spent the night}.
[ ]는 the road를 선행사로 하는 목적격 관계대명사절이다. { }는 the village를 선행사로 하는 「전치사+관계대명사」절로 in which는 관계부사 where로 바꾸어 쓸 수 있다.

[8행] And all around us were tall mountains and endless fields of green.
　　　　　　　부사구　　V　　　　　　　S
부사구 all around us가 문두에 나와 주어와 동사가 도치되었다.

2 ①

해석 아침 6시 30분이고, Jones 가족은 하루를 시작하고 있다. 임신 5개월인 Charlene은 생후 10개월 된 아이인 Brian에게 바나나와 시리얼을 먹이고 있다. 갑자기 두 살 난 Roger가 소리를 지르기 시작한다. 반려견 Jules가 그를 밀쳐서 넘어뜨린 것이다. Charlene은 짖는 개를 서둘러 뒷마당으로 쫓아내고는 Roger의 기저귀를 갈아주기 시작하는데, 그러는 내내 Brian이 음식을 씹도록 하기 위해 그에게 계속하여 "Open, Shut Them"을 불러준다. 그녀의 남편 Jim이 미친 듯이 셔츠 단추를 채우고 넥타이를 매려고 하면서 방에 들어온다. 새 기저귀를 찬 Roger가 그에게 뒤뚱거리며 걸어가 그의 다리를 붙잡는다. "미안, 지금은 너하고 놀아줄 수가 없구나."라고 Jim이 Roger에게 말한다. "나 또 회사에 지각이야."

문제풀이 어린아이 두 명을 돌보며 출근 준비를 하느라 정신없는 어느

가족의 아침 풍경을 묘사한 글로, ① '시끌벅적하고 분주한' 분위기를 느낄 수 있다.

구문분석 [1행] Charlene, [who is five-months pregnant], is feeding bananas and cereal to Brian, her ten-month-old child.
　　　　　　　　　　　　　　　　　　　　　　└──⊖──┘
[ ]는 주어 Charlene을 선행사로 하는 계속적 용법의 주격 관계대명사절이다. Brian과 her ten-month-old child는 동격이다.

[6행] Jim, her husband, enters the room, [frantically **trying to button** his shirt and (to) **tie** his tie].
[ ]는 〈동시동작〉을 나타내는 분사구문이다. 「try to-v」는 '~하려고 애쓰다'의 의미로 접속사 and에 의해 to button과 (to) tie가 병렬 연결되었다.

3 ③

해석 지난 여름 어느 따뜻한 날에, Emily와 나는 해변을 따라 산책하기로 했다. 우리가 걸어가고 있을 때, 나는 내가 얼마나 바다를 그리워했는지 깨달았다. 나는 신선한 바다 공기를 들이마시고 내쉬었다. 모래 위의 잔잔한 파도소리가 내가 들을 수 있는 전부였다. 그러나 조수가 높아지면서, 계속 걷기가 어려워졌다. 그래서 우리는 낡은 아파트의 뒷문을 통해 다시 거리로 돌아가는 지름길로 가려고 했다. 안에서, 우리는 그 건물이 버려진 것을 알 수 있었다. 가능한 한 빠르게, 우리는 복도를 걸어서 현관까지 갔다. 그것은 잠겨있었다. 나는 무엇을 해야 할지 몰랐지만, Emily는 대담하게 다른 복도를 내려왔다. 너무 어두워서 거의 앞을 볼 수 없었다. 내 심장은 더 빨리 뛰기 시작했다. 우리는 옆 문으로 가보았다. 그것도 또한 잠겨있었다.

문제풀이 필자는 그리워하던 바닷가를 걸으며 '편안한' 마음으로 있다가, 조수가 높아져 다시 거리로 돌아가기 위해 들어간 버려진 아파트의 문이 모두 잠겨있어 '무서워'했을 것이다.

오답풀이 ① 신이 난 → 부끄러운　　② 즐거운 → 슬픈
　　　　　　④ 겁에 질린 → 걱정하는　　⑤ 무관심한 → 짜증이 난

구문분석 [1행] As we were walking, I realized [how much I had missed the ocean].
[ ]는 realized의 목적어로 쓰인 명사절로, 의문사 how가 이끄는 간접의문문이다.

[3행] The soothing sound of waves on the sand was all [(that) I could hear].
　　　　　　　　　　　　　S　　　　　　　　　V　S.C.
대명사 all이 주격보어로 쓰였으며, 목적격 관계대명사절 [ ]의 수식을 받는다. 선행사가 all인 경우 관계대명사는 주로 that을 쓴다.

[8행] It was **so** dark **that** I could hardly see.
「so ~ that ...」은 '너무 ~해서 …하다'의 의미이다.

22　PART 2 추론하면서 읽어라

1 ③

해석 수 세기에 걸쳐, 사람들은 정직하지 못한 사람들과 정직한 사람들을 구별하는 많은 다양한 방법들을 내놓았다. 예를 들어, 고대 아시아에서는 용의자에게 한 줌의 생쌀이 주어졌다. 용의자는 쌀을 씹고 난 다음에 그것을 뱉어내도록 지시받았다. 결백한 사람들은 쌀 알갱이를 뱉어내는 데 어려움이 없겠지만, 죄가 있는 사람들의 입안에는 쌀이 붙어 있을 것이다. 이것 뒤에 숨겨진 과학은 범죄자들이 자신들의 범죄에 대해 심문을 받고 있을 때 그럴 수 있는 것처럼, 불안이나 공포를 느끼는 사람들은 그들의 신경계에서 특정 반응들을 경험한다는 것이다. 그러한 반응 중 하나는 입이 침을 생산하는 것을 멈추어 입을 매우 마르게 하고 쌀이 입안에 달라붙게 한다는 것이다. 오늘날의 거짓말 탐지기 검사도 똑같은 원리로 작동한다.

문제풀이 오늘날의 거짓말 탐지기처럼 고대 사회에서 생쌀을 이용해 범죄자를 식별했다는 내용의 글로, 빈칸에는 ③ '정직하지 못한 사람들과 정직한 사람들을 구별하기'가 적절하다.

오답풀이 ① 유죄 선고를 받은 범죄자를 처벌하기
② 인간의 신경계를 연구하기
④ 사람들이 건강을 유지하도록 돕기
⑤ 특정 경제 범죄를 조사하기

구문분석 [5행] The science behind this is [**that** people {who are nervous or fearful}, [*as* criminals may be (nervous or fearful) when they're being questioned about their crimes], experience certain reactions …] .

접속사 that이 이끄는 첫 번째 [ ]는 주격보어 역할을 하는 명사절이며, { }는 people을 수식하는 주격 관계대명사절이다. as가 이끄는 두 번째 [ ]는 삽입절로, as는 '~처럼[같이]'의 의미로 쓰인 접속사이다. may be 뒤에는 반복되는 어구 nervous or fearful이 생략되어 있다.

[7행] One such reaction is [that the mouth stops producing saliva], {**making** *it* very dry and **causing** the rice to stick to *it*}.
[ ]는 is의 주격보어로 쓰인 명사절이다. { }는 〈부대상황〉을 나타내는 분사구문으로 현재분사 making과 causing이 and로 병렬 연결되었다. 분사구문에 쓰인 it은 모두 mouth를 가리키는 지시대명사이다.

2 ④

해석 미국 공군은 1950년에서 1959년 사이 그들의 여러 항공기가 추락 사고에 연루되었다는 것을 알게 되었다. 그 당시의 사람들은 능력 부족을 가장 분명한 이유로 여겼다. 그래서 공군은 조종사들에게 적합한 조종석을 디자인함으로써 조종사들에게 더 나은 통제력과 편안함을 주기로 결정했다. 편안한 조종석을 디자인하는 것을 돕기 위해, Gilbert S. Daniels라는 한 연구원은 4,000명 이상의 조종사들을 살펴보고 각 조종사의 140가지 치수를 쟀다. 그는 앉은키와 팔 길이 같은 열 가지의 가장 중요한 치수를 확인해서 각 치수의 평균 30퍼센트를 찾아냈다. Daniels는 평균에 해당하는 조종사에게 맞는 조종석이 다수의 조종사들의 요구를 충족시킬 것이라는 이론을 세웠다. 그러나, 정반대가 사실인 것으로 드러났다. 열 가지의 모든 치수에 대해 평균인 조종사가 한 명도 없었고, 이는 평균이라는 것은 없다는 것을 입증했다.

문제풀이 밑줄 친 부분의 the opposite은 Daniels가 세운 이론과 정반대로 열 가지의 모든 치수에 대해 평균인 조종사가 한 명도 없다는 것을 의미하므로 밑줄 친 부분이 의미하는 것으로는 ④ '평균적인 조종사를 위해서 설계된 조종석은 어떤 조종사에게도 완벽하게 맞지 않았다'가 가장 적절하다.

오답풀이 ① 조종사들은 그들의 모든 치수에 맞는 조종석에 만족스러워했다
② 소수의 조종사들은 Daniels가 디자인한 조종석에 적합하지 못했다
③ 항공기 사고가 조종사의 능력이나 신체 크기에 의해 발생되는 일은 드물다
⑤ 키와 팔 길이는 열 가지의 수치 중에서 가장 덜 중요했다

구문분석 [1행] The United States Air Force saw many of its aircraft involved in crashes between 1950 and 1959.
「see+O+O.C.」 구문으로 목적어와 목적격보어가 수동의 관계이므로, 과거분사 involved를 썼다.

[9행] There was not a single pilot [who was average for all ten measurements], {**demonstrating** that there really is no such thing as normal}.
[ ]는 a single pilot을 수식하는 주격 관계대명사절이다. { }는 〈부대상황〉을 나타내는 분사구문이다.

3 ④

해석 인간은 다른 사람들에 대한 어느 정도의 동정과 배려를 가지고 태어나고, 이러한 도덕적 핵심은 심지어 그들이 그들 자신 대신에 다른 사람들에게 유익한 방식으로 행동하게 만들 수도 있다. 교육은 의사 결정 과정에서 이기심이 거의 사라지도록 그들의 정의감을 강화할 수 있다. 그러나, 더 큰 사회 집단에 관한 한, 이러한 수준의 도덕성은 성취하기 굉장히 어렵다. 개인의 도덕성에 비교했을 때, 집단 도덕성의 열등함의 원인이 되는 주요 요인 중 하나는 집단 이기주의이다. 이기주의적 충동은 그것들이 한 사람에게 소유될 때보다 단체로 합쳐질 때 훨씬 더 강해진다. 그 충동은 또한 좀 더 선명하게 표출되고, 이러한 이기심의 축적을 규제하는 합리적인 사회적 영향력을 확립하는 것은 어렵다.

문제풀이 개인의 도덕성과 달리, 더 큰 사회 집단의 경우 집단 이기주의로 인해 도덕성이 낮게 나타난다고 했으므로, 빈칸에 들어갈 말로 ④ '열등함'이 가장 적절하다.

구문분석 [1행] …, and this moral core can even lead them to act in a way [that benefits others instead of themselves].
[ ]는 a way를 수식하는 주격 관계대명사절이다.

[5행] One of the main factors [responsible for the inferiority

of the morality of groups], {when compared to **that** of individuals}, is collective egoism.
「one of+복수명사」는 '~ 중에 하나'란 의미로 주어가 One이므로 단수동사 is가 쓰였다. [ ]는 the main factors를 수식하는 형용사구이다. { }는 접속사 when을 남겨둔 분사구문으로 중간에 삽입되었으며, that 은 앞에 나온 the morality를 가리키는 지시대명사이다.

4 ①

해석　소셜 미디어의 도움으로, 연예인들은 다양한 방법으로 자신들의 팬들과 쉽게 연결될 수 있다. 그들의 개인 계정을 통해, 그들은 팬들의 의견에 신속하고 직접적으로 답할 뿐만 아니라 그들의 사생활의 스냅샷을 공유할 수 있다. 소통에 대한 이러한 접근법 때문에, 팬들은 친밀감과 개별적인 연결을 발달시킬 수 있다. 그러나, 연예인들은 대중의 인식을 신중하게 관리할 필요가 있기 때문에, 무엇이 진짜이고 무엇이 단지 쇼를 위한 것인지 구별하기가 점점 더 어려워지고 있다. 그들은 매일 아슬아슬한 줄타기를 한다. 그들 자신의 특정한 이미지를 조심스럽게 제시함으로써, 연예인들은 일반적으로 "실제" 사람들에게 영향을 미칠 뿐만 아니라 우리가 그들을 구체적으로 인식하는 방식에도 영향을 미친다. 더욱이, 허구와 사실을 구별하는 문제를 복잡하게 만들면서, 이러한 흐름은 계속될 것 같다. 이것은 또한 그들이 좋아하는 연예인의 사생활에 대한 팬들의 계속 증가하는 비밀스러운 접근에 대한 요구에 대응하면서, 스타들이 진정한 상태로 남아 있기 어렵게 만든다.

문제풀이　팬들과 연예인들이 신속하고 직접적으로 소통할 수 있도록 해 주는 소셜 미디어의 도움으로 팬들과 친밀감은 증대되었지만 대중들의 연예인에 대한 인식도 신중하게 관리되어야 한다는 내용이다. 따라서 '그들은 매일 아슬아슬한 줄타기를 한다'라는 문장이 의미하는 바는 ① '연예인들이 대중적인 이미지를 관리하는 것은 어려운 일이다.'가 가장 적절하다.

오답풀이　② 연예인들이 모든 사람들의 기대에 부응하는 것은 거의 불가능하다.
③ 연예인들은 그들의 사생활을 희생시켜 공공의 이익을 증진시켜야 한다.
④ 유명인들이 온라인에서 보여 주는 이미지는 그들의 실제 모습과 크게 다르다.
⑤ 연예인들에게는 자기 발표와 인상 관리가 가장 중요하다.

구문분석　[5행] However, [**because** celebrities need to carefully manage public perception], **it** is increasingly difficult [**to tell** {what is real} and {what is just for show}].
첫 번째 [ ]는 이유를 나타내는 접속사 because로 시작하는 부사절이며, 두 번째 [ ]는 가주어 it에 대한 진주어 to부정사구를 나타낸다. 두 개의 { }는 동사 tell의 목적절로 what 간접의문문 두 개가 and로 병렬되고 있다.

[10행] This makes **it** difficult for stars **to remain** authentic
　　　　 S　 V　　　 O.C.
[**while** (they are) also **responding** to fans' ever-increasing demand for behind-the-scenes access to their favorite celebrities' personal lives].
「make+it+O.C.」의 구조로 목적어 it가 가목적어, 뒤에 나오는 to부정사구가 진목적어 역할을 하는 구문이다. [ ]는 주어와 동사가 생략된 분사구문으로서 의미의 명확성을 위해 접속사 while이 생략되지 않았다.

5 ②

해석　우리가 산에 있는 캠프장에서 보낸 시간은 거의 마법과 같았다. 어느 날 저녁, 신선한 생선과 콩으로 맛있는 저녁 식사를 한 다음, 엄마와 아빠는 일몰을 보기 위해 나를 강으로 데려가셨다. 우리는 새들이 감미로운 노래를 부르는 것을 들으며, 손을 잡고 숲속을 거닐었다. 날은 따뜻했지만, 시원한 산들바람이 나무들 사이로 부드럽게 불었다. 우리가 강에 도착했을 때, 강물은 지는 해가 만들어 내는 온갖 빛깔로 반짝거렸다. 우리는 하늘의 푸른색이 검은색으로 어두워지는 것을 쳐다보면서 한 마디도 하지 않고 거기에 서 있었다. 나는 부모님 두 분을 모두 껴안았고 우리 셋은 야외 모닥불에 마시멜로를 구울 계획에 대해 이야기하면서 캠프장으로 돌아왔다.

문제풀이　캠프에서 부모님과 함께 산책하며 아름다운 풍경을 감상했다는 내용이므로, ② '행복하고 편안한' 심경일 것이다.

구문분석　[7행] I hugged both of my parents, and then we walked back to the camp, [*all three of us* **chatting** about our plans to roast marshmallows over an open fire].
[ ]는 〈동시동작〉을 나타내는 분사구문으로 주절의 주어(I)와 분사구문의 주어(all three of us)가 달라 분사구문의 주어를 생략하지 않고 분사 앞에 남겨둔 형태이다.

6 ④

해석　뛰어난 방향 감각을 가진 몇몇 동물들이 있다는 것이 과학적인 실험을 통해 증명되어 왔다. 태평양 북부 지역에서 발견되는 큰 바닷새인 라이산 알바트로스가 이것의 아주 좋은 예이다. 1957년, 열여덟 마리의 라이산이 태평양 한가운데의 작은 땅인 미드웨이 섬에 있는 그들의 고향에서 포획되었다. 그 새들은 비행기로 일본, 필리핀, 그리고 하와이를 포함한 먼 곳으로 옮겨졌고, 그곳에서 날려 보내졌다. 알바트로스가 그것의 거대한 날개로 먼 거리를 비행할 수 있다고는 알려져 있었지만, 이 새들이 다시 고향으로 돌아갈 수 있을 거라고는 아무도 상상하지 못했다. 하지만 오래지 않아, 열여덟 마리 중 열네 마리의 라이산 알바트로스가 미드웨이 섬의 고향으로 돌아가는 길을 찾아냈다.

문제풀이　라이산 알바트로스가 고향에서 상당히 멀리 떨어진 곳에서도 고향을 잘 찾아왔으므로, 빈칸에는 ④ '뛰어난 방향 감각을 가지다'가 가장 적절하다.

오답풀이　① 대규모 집단으로 이동하는 것을 선호하다
② 어떠한 형태의 환경에도 적응할 수 있다
③ 번식을 위해 태어난 곳으로 돌아가다
⑤ 이동 중에 힘의 대부분을 써버리다

구문분석　[3행] In 1957, 18 Laysans were taken from their home on Midway Island, [a tiny piece of land in the middle of the Pacific Ocean].
Midway Island와 [ ]는 동격이다.

[5행] The birds were transported by plane to faraway places, including Japan, the Philippines, and Hawaii, [**where** they were set free].
[ ]는 faraway places를 수식하는 계속적 용법의 관계부사절이다.

7 ④

해석 한겨울이었고, 한 남자가 황야에서 걷고 있었다. 그가 지나가는 길은 얼어붙은 연못 위로 나 있었는데, 그가 거의 다 건너갔을 때, 얇은 얼음이 갑자기 깨졌다. 그는 몹시 차가운 물속으로 빠졌다. 온 힘을 다해, 그는 간신히 땅 위로 다시 올라왔다. 그의 마음이 다급해졌다. 그는 몸을 말리고 따뜻하게 하기 위해 불을 피워야 했다. 실수할 시간이 없었다. 그는 약간의 죽은 나뭇가지들을 발견하고는 성냥을 찾기 위해 그의 가방 속으로 손을 뻗었지만, 손가락이 감각을 잃어 성냥을 찾을 수 없었다. 그는 가방의 내용물을 바닥에 쏟았다. 장갑을 황급히 벗고 나서, 그는 성냥갑을 집어 들어 성냥 하나에 불을 붙이려고 필사적으로 노력했다. 그는 계속해서 시도했지만, 성냥에 불이 붙지 않았다.

문제풀이 추운 겨울에 물에 빠져 온몸이 젖은 주인공이 몸을 말리기 위해 불을 붙이려는데 계속 실패하는 상황이므로, 주인공은 ④ '좌절한' 심경이었을 것이다.

구문분석 [3행] [**Using** all his strength], he managed to pull himself back onto the land.
[ ]는 〈부대상황〉을 나타내는 분사구문이다.

[7행] [**Tearing** off his gloves], he picked up the matchbox and tried desperately to light *one*.
[ ]는 〈연속동작〉을 나타내는 분사구문이다. one은 a match를 가리키는 지시대명사이다.

8 ③

해석 움직임의 양상은 두 번째 물체와 관련해서 한 물체의 공간 내 끊임없는 이동으로 정의될 수 있다. 만일 기준점이 될 두 번째 물체가 없다면 움직임은 식별되지 않을 것이다. 예를 들어, 만일 여러분이 움직이는 차 안에 있다면, 풍경 속의 지나치는 물체들이 기준점으로 작용하여 여러분에게 움직임의 느낌을 준다. 마찬가지로, 비행기 안에서 지구 표면이 기준점으로 작용할 수 있다. 물론, 기준점이 더 가까울수록, 움직인다는 느낌은 더 강하다. 이러한 이유로, 시속 수천 마일로 지구를 돌고 있는 우주 비행사들은 움직임의 느낌을 거의 받지 못하는데, 왜냐하면 그들의 기준점인 지구가 매우 멀리 떨어져 있기 때문이다.

문제풀이 빈칸이 있는 문장의 바로 앞 문장에서 '기준점이 가까울수록 움직임의 느낌이 더 강해진다'고 했으므로, 우주 비행사들이 움직임의 느낌을 거의 못 받는 것은 기준점인 지구가 ③ '매우 멀리 떨어져' 있기 때문임을 유추할 수 있다.

오답풀이 ① 스스로 움직이지 않는
② 모양이 둥근
④ 계속 움직이는
⑤ 반대 방향으로 움직이는

구문분석 [3행] …, the objects in the landscape [that move
                  S
past] serve **as** reference points, {*giving* you the sensation of
     V
motion}.
[ ]는 the objects를 수식하는 주격 관계대명사절이다. 전치사 as는 '~로서'의 의미이다. { }는 〈부대상황〉을 나타내는 분사구문이다.

[6행] …, **the closer** the reference point (is), **the stronger** the sense of motion (is).
「the+비교급 ~, the+비교급 …」은 '~할수록, 더욱 …하다'의 의미이다. 이 문장에서 point와 motion 뒤에 is가 각각 생략되었다.

[7행] …, astronauts [orbiting the earth at thousands of miles
         S
per hour] can barely perceive a feeling of motion, **as** their
              V
reference point, the earth, is extremely far away.
[ ]는 astronauts를 수식하는 현재분사구이며 as는 이유를 나타내는 접속사로 쓰였다. their reference point와 the earth는 동격이다.

01 내용 일치·불일치

기출 깨뜨리기 p.60

해석 이탈리아의 Fermignano에서 태어난 Donato Bramante 는 그의 인생에서 일찍 그림을 그리기 시작했다. 그의 아버지는 그에게 그림을 공부하도록 격려했다. 나중에, 그는 Urbino에서 Piero della Francesca의 조수로 일했다. 1480년경, 그는 Milan에서 몇 개의 교회들을 새로운 양식으로 건축했다. 그는 Leonardo da Vinci와 친밀한 관계를 맺었으며, 그들은 그 도시에서 함께 작업했다. 건축이 그의 주요한 관심사가 되었지만, 그는 그림을 포기하지 않았다. Bramante는 1499년에 Rome으로 이주해서 교황 Julius 2세의 Rome 재개발 계획에 참여했다. 그는 Rome의 성 베드로 대성당의 새로운 바실리카를 구상했는데, 그것은 인류 역사상 가장 야심 찬 건축 프로젝트 중 하나였다. Bramante는 1514년 4월 11일에 사망했으며 Rome에 묻혔다. 그의 건축물들은 여러 세기 동안 다른 건축가들에게 영향을 끼쳤다.

구문분석 [1행] Donato Bramante, [born in Fermignano, Italy],
S
began to paint early in his life.
V   O
[ ]는 주어 Donato Bramante를 수식하도록 삽입된 형식의 과거분사구이며, 문장의 동사는 began이다.

어휘 encourage 격려하다   assistant 조수   around 쯤, 대략   architecture 건축   participate in ~에 참여하다   pope 교황   renewal 재개발   basilica 바실리카(끝 부분이 둥글며, 내부에 기둥이 두 줄로 서 있는 큰 교회나 회관)   ambitious 야심 찬   bury 묻다, 매장하다   influence 영향을 끼치다   architect 건축가

이렇게도 나왔다⁺ p.61

정답 ⑤

해석
Wing Cheese 공장 견학
주목해 주세요, 모든 치즈 애호가 여러분! Wing Cheese 공장에 오셔서 우리의 유서 깊은 치즈 제조 과정을 경험하세요. 구경하고, 맛보고, 만들어 보세요!
참가
• 어른: 30달러, 어린이: 10달러(3세 이하: 무료)
• 참가 요금에는 치즈 시식과 만들기가 포함됩니다.
• 6월 30일까지 www.cheesewcf.com에서 견학을 신청하세요.
견학 일정
• 오전 10시: 공장의 역사에 대한 비디오 시청
• 오전 10시 30분: 공장 견학과 치즈 맛보기
• 오전 11시 30분: 치즈 만들기
참고 사항
• 참가자는 치즈 모양의 열쇠고리를 15달러에 구입할 수 있습니다.

• 공장 안에서 사진 촬영은 허용되지 않습니다.
• 토요일, 일요일, 그리고 공휴일에는 문을 닫습니다.

문제풀이 마지막 Note(참고 사항)의 두 번째 내용에서 공장 안에서는 어떤 사진 촬영도 허용되지 않는다고 했으므로, ⑤는 안내문의 내용과 일치하지 않는다.

어휘 historic 유서 깊은   sign up for ~을 신청하다   participant 참여자   key chain 열쇠고리   photography 사진 촬영(술)

적용독해 p.62

1 ④   2 ④   3 ③   4 ④   5 ③   6 ②

1 ④

해석 미국 작가 Kurt Vonnegut는 50년 이상에 걸친 경력 기간 동안 열 네 편의 소설, 세 편의 단편 소설 모음집, 다섯 편의 희곡, 그리고 다섯 편의 논픽션을 출판했다. 거침없이 말하는 사회 평론가인 그는 미국에 항상 존재한 것처럼 보인 '적자생존'의 사고방식 같은 그 시대의 주류 정치 이념을 거부했고, 이러한 태도는 그의 작품에 영향을 주었다. Vonnegut는 그가 가장 좋아하는 작가가 George Orwell이라고 말했고 "나는 가난한 사람들에 대한 그의 관심을 좋아하고, 그의 사회주의를 좋아하며, 그의 소박함을 좋아한다."라고 언급했다. Vonnegut는 뉴욕 시에 있는 그의 집에서 넘어졌을 때 입은 뇌 손상의 결과로 2007년 4월 11일에 사망했다. 그가 사망한 후에, 그의 아들 Mark는 그가 이전에 출간하지 않은 단편 소설과 수필 중 몇 편을 엮어 〈Armageddon in Retrospect〉라는 제목을 붙인 책 한 권으로 만들었는데, 그것은 2008년에 발간되었다.

문제풀이 뉴욕 집에서 넘어져 발생한 뇌 손상으로 사망했다고 했으므로 ④는 글의 내용과 일치한다.

구문분석 [4행] ..., such as the "survival of the fittest" mentality [which seemed ever-present in America], ...
[ ]는 the "survival of the fittest" mentality를 수식하는 주격 관계대명사절이다.

[8행] **Following** his death, his son Mark compiled several of his previously unpublished short stories and essays into a book [entitled *Armageddon in Retrospect*], {which was released in 2008}.
Following은 전치사로 '~ 후에'의 의미이다. [ ]는 a book을 수식하는 과거분사구이다. { }는 Armageddon in Retrospect에 대한 부연 설명을 하는 계속적 용법의 주격 관계대명사절이다.

2 ④

해석 곰과 동족인 라쿤은 자기보다 덩치가 더 큰 사촌과 아주 흡사해 보인다. 비록 앞발이 원숭이의 앞발과 더 유사해 보이는 다른 모

양을 하고 있지만 그것은 (곰과) 동일한 방식으로 뒤꿈치를 땅에 대고 걷는다. 라쿤의 가장 두드러진 특징은 아마도 눈을 둘러싸고 있는 검은 털로 된 반점일 것이다. 곰과의 또 다른 닮은 점으로, 라쿤은 산딸기와 견과류, 새, 곤충, 개구리, 달팽이, 가재 등을 포함하여 먹는 잡식성을 갖고 있다. 라쿤은 음식을 먹기 전에 그것을 물에 씻는 것을 좋아한다. 그것들이 가장 좋아하는 간식거리 중 다수가 시내나 강, 호수 근처에서 발견될 수 있기 때문에, 라쿤은 그러한 지역에서 인근에 있는 속이 빈 나무에 굴을 만들며 사는 것을 좋아한다.

문제풀이 먹이를 물에 헹군다는 내용만 있으므로 ④는 글의 내용과 일치하지 않는다.

구문분석 [1행] It walks in the same way, [**with** its heels **on the ground**], although its front paws have a different shape, looking more like *those* of a monkey.
[ ]는 「with+O+분사」 구문에서 분사 대신 부사구가 쓰인 경우로 분사구문처럼 '~가 …된[하는] 채로'라고 해석한다. 지시대명사 those는 앞의 front paws를 가리킨다.

[6행] **Since** many of …, raccoons like to live in those places, [*making* dens in nearby hollow trees].
Since는 〈이유〉를 나타내는 접속사이다. [ ]는 〈부대상황〉을 나타내는 분사구문이다.

3 ③

해석
학생 디자인 경연대회
Jamestown College는 우리의 새로운 도서관을 위한 최고의 디자인을 찾고 있습니다. 저희는 건축 상담가에게 제출할 세 개의 수상 디자인을 선정할 것입니다.
- **제출 기한**
  • 어디: 대학 행정 사무실
  • 언제: 3월 15일 오후 5시까지
- **형식**
  • 종이 복사본만 받을 예정입니다. 컴퓨터 파일은 안 받습니다.
  • 출품작은 반드시 우리 미래의 도서관의 상세한 배치 계획을 포함해야 합니다.
- **상품**
  • 대상 수상자 (1): 장학금 5,000달러
  • 입상자 (2): 새 태블릿 컴퓨터
대회에 대해 궁금한 점이 있다면, 331-2219 또는 jan@jtc.edu로 저희에게 연락해 주세요. Jamestown College 재학생만 참가할 수 있다는 점을 유의하세요.

문제풀이 컴퓨터 파일이 아닌 종이 복사본만 받는다고 했으므로 ③은 안내문의 내용과 일치하지 않는다.

4 ④

해석 '고딕'이라는 말은 흔히 어둡고 신비스러운 것을 일컫는 데 사용된다. 1765년부터 1840년까지, 고딕 소설은 유럽의 대부분에서 선택되는 읽을거리였다. 이 초기 공포 소설들은 Horace Walpole, Ann Radcliffe, 그리고 Monk Lewis와 같은 사람들에 의해 쓰여졌고, 수천 명에게 팔렸으며 여러 언어들로 번역되었다. 독자들은 유령과 영혼들이 배회하며 신비로운 사건들이 당연한 일인 불가사의한 세계에 대한 그들의 묘사를 즐겼다. 상류층이 이러한 소설들의 가장 열렬한 소비자에 속했지만, 출판업자들은 반드시 모든 사람들이, 심지어 사회의 최빈곤층조차도 고딕 소설을 읽을 수 있도록 그것의 가격을 책정했다. 1페니의 비용이면, 누구나 공포의 고딕 세계에 들어갈 수 있었고, 그렇게 하기 위해 엄청난 수의 동전들이 지불되었다.

문제풀이 상류층이 가장 열렬한 소비층 중 하나라고 했으므로 ④는 글의 내용과 일치하지 않는다.

구문분석 [5행] Readers enjoyed their depictions of <u>mystical worlds</u> [where ghosts and spirits roamed …].
[ ]는 mystical worlds를 선행사로 하는 관계부사절이다.

[7행] …, but publishers made sure [to price them **so** (that) everyone, even society's poorest members, **could** read them].
[ ]는 made sure의 목적어로 쓰인 명사적 용법의 to부정사구이다. 「so (that)+S+can[could]」은 '~가 …할 수 있도록'의 의미이다.

[9행] …, and an <u>astonishing number of pennies</u> <u>were paid</u> … .
                                       S   V
「a number of+복수명사」가 주어로 올 때, 주어는 복수 취급하므로 복수 동사 were paid가 왔다.

5 ③

해석 중앙아메리카에 위치한 온두라스라는 국가는 산으로 덮여 있다. 인접한 엘살바도르보다 다섯 배나 더 크지만, 온두라스가 인구는 더 적다. 많은 다른 중앙아메리카의 국가들과 달리, 온두라스는 정치적인 폭력 사태로 고통을 받지 않았다. 하지만, 니카라과의 반란군들이 자기 나라의 정부에 맞서 싸우다가 종종 국경을 넘어왔다. 그들은 1980년대에 온두라스의 북동부 변두리를 그들 군대의 기지로 사용했다. 온두라스 정부에 대해서 말하자면, 그것은 20세기 전반기에 대체로 United Fruit Company와 같은 외국 회사들에 의해 지배를 받았다. 1954년에 노동자들이 파업을 일으켰는데, 이것이 United Fruit Company의 정치적 영향력을 감소시켰다. 비록 외국 회사들이 여전히 약간의 영향력을 가지고 있기는 하지만, 요즘에는 상황이 나아져, 온두라스는 온두라스인들에 의해 통치된다.

문제풀이 니카라과의 반란군들이 국경을 넘어와 북동부의 변두리를 군대 기지로 사용했다고 했으므로, ③은 글의 내용과 일치한다.

구문분석 [1행] [Although (being) **five times larger than** neighboring El Salvador], Honduras has a smaller population.
[ ]는 의미를 명확히 하기 위해 접속사를 남겨둔 분사구문으로, Although 다음에 being이 생략되었다. 「배수사+비교급+than」은 '~보다 몇 배 더 …한[하게]'란 의미이다.

[4행] However, rebels from Nicaragua often crossed the border **while** (they were) fighting against their country's government.
while 다음에는 they were가 생략되었는데, 부사절의 주어가 주절의 주어와 동일할 때는 「주어+be동사」가 종종 생략된다.

6 ②

해석
Hidden Springs Spa

당신의 신체와 마음의 충분한 휴식을 경험하기 위해 Hidden Springs Spa로 오세요.

개장 시간
– 매일 오전 8시 — 오후 10시
– 목욕은 오후 9시 45분 폐장

가격

	주중	주말 및 공휴일
목욕	30달러	40달러
마사지	90달러	110달러
피부 치유 (얼굴)	20달러	30달러
피부 치유 (전신)	50달러	60달러

– 목욕은 모든 서비스에 대한 10% 할인을 포함합니다.
– 저희 라운지와 휴식 공간 이용은 모든 고객에게 무료입니다.
– 바에서 나오는 음식과 음료 그리고 부가 서비스는 별도로 청구됩니다.

방문 전
예약하신 경우에만 저희는 서비스 이용을 보장할 수 있습니다. 방문 예약을 위해 587-555-0900으로 전화를 하시거나 hiddenspringsspa.com을 방문해주세요.

문제풀이 평일 마사지 이용 금액이 90달러이고 주말 마사지 이용 금액이 110달러이므로 주말 마사지 이용 고객은 평일 대비 20달러를 더 지불해야 한다.

02 도표

기출 깨뜨리기 p.66

해석 위의 그래프는 2020년 조사를 근거로 연령대별로 미국인이 선호하는 거주지 유형의 비율을 보여 준다. 각기 세 연령대에서 읍내/시골 지역이 가장 선호되는 거주지 유형이었다. 18~34세 그룹에서는 대도시/소도시를 선호하는 비율이 대도시/소도시 근교를 선호하는 비율보다 더 높았다. 35~54세 연령층에서는 대도시/소도시 근교를 선호하는 비율이 대도시/소도시를 선호하는 비율을 앞질렀다. (55세 이상 연령층에서는 세 가지 선호하는 거주지 유형 중에서 대도시/소도시를 선택한 비율이 가장 낮았다.) 세 가지 선호하는 거주지 유형의 각각의 비율은 세 연령대에 걸쳐 20%보다 더 높았다.

구문분석 [1행] The above graph shows the percentages of Americans' preferred type of place [to live by age group], [based on a 2020 survey].

첫 번째 [ ]는 to부정사의 형용사적 용법으로 명사 place를 수식하고

있다. 두 번째 [ ]는 앞의 주어 The above graph를 의미상 주어로 하는 과거분사구이다.

[3행] In the 18-34 year-olds group, the percentage of those [who preferred Big/Small City] was higher than **that** of those [who preferred Suburb of Big/Small City].

첫 번째, 두 번째 [ ] 모두 those를 선행사로 하는 주격 관계대명사절이다. 주어는 the percentage이고 동사는 was이다. that은 앞에 있는 the percentage를 받는 대명사이다.

어휘 preferred 선호하는 survey 조사하다; (설문) 조사 suburb 근교, 교외 town 읍내 rural 시골의 due to ~ 때문에 round 반올림하다 exceed 넘어서다

이렇게도 나왔다⁺ p.67

정답 ③

해석 위 그래프는 2020년 OECD에서의 부문별 원유 수요에 따른 분포도를 나타낸다. 48.6%를 차지하는 도로 교통 부문은 OECD 회원국들에서 가장 큰 원유 수요 부문이었다. 석유 화학 부문의 원유 수요 비율은 도로 교통 부문의 원유 수요 비율의 삼분의 일이었다. (기타 산업 부문과 석유화학 부문 사이의 원유 수요 차이는 항공 부문과 전기 생성 부문 사이의 원유 수요 차이보다 작았다.) 주거, 상업, 그리고 농업 부문의 원유 수요는 OECD의 총 원유 수요의 9.8%를 차지했는데, 이는 전체 부문 중 네 번째로 컸다. 해상 벙커 부문의 원유 수요 비율은 철도와 국내 수로 부문의 원유 수요 비율의 두 배였다.

문제풀이 기타 산업 부문과 석유화학 부문 사이의 원유 수요 차이가 3.6%p이고, 항공 부문과 전기 생성 부문 사이의 원유 수요 차이가 1.4%로 전자가 후자보다 더 크므로, ③은 도표의 내용과 일치하지 않는다.

구문분석 [2행] The Road transportation sector, [**which** took up 48.6%], was the greatest oil demanding sector in the OECD member states.

[ ]는 주어 The Road transportation sector를 선행사로 하는 계속적 용법의 관계대명사절이 주어 뒤에 삽입된 형태이다. 이 문장의 동사는 관계사절 뒤에 있는 was가 된다.

어휘 distribution 분포(도) demand 수요 electricity 전기 marine 해양의 domestic 국내의, 내수의 waterway 수로 aviation 항공, 비행 residental 거주의 agricultural 농업의 transportation 교통, 운송 petrochemical 석유 화학의

적용독해 p.68

1 ③ 2 ③ 3 ④ 4 ④

1 ③

해석 위의 도표는 과당, 자당, 그리고 꿀 섭취에 의한 입안의 산도 수치의 변화, 그리고 충치에 대한 그 영향력을 비교하는데, 충치는 일반적으로 입안의 pH 농도가 5.5 미만으로 떨어질 때 발생한다. 자당은 pH 농도를 가장 빠르게 감소시켜 가장 긴 시간 동안 5.5 미만으로 유지되게 한다. 자당 섭취는 pH 농도를 5분 후에 3.5로 떨어뜨리고, 그것은 25분 이상 동안 5.5 미만으로 유지된다. (과당의 경우, pH 농도는 5분 후에 4.5로 떨어지고, 30분 동안 충치를 일으킬 수 있는 정도로 유지된다.) pH 농도를 5분 후에 약 4.7로 떨어지게 하는 꿀은 충치를 일으킬 가능성이 가장 낮은 것처럼 보인다. 그것을 섭취한 후 15분 내에, 입안의 pH 농도는 5.5 이상으로 다시 증가한다.

문제풀이 과당은 섭취 후 pH 농도를 5분 후 4.5로 떨어뜨리는 것은 맞지만, 대략 3분부터 20분까지 충치를 일으킬 수 있는 정도로 유지하므로 ③은 도표의 내용과 일치하지 않는다.

구문분석 [1행] The graph above compares <u>changes in the mouth's acidity level</u> [caused by the consumption of fruit sugar, cane sugar, and honey], as well as their effects on <u>tooth decay</u>, {which typically occurs when the pH level in the mouth drops below 5.5}.
[ ]는 changes in the mouth's acidity level을 수식하는 과거분사구이다. { }는 tooth decay에 대해 부연 설명하는 계속적 용법의 주격 관계대명사절이다.

[3행] Cane sugar decreases the pH level the most quickly and causes it to remain under 5.5 for the longest period.
　　　　　　　　　　　　　　　　V　O　O.C.
「cause+O+to-v」는 '~가 …하게 하다'의 의미이다.

2 ③

해석 위 그래프는 2015년부터 2018년까지 매일 스포츠나 운동 활동에 참여했던 미국인 남녀의 연평균 비율을 나타낸다. 대체적으로, 2016년에 미국인의 가장 높은 비율이 스포츠나 운동에 참여했지만, 이 수는 그다음 해에 2퍼센트포인트 가까이 떨어졌다. 스포츠나 운동에 참여하는 남성의 비율은 그래프에서 매년 20퍼센트보다 높았지만, 여성의 비율은 20퍼센트에 도달한 적이 없다. (스포츠나 운동에 참여한 여성의 가장 높은 비율은 2016년에 나타났으나, 여전히 남성의 가장 낮은 비율보다 2퍼센트포인트 낮았다.) 그래프에서 첫 번째 해부터 마지막 해까지, 전체적인 비율은 1.3퍼센트포인트 떨어졌다. 도표에서 마지막 해의 남성과 여성의 격차는 4퍼센트포인트 보다 약간 적었다.

문제풀이 스포츠나 운동에 참여한 여성의 가장 높은 비율은 2016년에 나타난 것이 맞지만, 남성의 가장 낮은 비율은 20.2퍼센트로 여성의 가장 높은 비율인 19.2퍼센트보다 1퍼센트포인트 높으므로, ③은 도표의 내용과 일치하지 않는다.

구문분석 [1행] The above graph shows the annual average percentage of <u>American men and women</u> [who engaged in sports or exercise activities each day from 2015 to 2018].
[ ]는 American men and women을 수식하는 주격 관계대명사절이다.

[4행] The percentage of <u>men</u> [engaging in sports or exercise] topped 20% for every year on the graph, while the percentage of women (engaging in sports or exercise) never reached 20%.
[ ]는 men을 수식하는 현재분사구이다. women 다음에 반복되는 어구 engaging in sports or exercise가 생략되었다.

3 ④

해석 위의 도표는 금융 위기 동안 18세에서 30세 사이의 도시 거주자들의 고용 상태를 남성과 여성의 비율을 별도로 해서 보여준다. 도표에 따르면, 전업과 자영업 범주 모두에서 여성이 남성보다 더 적다. 하지만, 이 차이는 전업으로 일하는 사람들보다 자영업을 하는 사람들에게서 훨씬 더 크다. 그러나 시간제의 범주에서는 반대로, 여성 근로자들이 근소한 차이로 남성들을 앞지른다. (남녀 모두에게 있어서 가장 큰 비율을 차지하는 것은 실업 상태로, 남성의 약 절반과 여성의 1/3이 이 범주에 속한다.) 마지막으로, '기타' 범주로 분류된 남성과 여성의 비율은 거의 동일했다.

문제풀이 여성의 절반과 남성의 약 1/3이 실업 상태에 있으므로, ④는 도표의 내용과 일치하지 않는다.

구문분석 [4행] However, this difference is **much** greater for self-employed residents than for *those* [who work full-time].
much, still, far, a lot, even 등은 비교급을 강조하는 부사이다. those는 앞에 나온 residents를 가리키는 지시대명사이며, [ ]는 those를 수식하는 주격 관계대명사절로, 「those who ~」는 '~하는 사람들'의 의미이다.

[5행] But the opposite is true in the <u>part-time category</u>, [where female workers outnumber the males by a small margin].
[ ]는 앞에 나온 the part-time category를 선행사로 하는 계속적 용법의 관계부사절이다.

4 ④

해석 인종과 민족성에 따른 청년 실업률을 보여주는 위의 도표는 실업률이 2010년 이후로 모든 그룹에서 감소했지만, 인종과 민족 간의 청년 고용 격차가 여전히 있다는 것을 드러낸다. 2005년 이후, 백인과 아시아 청년 실업률은 다른 그룹의 실업률보다 일관되게 더 낮았다. 대부분의 해에서, 아시아 청년은 모든 청년 그룹에서 가장 낮은 실업률에 직면했다. 라틴계 청년 실업률은 2005년 이후로 청년 평균을 바짝 따라잡았다. (2015년에, 흑인 실업률과 전체 청년 실업률 사이의 격차는 9.7퍼센트포인트 감소했다.) 이것은 흑인 청년 실업률의 감소 때문이었다. 2015년의 19.2퍼센트는 2007년 이후의 해 중 가장 낮은 흑인 청년 평균 실업률이었다.

문제풀이 2015년에, 흑인 실업률은 19.2퍼센트이고 평균 청년 실업률은 10.0퍼센트로 9.2퍼센트포인트 격차가 나므로 ④는 도표의 내용과 일치하지 않는다.

구문분석 [1행] <u>The above graph</u>, [which shows youth
　　　　　　　　S
unemployment by race and ethnicity], <u>reveals</u> {that [while
　　　　　　　　　　　　　　　　　　　　　V

unemployment **has dropped** in all groups **since** 2010],
racial and ethnic youth employment gaps remain}.
첫 번째 [ ]는 The above graph를 부연 설명하는 계속적 용법의 주
격 관계대명사절로 주어와 동사 사이에 삽입되었다. { }는 reveals의
목적어인 명사절이며 두 번째 [ ]는 명사절에 삽입된 부사절이다. has
dropped는 since와 함께 쓰여 〈계속〉을 나타내는 현재완료시제이다.

nitrogenous material 질소성 물질　extensive 광범위한　weed
control 잡초 방제　sensible 합리적인　crop rotation 돌려짓
기, 윤작　specific 특정한　combination 조합　livestock 가축
enterprise 사업 경영　sustainability 지속 가능성

03 어휘 파악

기출 깨뜨리기　　　　　　　　　　　　p.72

해석 천연 제품들만이 투입물로 사용되는 방식으로 정의되는 '유기
농' 방식은 생물권에 해를 덜 끼친다고 시사되어 왔다. 그러나 '유기
농' 경작 방식의 대규모 채택은 많은 주요 작물의 산출량을 감소시키
고 생산비를 증가시킨다. 무기질 질소 공급은 많은 비(非)콩과 작물
종의 생산성을 중상 수준으로 유지하는 데 필수적인데, 그것은 질소
성 물질의 유기적 공급이 무기 질소 비료보다 자주 제한적이거나 더
비싸기 때문이다. 게다가, '친환경적인 거름' 작물로 거름이나 콩과
식물의 광범위한 사용에는 이점(→ 제약)이 있다. 많은 경우, 화학 물
질이 사용될 수 없으면 잡초 방제가 매우 어렵거나 많은 손일이 필요
할 수 있는데, 사회가 부유해짐에 따라 이 작업을 기꺼이 하려는 사
람이 더 적을 것이다. 그러나 돌려짓기의 합리적인 사용과 경작과 가
축 경영의 특정한 조합과 같은 '유기농' 경작에서 사용되는 몇몇 방식
들은 농촌 생태계의 지속 가능성에 중요한 기여를 할 수 있다.

구문분석 [1행] **It** has been suggested [**that** "organic" methods,
{defined as those ⟨in which only natural products can be
used as inputs⟩}, would be less damaging to the biosphere].
[ ]는 가주어 It에 대한 진주어 that절이다. { }는 주어 "organic"
methods를 수식하는 과거분사구이며, ⟨ ⟩는 methods를 대신 받는
those를 수식하는 「전치사 + 관계대명사」절이다. that 절 속에서 주어
는 "organic" methods이고 동사는 would be가 된다.

[11행] Some methods [used in "organic" farming, however,
{**such as** the sensible use of crop rotations and specific
combinations of cropping and livestock enterprises}], can
make important contributions to the sustainability of rural
ecosystems.
[ ]는 주어 Some methods를 수식하는 과거분사구이며, { }는 such
as를 이용하여 "organic" farming에 대한 사례를 들고 있다. 이 문장
의 주어는 Some methods이며 동사는 can make이다.

어휘 organic 유기농의, 화학 비료를 쓰지 않는　define 정의하다
input 투입물　biosphere 생물권　adoption 채택　yield 산출
량, 수확물　crop 작물; 경작하다　inorganic 무기질의　nitrogen
질소　moderate 중간의　non-leguminous 비(非)콩과의

이렇게도 나왔다⁺　　　　　　　　　　　p.73

정답 ④

해석 최근 몇 년 동안 세계의 도시 교통 전문가들은 도시의 자동차
수요에 부응하기보다는 관리해야 한다는 견해를 대체로 따랐다. 소
득 증가는 필연적으로 자동차 보급의 증가로 이어진다. 기후 변화로
인한 불가피성이 없다 하더라도, 인구 밀도가 높은 도시의 물리적 제
약과 그에 상응하는 접근성, 이동성, 안전, 대기 오염, 그리고 도시
거주 적합성에 대한 요구 모두가 이러한 증가하는 수요에 부응하기
위해 단지 도로망을 확장하는 선택권을 제한한다. 결과적으로, 도시
가 발전하고 도시의 거주자들이 더 부유해짐에 따라, 사람들이 자동
차를 사용하지 '않기로' 결정하도록 설득하는 것이 점점 더 도시 관
리자와 계획 설계자들의 핵심 중점 사항이 된다. 걷기, 자전거 타기,
대중교통과 같은 대안적인 선택 사항의 질을 향상하는 것이 이 전략
의 핵심 요소이다. 하지만 자동차 수요에 부응하는(→ 를 관리하는)
가장 직접적인 접근 방법은 자동차 여행을 더 비싸게 만들거나 행정
규정으로 그것을 제한하는 것이다. 자동차 여행이 기후 변화의 원인
을 제공하는 것이 이런 불가피성을 강화한다.

문제풀이 걷기, 자전거 타기, 대중교통과 같은 자동차의 대안들을 사용
하게 하여 자동차 수요를 줄이도록 하는 것이 필요하다는 내용 다음에
자동차 수요를 관리한다는 것이 되어야 하므로, ④ accommodating
은 managing 등으로 고쳐야 한다.

구문분석 [1행] In recent years urban transport professionals
globally have largely acquiesced to the view [**that** automobile
demand in cities needs to be managed rather than
accommodated].
이 문장의 주어는 urban transport professionals이고 동사는 현재
완료 시제의 have acquiesced이다. [ ]는 the view와 동격절로 명사
절의 접속사 that이 이끌고 있다.

[7행] As a result, [**as** cities develop and their residents become
more prosperous], [**persuading** people **to choose** not to use
cars] becomes an increasingly key focus of city managers
and planners.
첫 번째 [ ]는 '~함에 따라'라는 의미의 접속사 as가 이끄는 부사절이다.
두 번째 [ ]는 동명사구로 이 문장의 주어 부분이며, 주어가 동명사구
이므로 동사는 단수 동사 becomes가 된다. 주어로 쓰인 동명사구는
「persuade+O+to-v」의 구조이다.

어휘 recent 최근의　urban 도시의　transport 교통, 수송
professional 전문가　globally 전 세계적으로　demand 수
요　accommodate (요구 등에) 부응하다, 맞추다　income 수
입　inevitably 불가피하게　motorization 자동차 보급, 동력화
densely inhabited 인구 밀도가 높은　corresponding 상응하는

accessibility 접근성, 접근　mobility 이동성　livability 거주 적합성, 살기 좋음　option 선택권, 선택 사항　expand 확장하다　purely 단지, 다만　resident 거주자　prosperous 번영하는　alternative 대안적인, 대체의　strategy 전략　direct 직접적인　restrict 제한하다　administrative 행정의　contribution 원인 제공, 기여　reinforce 강화하다

적용독해
p.74

1 ⑤　2 ⑤　3 ⑤　4 ③　5 ③　6 ⑤

1 ⑤

해석 여러분이 인식하지 못할 수도 있지만, 지구가 자전하는 속도가 완전히 일정한 것은 아니다. 이로 인해, 이따금 아주 약간의 변화들이 있다. 우리는 모두 윤년에 익숙한데, 이때 달력은 계절과 맞춰 가기 위해 여분의 하루를 받는다. 비슷한 방식으로, 하루의 길이에 생기는 아주 작은 변화를 바로잡기 위해 때로는 '윤초'가 더해져야 한다. 예를 들어, 1998년의 마지막 1분은 보통의 60초 대신에 61초여서, 1999년의 시작을 1초 지연시켰다. 또한 여러분은 라디오 프로그램이 시간을 알리기 위해 제공하는 시보(時報)에서도 윤초를 인지할 수 있다. 정상적인 신호는 여섯 번의 연속적인 삐 소리로 구성되어 있지만, 윤초가 제거될(→ 더해질) 때마다 이것은 일곱 번으로 변한다.

문제풀이 정상적인 신호는 여섯 번의 연속적인 삐 소리가 나지만 윤초가 '더해질' 때 일곱 번으로 변하는 것이므로, ⑤ removed는 added로 고쳐야 한다.

구문분석 [6행] You might also notice leap seconds in the time signals [(which[that]) radio shows give **to mark the hour**].
[ ]는 the time signals를 수식하는 목적격 관계대명사절이다. to mark the hour는 〈목적〉을 나타내는 부사적 용법의 to부정사구이다.

2 ⑤

해석 우리 사회의 대다수 사람들에게, 아무리 낙관하여도 경제적 안정성은 불확실하다. 이는 직장 생활의 실패가 다분히 재정적인 파산을 의미할 수 있기 때문이다. 하지만, 이 나라의 최고 기업의 몇몇 중역들에게는 이러한 상황이 유효한 것 같지 않다. 최근의 많은 경우들을 보면, 기업 대표들이 책임지고 있던 사업체가 수십억 달러의 손실을 입거나 어떤 경우에는 완전히 망해버린 사실에도 불구하고, 그들은 수백만 달러의 보너스와 후한 퇴직금으로 보상받았다. 불행하게도, 그런 어떠한 보상도 이런 회사들의 직원들에게는 주어지지 않았고 그들 중 상당수가 정리 해고를 당하거나 연금 정책이 폐지되기도 했다. 상황이 매우 심각해지자 미국 국회는 전직 CEO들에게 그들의 업무 성과가 무척 성공적이었을(→ 성공적이지 못했을) 때도 왜 그들이 그렇게 많은 보너스와 퇴직금을 받았는지 증명하게 했다.

문제풀이 미국 국회가 성과가 '좋지 못했으나' 많은 보너스와 퇴직금

을 받은 전직 CEO들에게 증명을 요구했다는 내용이 되어야 하므로, ⑤ successful은 unsuccessful, poor 등으로 고쳐야 한다.

구문분석 [5행] ... **despite** the fact [that the corporations {(which [that]) they were in charge of} lost billions of dollars or, in some cases, even collapsed entirely].
despite는 '~에도 불구하고'라는 의미의 전치사로 뒤에 명사(구)가 이어진다. [ ]는 the fact와 동격인 명사절이며, { }는 that절의 주어인 the corporations를 수식하는 목적격 관계대명사절이다. that절의 동사인 lost와 collapsed는 접속사 or에 의해 병렬 연결되었다.

[8행] The situation has become **so** serious **that** the U.S. Congress has had former CEOs testify about [why they deserved such large bonuses and retirement benefits] ... .
「so ~ that ....」은 '너무 ~해서 …하다'라는 의미이다. 「have+O+O.C.」는 '~을 …하게 하다'의 의미로 사역동사 have의 목적격보어로 동사원형 testify가 쓰였다. [ ]는 about의 목적어로 쓰인 간접의문문으로 「의문사+주어+동사」의 어순이다.

3 ⑤

해석 미국의 텔레비전 방송은 그 나라의 상업 중심적인 텔레비전 모델과 잘 들어맞지 않는 축구 경기를 어떻게 중계할지 고민해 왔다. 미식축구나 야구와 달리 축구는 45분씩 두 번의 경기가 있고 구조적으로 정해진 중단 없이 계속 이어지는 경기이다. 북미 축구 리그는 텔레비전 광고를 수용하기 위해 1960년대 후반과 1970년대 동안 경기에서 인위적인 지연을 실험했지만 결과는 만족스럽지 못했다. 축구가 인기 있는 다른 나라에서는 상업 텔레비전 회사들은 하프 타임과 시합 전후에 하는 광고로 만족해야 했다. 세계화하는 텔레비전 매체가 국제축구연맹(FIFA)이 전 세계 시장을 뚫고 들어가는 것을 도와주었지만, 미식축구, 야구, 그리고 농구가 이미 잘 자리 잡고 있는 미국에서는 수용(→ 저항)에 부딪혔다. (미국 이외의) 다른 곳에서 제한성을 갖고 진행되는 스포츠에 대한 미국인들의 선호는 축구 자체가 자리 잡는 것을 어렵게 만들었다.

문제풀이 광고가 중요한 상업의 핵심인 미국의 텔레비전 모델과 축구 중계는 잘 들어맞지 않고 미식축구, 야구, 농구가 이미 잘 자리 잡고 있는 미국에서 축구를 대중화하려는 FIFA의 노력이 저항에 부딪혔을 것이므로 ⑤의 acceptance를 resistance 등으로 고쳐야 한다.

구문분석 [1행] Television networks in the United States have struggled with [**how to broadcast** soccer matches], [**which** don't fit neatly into the country's commercial-driven television model].
첫 번째 [ ]는 전치사 with의 목적어로 쓰인 「의문사+to-v」 형태의 명사적 용법의 to부정사구이다. 두 번째 [ ]는 soccer matches를 선행사로 하는 계속적 용법의 주격 관계대명사절이다.

[11행] The preference of Americans for sports [played on a limited scale elsewhere] has made **it** difficult for soccer **to** **establish** itself.
[ ]는 앞에 있는 sports를 수식하는 과거분사구이며, 이 문장의 주어는 The preference이고 술부는 「make+O+O.C.」의 5형식 구조를 갖

는다. 동사 has made의 목적어 it은 가목적어로 to establish가 진목적어이다.

4 ③

해석 세계의 문화권 중 많은 곳에서 전해져 내려오는 말에 따르면 아이의 젖니 중 하나가 빠질 때 특별한 행동이 취해져야 한다고 한다. 많은 그러한 관습들은 특별한 동물이 그 이를 가져가는 데 책임이 있다는 믿음을 수반한다. 한국인들은 까치가 빠진 젖니를 가져가 새것을 제거할(→ 가져다줄) 수 있도록 그것을 자기 집 지붕 위로 던진다. 동일한 전통이 일본과 베트남 같은 다른 아시아 국가들에서도 관찰된다. 몽골에서는, 아이의 이를 가져가야 하는 것은 바로 개이다. 몽골인들은 빠진 이를 개가 먹으면 새로운 이가 곧고 튼튼하게 자랄 것이라고 믿는다. 이런 이유로 부모들은 아이의 빠진 이를 기름진 고기 조각에 넣어서 개에게 먹인다.

문제풀이 까치가 빠진 젖니를 가져가서 아이에게 새로운 이를 '가져다줄' 것이라는 내용이 되어야 하므로, ③ remove는 bring으로 고쳐야 한다.

구문분석 [3행] Koreans throw the lost baby tooth onto the roof of their home **so that** a magpie **will** take it and ... .
「so that+S+will」은 '~가 …하기 위해(하도록)'의 의미이다.

[6행] ..., **it is** a dog **that** must take the child's tooth.
「it is ~ that …」 강조구문으로, 주어인 a dog을 강조한다.

5 ③

해석 수질 오염으로 인한 건강 위험 요소들과 환경적 손실은 오늘날 우리 문명 사회가 마주한 가장 심각한 문제들에 속한다. 그러나 최근 몇 년간, 해양 오염 수준의 감소를 야기하고 있는 많은 협정들이 맺어졌다. 예를 들어, 그런 오염의 가장 심각한 원인들 중 하나는 바다를 가로질러 그것을(=기름) 운송하는 대형선박의 기름 유출이다. 그러나 유출을 처리하기 위해 고안된 긴급 대응 체계의 개발이 심각한 기름 오염 사고들의 획기적인 증가(→ 감소)에 기여했다. 런던 폐기물 처리 협약과 같은 협정의 통과로 방사능 폐기물의 투기와 관련해서도 진척이 이루어졌다. 그리고 마지막으로, 항해 중인 배들에 의해 버려질 수 있는 일반 쓰레기의 양에 적용되는 많은 규정들이 있어 왔다.

문제풀이 해양 오염 수준의 감소를 위한 협정들을 설명하고 있는 글로, 기름 유출을 처리하기 위한 긴급 대응 체계 개발이 기름 오염 사고의 획기적인 '감소'에 기여했다는 내용이 되어야 한다. 따라서 ③ increase는 decrease, decline 등으로 고쳐야 한다.

구문분석 [2행] ..., many agreements have been reached [that are resulting in a decrease in levels of marine contamination].
[ ]는 many agreements를 수식하는 주격 관계대명사절로, 관계대명사절이 주어를 수식하고 술부가 짧은 경우 간결한 의미 전달을 위해 관계대명사절이 문장 끝에 위치할 수 있다.

[4행] For example, **one** [**of the most** serious causes of such pollution] is the leakage of oil from tankers {that are transporting *it* across the ocean}; ... .

[ ]는 주어 one을 수식하는 전치사구이며 「one of the+최상급(+복수명사)」는 '가장 ~한 … 중 하나'의 의미이다. { }는 tankers를 수식하는 주격 관계대명사절이다. it은 oil을 가리킨다.

[9행] ..., there have been many regulations [placed on the amounts of traditional waste {that can be ...}].

[ ]는 many regulations를 수식하는 과거분사구이다. { }는 traditional waste를 수식하는 주격 관계대명사절이다.

6 ⑤

해석 상표명은 개성을 만들어 내고 경쟁 업체로부터 상표를 구별시키기 위해 종종 비표준 철자를 포함한다. 이러한 현상의 한 사례가 몇몇 회사들이 이국적으로 들릴 수 있는 독특한 상표명을 선택하는 인기 있는 미국 아이스크림 업체에서 관찰될 수 있다. 그들의 관례를 따르지 않는 철자 사용에도 불구하고, 이러한 상표명은 소비자들에게 어필하고 지속적인 인상을 남기기 위해서 의도적으로 고안된다. 그러한 비전통적인 상표명을 선택하는 배경에 있는 전략은 상표에 대한 뚜렷한 정체성을 확립하는 능력에 있고, 이는 경쟁적인 시장에서 상품을 더 기억에 남고 더 잘 인식할 수 있게 만든다. 이러한 독특함은 소비자들의 관심을 사로잡고 브랜드 충성도를 촉진하면서 상표를 돋보이도록 돕는다. 수많은 제품들로 가득 찬 세상에서 독특하고 기억에 남는 상표명의 힘은 소비자들의 선호를 형성하고 상표의 장기적인 성공을 보장하는 데 중요한 역할을 한다. 소비자들이 이러한 매력적인 상표명을 접하면서, 이러한 상표들이 약속하는 독특한 상품들을 경험하도록 그들은 동기 부여되지 않는다(→ 동기 부여된다).

문제풀이 비표준 철자를 포함한 상표명은 상표에 대한 뚜렷한 정체성을 확립하여 경쟁적인 시장에서 상품을 더 기억에 남게 하고 소비자의 선호를 형성하여 상품들을 경험하도록 동기 부여가 된다고 해야 하므로, ⑤의 unmotivated를 motivated 등으로 고쳐야 한다.

구문분석 [1행] Trade names often incorporate non-standard spellings [**to create** a sense of individuality and **(to)** set the brand apart from competitors].
[ ]는 non-standard spellings를 수식하는 to부정사구 2개가 and를 중심으로 병렬되어 있으며, 두 번째 to부정사 set은 앞에 to가 생략되어 있다.

[5행] The strategy behind choosing such non-traditional names lies in their ability [to establish a distinct identity for the brand], [making the product more memorable and recognizable in a competitive market].
주어가 The strategy이므로 단수동사 lies가 쓰였다. 첫 번째 [ ]는 명사 ability를 수식하는 형용사적 용법의 to부정사구이다. 두 번째 [ ]는 The strategy를 의미상 주어로 하는 분사구이며, making 다음에는 목적어가 오고 목적격 보어로는 형용사구 more memorable and recognizable이 나오고 있다.

1 ④

해석 벌새는 독특한 비행 스타일로 유명한데, 이는 그것들이 공중에서 맴돌고 사실상 뒤로도 날게 해 준다. 게다가, 그것들의 대담함과 작은 크기, 그리고 밝은 색의 깃털들은 수 세기 동안 사람들의 감탄을 자아냈다. 불행하게도, 이러한 관심은 때때로 달갑지 않은 결과를 가져온다. 19세기에 그것들은 흔히 죽음을 당해 박제되어 수집가들에게 팔렸는데, 그들은 그것들을 유리 안에 보관하여 벽에 걸어 놓았다. 오늘날, 벌새들에게 가장 큰 위협은 기후 변화와 서식지의 상실이다. 도시로 내몰린 벌새들은 차고와 같은 개방된 건물이나 구조물 안으로 날아 들어가기도 한다. 일단 실내로 들어가면, 벌새들은 겁에 질려 어쩔 줄을 몰라 위쪽으로 날아오르며 도망치려고 시도하지만, 곧 지쳐 쓰러져 죽고 만다.

문제풀이 벌새가 차고와 같이 도시의 개방된 구조물 안에 날아드는 것에 대한 언급만 있을 뿐, 그 안에 둥지를 튼다는 내용은 없다.

구문분석 [8행] **Once** (they are) indoors, the hummingbirds panic and attempt to escape by flying upwards, [soon *succumbing* to exhaustion and *dying*].
접속사 Once 다음에는 they are가 생략되었는데, 조건의 부사절에서 주어가 주절의 주어와 동일할 때 「주어+be동사」가 종종 생략된다. [ ]는 〈부대상황〉을 나타내는 분사구문이며 현재분사 succumbing과 dying이 and로 병렬 연결되었다.

2 ②

해석 진정으로 비판적인 사고가 되기 위해서는, 오류를 찾는 것이 필수적이다. 어떤 잘못된 주장도 처음에는 타당한 것처럼 보일지도 모르지만, 세심한 조사관은 곧 그것의 결함이 있는 근거를 발견한다. 인신공격식의 논쟁, 훈제 청어, 그리고 밀짚 인형은 모두 잘 알려진 유형의 오류이다. 첫 번째 (오류인) 인신공격식의 오류에서는, 화자 한 명이 다른 화자의 성격이나 배경을 공격한다. 그런 우호적인(→ 공격적인) 전략을 사용한다는 것은 보통 화자가 진정한 주장이 없다는 표시이다. 또 다른 오류인 훈제 청어는 진정한 요점으로부터 청자의 주의를 다른 데로 돌린다. 이것은 화자가 자신의 주장이 실패하고 있는 것을 알고, 겉보기에 중요하지만 논리적으로 관계없는 것으로 청자의 주의를 돌리려고 노력할 때 일어난다. 마지막으로, 밀짚 인형 논쟁에서는, 토론자가 상대의 주장을 부정확하게 제시하고, 진짜 주장이 아닌 그 주장이 틀렸음을 입증한다. 가짜의 반대 논쟁인 '밀짚 인형'은 보통 관련 없는 주장이고, 그것이 틀리다고 입증하는 것으로는 아무것도 성취할 수 없다.

문제풀이 상대의 성격이나 배경을 공격하는 것은 우호적인 전략이 아닌 '공격적인' 전략을 사용하는 것이므로 ② friendly는 aggressive, harsh 등으로 고쳐야 한다.

구문분석 [5행] [Using such aggressive tactics] is normally a
　　　　　　　　　　　　　　　　　　S　　　　　　 V
sign {that the speaker has no real argument}.

[ ]는 동명사구 주어로, 단수 취급하여 단수 동사 is가 쓰였다. { }는 a sign과 동격인 명사절이다.

[9행] ..., the debater presents their opponent's case incorrectly, and disproves that **one** rather than the real **one**.
one은 앞의 case를 나타내는 부정대명사이다.

3 ③

해석

Valley High School 벼룩시장을 안내합니다!

첫 번째 연례 Valley High School 벼룩시장에 오셔서 쇼핑하며 당신의 지역 학교를 지원해 주세요!
• 새 제품과 학생들 및 지역 기업이 기부한 중고품이 있습니다.
• 또한 음식, 음료, 음악과 오락거리도 포함하고 있습니다.
장소: Valley High School 놀이터(날씨가 안 좋을 경우, 벼룩시장은 실내 체육관으로 이동할 예정입니다.)
때: 9월 9일 토요일 오전 10시부터 오후 6시
할인: 학생증을 가져와 모든 음식과 제품을 10% 할인받으세요.
모든 수익은 방과후 동아리와 활동을 지원하는 데에 사용될 예정입니다.

문제풀이 날씨가 안 좋을 경우 벼룩시장은 체육관으로 이동한다고 했다.

4 ③

해석 창조적이고 새로운 생각을 만들어 내는 비결은 흔히 이미 우리 주변에 존재하는 것에 대한 새로운 관점을 채택하는 것이다. 요하네스 구텐베르크가 인쇄기를 발명했을 때, 그는 사실 이전에는 연관이 없던 두 기구들을 결합하고 있었다. 그는 동전을 찍어내는 펀치 묶음을 가져와서 그것들을 포도주 짜는 기계의 누르는 힘 아래에 두면 무슨 일이 일어날 것인지를 스스로에게 물었다. 그 결과로 초래된 결합물은 유럽 역사에서 가장 평범한(→ 획기적인) 창작품 중 하나였다. 또는 파블로 피카소를 생각해 봐라. 어느 날, 낡은 자전거 한 대를 잠시 바라본 후에, 그는 안장과 손잡이를 떼어냈다. 그러고 나서 그는 그것들을 용접해 붙여서 황소의 머리와 뿔을 닮은 조각품을 만들어 냈다. 이러한 두 가지의 사례는 하나의 물건을 다른 물건으로 바꾸는 획기적인 사고방식의 힘을 보여 준다. 우리의 관점을 바꿈으로써, 우리는 평범한 것을 비범한 것으로 변화시킬 수 있다.

문제풀이 서로 관련 없는 기구들을 결합해서 '획기적인' 창작품을 만들었다는 내용이 되어야 하므로, ③ conventional은 revolutionary, unconventional 등으로 고쳐야 한다.

구문분석 [1행] The key to [**generating** creative, new ideas] is
　　　　　　　 S　　　　　　　　　　　　　　　　　　　　　　 V
often to adopt a fresh outlook on {*what* is already around us}.
[ ]는 '~에 대한'이라는 의미의 전치사 to의 목적어로 쓰인 동명사구이다. { }는 선행사를 포함하는 관계대명사 what이 이끄는 명사절로, 전치사 on의 목적어로 쓰였다.

[3행] He asked himself [**what** would happen if he took a
　　　　　　　　　　　　　　　　　　　　　　　　　　　　 V'1
bunch of coin punches and put them under the force of a
　　　　　　　　　　　　　　 V'2
wine press].

[ ]는 asked의 목적어로 쓰인 명사절로, 의문사 what이 이끄는 간접의
문문이다. if절의 동사 took과 put은 접속사 and로 병렬 연결되었다.

[7행] Then he welded them together to create a sculpture
[resembling the head and horns of a bull].

[ ]는 a sculpture를 수식하는 현재분사구이다.

5 ③

해석 노르딕 복합은 선수들에게 스키 점프와 크로스컨트리 스키 시
합 모두에 참가할 것을 요구하는 동계 올림픽 종목이다. 그것은 노르
웨이 군대로부터 그 이름을 얻었는데, 그들이 두 운동 종목을 한 경
기로 합친 최초의 이들이었다. 노르딕 복합 경기의 첫째 날에, 각 참
가자는 최고 394피트 높이의 언덕에서 스키 점프를 한다. 둘째 날에,
참가자들은 최대 15킬로미터 구간의 크로스컨트리 스키 경주를 한
다. 점수는 결과에 따라 각각의 날에 부여되며, 누구든 둘째 날 마지
막에 총점이 가장 높은 사람이 금메달을 획득한다. 과거의 많은 우승
자들이 노르웨이 선수들이었으나, 핀란드, 독일, 오스트리아, 그리고
일본 선수들 또한 잘한다. 남자 노르딕 복합 경기는 1924년 이래로
동계 올림픽 종목이 되었지만, 여자 경기는 아직 포함되지 않았다.

문제풀이 첫째 날과 둘째 날 점수의 총합이 가장 높은 사람이 금메달을
획득한다고 했다.

구문분석 [6행] …, and **whoever** has the highest point total at
the end of day two wins the gold medal.

주어는 복합관계대명사 whoever가 이끄는 명사절로 '~하는 사람은
누구든지'의 의미이며, wins가 동사이다.

[9행] …, but the women's version **has yet to be** included.
「have yet to-v」은 '아직 ~하지 않았다'의 의미이다.

6 ③

해석 위에 보이는 그래프에서는 경제협력개발기구(OECD) 회원국
인 유럽 국가들, 미국, 그리고 전 세계의 에너지 소비량이 분야별로
분류되어 있다. 전체적으로, 상업 분야가 가장 적은 에너지 소비량을
차지하고 있다. 미국은 운송 목적으로는 OECD 유럽 국가들보다 더
많은 에너지를 사용했지만, 주거 분야에서는 이러한 국가들보다 에
너지 소비량이 더 낮았다. (산업 분야에서는, 미국과 OECD 유럽 국
가들 모두 세계 평균보다 더 많은 에너지를 소비했다.) 이 세 집단 간
의 에너지 소비에 있어 가장 작은 차이는 전기 관련 손실 분야에서
발견되었다. 마지막으로, 미국에서 소비되는 에너지의 절반 이상은
운송 분야와 전기 관련 손실 분야를 합친 것에서 나왔다.

문제풀이 네 번째 막대그래프를 보면 미국과 OECD 유럽 국가들 모두
산업 분야에서 세계 평균보다 더 적은 에너지를 사용했으므로 ③은 도
표의 내용과 일치하지 않는다.

구문분석 [10행] Finally, more than half [of the energy {consumed
in the United States}] came from the combination … .

[ ]는 주어 more than half를 수식하는 전치사구이며, { }는 the
energy를 수식하는 과거분사구이다.

7 ⑤

해석 사회 인지 이론은 우리의 자기 효능 신뢰가 우리의 업적과 행
복 둘 다에 상당한 영향을 미칠 수 있다고 한다. 이러한 믿음은 우
리가 하는 선택과 우리가 취하는 행동 방향에 영향을 미친다. 우리
는 대개 우리가 자신 있다고 느끼는 행동을 하고 우리가 확신이 없
는 행동을 피하는 선택을 한다. 그러나, 자신의 능력에 대한 강한 믿
음이 있는 사람들은 어려운 임무들을 흥미로운 도전으로 여기고 그
것들을 받아들인다. 그들은 또한 그들이 하는 것은 무엇이든지 좀 더
관심을 가지고 몰두하는데, 이것은 심지어 실패에도 불구하고, 그들
의 헌신을 강화한다. 그들이 실패를 하면, 그들은 자기 효능감을 빠
르게 회복하며 쉽게 다시 일어선다. 자기 효능 신뢰는 또한 우리가
감정적으로 생각하고 반응하는 방식에 영향을 준다. 우리가 높은 자
기 효능감을 지니고 있다면, 우리는 어려운 임무들에 논리적이고 차
분하게 접근한다. 반면에, 낮은 자기 효능감은 우리의 문제들을 해결
할 수 있는(→ 해결 불가능한) 것처럼 보이게 만들어서, 우리가 불안
하고 우울하게 느끼게 만든다.

문제풀이 낮은 자기 효능감은 문제를 '해결할 수 없어' 보이게 해
서 불안하고 우울해한다는 내용이 되어야 하므로, ⑤ solvable은
unsolvable 등으로 고쳐야 한다.

구문분석 [2행] These beliefs influence the choices [(which
[that]) we make] and the paths of action {(which[that]) we
take}.

[ ]와 { }는 각각 the choices와 the paths of action을 수식하는 목
적격 관계대명사절이다.

[6행] They are also more interested and involved in [**whatever**
they do], {which strengthens their commitment, even in the
face of failure}.

[ ]는 '~하는 것은 무엇이든지'의 의미인 복합관계대명사 whatever가
이끄는 명사절로 whatever는 anything that으로 바꿔 쓸 수 있다.
{ }는 앞 문장 전체를 선행사로 하는 계속적 용법의 주격 관계대명사절
이다.

[10행] …, low self-efficacy can **cause** our problems **to
appear** unsolvable, [*making* us *feel* nervous and depressed].

「cause+O+to-v」는 '~가 …하게 하다'의 의미이다. [ ]는 〈결과〉를 나
타내는 분사구문이며, 「make+O+O.C.」 구문에서 사역동사 make의
목적격보어로 동사원형 feel이 쓰였다.

8 ④

해석 okra는 독특한 외양을 가진 열대 식물인데, 그것은 한쪽 끝은
뾰족하고 다른 쪽에는 원뿔 모양의 뚜껑이 달린 길고 구부러진 꼬투
리를 가지고 있다. 이 식물의 색깔은 여러 색조의 녹색에서부터 불그
스름한 빛깔까지 다양하고, 꼬투리 안에 있는 먹을 수 있는 씨앗은
대개 분홍빛이 도는 베이지색이다. okra는 오늘날 에티오피아와 수
단이 위치해 있는 지역이 원산지이다. 그것은 일찍이 13세기부터 나
일강의 둑을 따라 자라 온 것으로 알려져 있다. 17세기의 노예 무역
으로 okra가 미국으로 전해졌고, 그곳에서 토착민들은 그것을 말리
고 갈아서 해산물이나 채소 스튜를 걸쭉하게 만드는 데 사용될 수
있는 가루로 만들었다.

문제풀이 okra는 17세기에 노예 무역으로 미국에 전해졌다고 했다.

구문분석 [3행] …, while the edible seeds [contained inside its pods] are generally a pinkish-beige.
[ ]는 the edible seeds를 수식하는 과거분사구이다.

[6행] … brought okra to America, [where the natives dried and ground it into a powder {that could be used to thicken …}].
[ ]는 America를 선행사로 하는 계속적 용법의 관계부사절이며, { }는 a powder를 수식하는 주격 관계대명사절이다.

9 ①

해석 과학과 인간의 발명 역사를 통틀어 중대한 발전은 종종 이전에 이어진(→ 단절된) 개념들의 융합에서 비롯되었다. 이 과정의 한 예는 덴마크의 물리학자인 Hans Christian Oersted가 전류가 흐르는 전선이 자기장을 발생시킨다는 아이디어를 우연히 발견했을 때인 19세기 초로 거슬러 올라갈 수 있다. 이 발견을 기반으로 영국인 William Sturgeon은 기발하게 철 막대 주위에 전선을 감아 1825년에 첫 번째 전자 자석을 만들었다. 그 후에 1859년, 독일의 과학자이자 피아니스트인 Hermann von Helmholtz는 피아노 줄들을 자신의 노래로 진동시킬 수 있다는 것을 발견한 놀라만한 관찰을 했다. 이 흩어져 있던 다양한 요소들의 정점은 1874년 Massachusetts의 Cambridge에서 일했던 스코틀랜드 태생의 발명가인 Alexander Graham Bell이 이러한 개념들을 하나의 혁명적인 장치인 전화기에 기발하게 융합했을 때 이루어졌다. Bell의 기발했던 아이디어들의 융합은 인간의 상호작용과 연결성의 흐름을 영원히 변화시키면서 통신 기술에 있어서 중대한 이정표를 세웠다.

문제풀이 글의 중반부 이후에 나오는 전자 자석, 피아노 줄들, 전화기의 발명 과정을 통해 분리되고 단절되거나 흩어져 있던 아이디어들을 통합하여 과학과 발명의 중대한 발전이 이루어졌다는 내용이므로, ①의 connected는 disconnected 등으로 고쳐야 한다.

구문분석 [3행] … when Hans Christian Oersted, a Danish physicist, **stumbled** upon the idea [that a wire {carrying an electric current} generates a magnetic field].
[ ]는 앞에 있는 the idea와 동격을 이루는 명사절이고 { }는 a wire를 수식하는 현재분사구이다.

[12행] Bell's brilliant synthesis of ideas marked a profound milestone in communication technology, [forever **altering** the course of human interaction and connectivity].
[ ]는 이 문장의 전체 주어인 synthesis를 의미상 주어로 하는 분사구문이다.

01 이어질 글의 순서

기출 깨뜨리기 p.86

해석 전문가들은 에너지 효율을 증진하는 다수의 방책들을 확인하였다. 유감스럽게도 그중 많은 수는 비용 면에서 효율적이지 않다. 이것은 경제적 관점에서 에너지 효율을 위한 투자에 근본적인 요건이다. (C) 그러나 그러한 비용 효율성의 산정은 쉽지 않은데, 그것은 단순히 사적인 비용을 살펴보고 그것을 달성한 절감액과 비교하는 경우가 아니기 때문이다. (B) 고려해야 할 중요한 외부 효과가 있고 거시 경제적 효과도 있다. 예를 들어 총체적[집합적] 차원에서, 국가의 에너지 효율 수준을 높이는 것은 에너지 의존도, 기후 변화, 보건, 국가 경쟁력, 연료 빈곤을 감소시키는 것과 같은 거시 경제적 문제에 긍정적인 영향을 미친다. (A) 그리고 이것은 개인적 차원에서 직접적인 영향을 미치는데, 즉 가정은 전기 비용과 가스 요금을 줄이고 그들의 건강과 안락을 증진할 수 있고, 반면에 회사는 자체 경쟁력과 생산성을 증대시킬 수 있다. 결국, 에너지 효율에 대한 시장은 일자리와 기업 창출을 통해 경제에 이바지할 수 있는 것이다.

구문분석 [10행] For instance, at the aggregate level, [**improving** the level of national energy efficiency] has positive effects on macroeconomic issues [**such as** energy dependence, climate change, health, national competitiveness and reducing fuel poverty].
첫 번째 [ ]는 주어 역할의 동명사구로 improving으로 시작하고 있으며, 동사는 단수동사 has임을 알 수 있다. 두 번째 [ ]는 macroeconomic issues의 사례들을 such as로 나열하고 있다.

[14행] … it is not simply a case of [looking at private costs **and** comparing them to the reductions {achieved}].
a case of에서 of의 목적어로 looking ~과 comparing ~ 두 동명사구가 접속사 and로 병렬되고 있다. { }는 명사 reductions를 수식하는 과거분사이다.

어휘 measure 방책, 조치 promote 증진하다, 촉진하다 efficiency 효율 cost effective 비용 효율적인 fundamental 근본적인 requirement 요건, 필요 조건 perspective 관점 household 가정 gas bill 가스 요금 competitiveness 경쟁력 productivity 생산성 contribute to ~에 이바지하다 externality 외부 효과 take ~ into account ~을 고려하다 macroeconomic 거시 경제의 dependence 의존도, 의존(성) calculation 산정, 계산 reduction 절감(액), 감소(량)

이렇게도 나왔다 p.87

정답 ③

해석 문화는 우리가 의식적으로 고려하고 논의할 수 있는 방식뿐만 아니라 우리가 훨씬 덜 인식하는 방식으로도 작동한다. (B) 우리의 행동에 대해 설명을 제시해야 할 때, 우리는 우리가 처한 특정한 상황을 고려한다면, 어떤 변명이 받아들일 만한 것으로 판명될 수 있는지를 의식적으로 이해한다. 그런 상황에서 우리는 특정 도구를 사용하는 것처럼 문화적 관념을 사용한다. (C) 우리는 스크루드라이버를 선택하는 것처럼 문화적 개념을 선택한다. 어떤 일은 십자 드라이버 헤드를 필요로 하지만 다른 일은 육각 렌치를 필요로 한다. 우리의 행동을 정당화하기 위해 대화에 어떤 생각을 넣든, 요점은 우리의 동기가 우리에게 만연하게 이용 가능하다는 것이다. 그것들은 숨겨져 있지 않다. (A) 하지만 어떤 경우에는 우리가 왜 어떤 주장을 사실이라고 믿는지 또는 어떤 사회적 현실이 존재하는 이유를 어떻게 우리가 설명할 것인지에 대해 우리는 훨씬 덜 알고 있다. 사회적 세계에 대한 관념은 우리가 특정한 관념의 출처에 대해서 혹은 심지어 우리가 그 관념을 갖고 있다는 것조차 반드시 알고 있지 않은 상태에서도 우리 세계관의 일부가 된다.

문제풀이 의식적인 방식뿐만 아니라 덜 의식적인 방식으로도 문화는 작동하고 있다는 주어진 글에 이어, 특정한 상황에서 어떤 변명이 용인되듯이, 어떤 상황에서 특정한 도구를 사용하는 것처럼 문화적 관념이나 개념을 사용한다는 (B)가 오고, 이는 마치 드라이버의 헤드를 필요에 따라 선택하듯이 우리 행동의 어떤 동기들은 숨겨져 있지 않다는 (C)가 이어진 뒤, 연결어 however로 어떤 경우에든 동기나 이유에 대해서는 잘 알지 못하면서도 사회적 세계에 대한 관념이 우리 자신의 세계관에 일부가 된다고 하는 (A)가 오는 것이 적절하다.

구문분석 [3행] In some cases, however, we are far less aware **of** [**why** we believe a certain claim to be true], or [**how** we are to explain {why certain social realities exist}].
첫 번째 [ ]와 두 번째 [ ] 모두 aware of에서 전치사 of의 목적절이며, 둘 다 의문사로 시작하는 간접의문문 구조를 가지고 있다. { }는 how 간접의문문 속의 to부정사 to explain의 목적절로 이것 역시 간접의문문 구조이다.

[4행] Ideas about the social world become part of our
 S   V
worldview [**without** our necessarily being aware {**of** the source of the particular idea} or {**that** we even hold the idea at all}].
문장의 주어는 Ideas이고 동사는 become이다. [ ]는 동명사 being aware를 목적어로 하는 without 전치사구이며, 첫 번째 { }와 두 번째 { }는 being aware의 목적어구와 목적절이 접속사 or로 병렬되고 있는 구조이다.

[7행] When we have to offer an account of our actions, we consciously understand [which excuses might prove acceptable, {given the particular circumstances ⟨we find ourselves in⟩}].
[ ]는 동사 understand의 목적절로 의문사 which로 시작하는 간접의문문 형태의 목적절이며, { }는 which 간접의문문 속에서 '~을 고려한다면'이라는 의미의 「전치사 given+명사(구)」이다. ⟨ ⟩는 the particular cirumstiances를 수식하는 관계사절로 관계대명사가 생략되었다.

어휘 consciously 의식적으로 consider 고려하다 claim 주장 account 설명, 기술 excuse 변명 acceptable 받아들일 수 있는 given ~을 고려한다면 notion 개념 screwdriver (나사 돌

리기) 드라이버   Phillips head 십자형 드라이버   Allen wrench 육각 렌치   justify 정당화하다

적용독해
p.88

1 ①   **2** ②   **3** ②   **4** ⑤

1 ①

해석 통역은 고도로 숙련된 전문가가 필요한 일이다. 부정확하게 되면, 그것은 심각한 문제를 야기할 수 있고 때로는 비극적인 결과로 이어지기도 한다. (A) 예를 들어, 의식이 없는 18세의 남성이 가족에 의해 플로리다의 병원으로 실려 왔다. 그들은 그에게 무슨 일이 일어났는지 의사들에게 설명하려고 했지만, 그들은 스페인어밖에 할 수 없었다. 병원의 한 직원에 의해 통역이 제공되었는데, 그는 'intoxicado'를 '독을 먹은'이 아니라 '(술·마약에) 취한'으로 통역했다. (C) 이 잘못된 통역은 의사들로 하여금 그에게 잘못된 처방을 내리게 했다. 남자의 가족은 그가 식중독에 걸렸다고 믿었다. 그러나, 의사들은 그 남자가 약물 과다 복용을 겪고 있는 것처럼 치료를 했다. 사실 그는 대뇌출혈을 겪고 있는 중이었다. (B) 잘못된 의사소통으로 인해 그의 질환에 대한 적절한 치료가 늦어졌고, 이것이 그가 사지를 움직일 수 있는 능력을 상실하게 했다. 만약 병원의 누군가가 그 한 단어의 정확한 뜻을 알고 있었더라면, 그 젊은이는 제대로 치료받을 수 있었을 것이다.

문제풀이 올바른 통역의 중요성을 언급한 주어진 글 다음에 이에 대한 구체적인 예시로 의식이 없는 환자의 병명을 통역하는 내용의 (A)가 이어지고, 병원 직원의 오역으로 인해 의사가 잘못된 치료를 했다는 내용의 (C)가 온 후, 이로 인해 환자의 사지가 마비되었다는 것을 설명하며 잘못된 통역의 결과를 보여주는 (B)로 연결되는 것이 가장 자연스럽다.

구문분석 [1행] If (it is) done incorrectly, it can cause serious … .
If 다음에는 it is가 생략되었는데, 부사절의 주어가 주절의 주어와 동일할 때 「주어+be동사」가 생략될 수 있다.

[8행] **If** someone at the hospital **had known** the exact meaning of a single word, the young man **could have been treated** properly.
「if+S+had v-ed, S+조동사의 과거형+have v-ed」는 과거 사실의 반대를 가정하는 가정법 과거완료 구문이다.

[12행] However, the doctors treated the man **as if** he **were suffering** from a drug overdose.
「as if+가정법 과거」는 '마치 ~인 것처럼'의 의미이며, 주절과 같은 시점에 일어난 일의 반대를 가정한다.

2 ②

해석 1696년에, 영국은 William 3세 시대 동안의 재정 손실을 메우기 위하여 창문세를 제정했다. (B) 사람들은 그들의 집에 있는 각각

의 창문에 대한 세금을 정부에 내야 했다. 대부분의 창문은 길거리에서도 보였기 때문에, 세금을 부과하고 징수하기가 쉬웠다. 오랫동안, 그 세금은 정부를 위한 소득을 창출하는 데 기여했다. (A) 그러나, 시간이 흐르면서, 그 세금으로 들어오는 돈의 양이 줄어들었다. 이것은 사람들이 그들의 창문을 막고 있었고, 새로운 건물들은 창문이 더 적게 지어지고 있었기 때문이었다. 세금을 내는 것을 피하기 위해서, 사람들은 창문을 없애고 있었다. (C) 이러한 창문의 부족은 재정적 문제들을 야기하였으나, 더 큰 문제는 사람들의 건강이었다. 의사들은 더 적은 수의 창문이 있는 것이 건물 내 채광의 양을 줄이고, 공간을 습하고 어둡게 만들었으며, 그로 인해 거주자들이 병든다고 불평했다. 항의자들은 곧 창문세를 '건강세'라고 부르기 시작했고, 그것은 결국 폐지되었다.

문제풀이 영국 정부가 창문세를 제정했다는 주어진 글 다음에, 그 제도가 어떤 것인지 구체적으로 설명하는 (B)가 나오고, 시간이 흘러 사람들이 창문세를 내지 않기 위해 창문을 막거나 없앴다는 내용의 (A)가 이어진 후, 그로 인한 건강 상의 문제점과 폐지 과정을 언급한 (C)가 오는 것이 가장 자연스럽다.

구문분석 [9행] For a long time, the tax **helped generate** income for the government.
helped의 목적어는 people과 같은 일반인이므로 생략되었으며, 목적격보어로는 동사원형 generate가 왔다.

[11행] Doctors complained [that {having fewer windows reduced the amount of sunlight in buildings and made the spaces damp and dark}, **which** caused the residents to get sick].
[ ]는 complained의 목적어 역할을 하는 명사절이며, which 이하는 { }를 선행사로 하는 계속적 용법의 주격 관계대명사절이다.

3 ②

해석 2차 세계 대전 기간에 영국은 침입해 오는 독일 폭격기를 탐지하기 위해 해안을 따라 일련의 레이더 기지들을 세웠다. 폭격기가 탐지되면, 그것들은 영국에 다다르기 전에 격추될 수 있었다. (B) 이 기술을 기밀로 하기 위해, 영국 첩보 기관은 성공적인 탐지가 자국 군인들의 엄청난 시력에서 비롯되었다는 생각을 전파했다. 심지어 John Cunningham이라는 한 영국 공군 조종사는 어둠 속에서 폭격기를 포착하는 능력 덕분에 '캣츠 아이'로 널리 알려졌다. (A) 영국 정부는 캣츠 아이의 놀라운 시력은 당근을 많이 먹는 그의 식생활 때문이라고 발표했다. 식품부는 곧 당근 박사라는 캐릭터가 포함된 유용한 정보를 주는 요리 책자를 제작했고, '당근은 당신을 건강하게 해 주고 정전 시에도 보는 것을 도와준다.'라는 슬로건을 선전했다. (C) 독일인들, 영국의 민간인들, 그리고 전 세계의 부모들이 그 이야기를 믿었고 수십 년 동안 끝없이 그것을 되풀이했다. 이는 영국 공군이 실제로 한 일에 대한 진실을 성공적으로 은폐하는 데 기여했고, 의도치 않게 아이들이 채소를 많이 먹게 했다.

문제풀이 2차 세계 대전 때 영국이 독일 폭격기 탐지 목적으로 레이더 기지를 세웠다는 주어진 글 다음에, 레이더 기술을 기밀로 하기 위해 영국군의 뛰어난 시력이 폭격기를 탐지할 수 있다고 선전하며 '캣츠 아이'라는 비행기 조종사를 내세웠다고 언급한 (B)가 이어지고, 캣츠 아이의 시력의 비결이 당근을 많이 먹은 덕분이라고 발표하자 당근의 효능이 대

대적으로 선전되었다는 내용의 (A)가 온 후, 이것이 전 세계에 퍼지면서 아이들이 채소를 많이 먹게 되었다는 (C)가 이어지는 것이 가장 자연스럽다.

구문분석 [2행] If (they were) detected, they could be shot down before reaching England.
If가 이끄는 조건의 부사절의 주어가 주절의 주어와 they(= German bombers)로 동일하므로 If 다음에 「주어+be동사」인 they were가 생략되었다.

[5행] The Ministry of Food was soon making informative
cooking booklets [that included a character {called Dr. Carrot}]
and publicized the slogan "Carrots keep you healthy and
V'1 O'1 O.C.'1
help you see in the blackout."
V'2 O'2 O.C.'2
[ ]는 informative cooking booklets를 수식하는 주격 관계대명사절이다. { }는 a character를 수식하는 과거분사구이다. 「keep+O+O.C.」는 '~가 …하게 유지하다'란 의미로, 목적격보어로 형용사 healthy가 쓰였다. 「help+O+O.C.」는 '~가 …하도록 돕다'의 의미로, 목적격보어로 동사원형 see가 쓰였다.

[9행] One RAF pilot [named John Cunningham] even became
widely known as "Cat's Eyes" for his ability {to spot bombers
in the dark}.
[ ]는 One RAF pilot을 수식하는 과거분사구이다. { }는 his ability를 수식하는 형용사적 용법의 to부정사구이다.

4 ⑤

해석 〈햄릿〉, 〈로미오와 줄리엣〉과 같은 셰익스피어의 많은 작품들은 죽음 자체에 대한 공포보다는 고인(故人)을 함부로 다루는 것에 관한 그의 걱정을 드러낸다. 무엇이 셰익스피어로 하여금 이것을 그렇게 두려워하게 만들었는가? (C) 그 당시에는 연구 또는 종교적인 이유로 시신을 파내는 일이 흔했다. 때로는 새로운 무덤들이 들어갈 공간을 만들기 위해 시신들이 옮겨져 매립지에 버려지기도 했다. (B) 셰익스피어는 자기가 죽었을 때 자신에게 이런 일이 벌어질 것을 염려했다. 그래서 그는 자신의 시신을 파낼지도 모르는 사람들을 겨냥한 경고문을 자기 무덤에 새겨 달라고 부탁했다. 요약하면 그것은 자신의 유골을 옮기는 사람은 누구든 저주를 받을 것이라는 내용이었다. (A) 이러한 생각을 분석하는 책을 쓴 한 전문가는 그 묘비명이 그의 묘가 전혀 훼손되지 않은 이유들 중 하나라고 생각한다. 그는 또한 그 저주가 위대한 작가의 활동기간 내내 그의 뇌리를 떠나지 않은 주제에 대한 단호한 선언이라고 덧붙였다.

문제풀이 셰익스피어의 작품을 통해 그가 죽은 사람이 함부로 다뤄지는 것을 두려워했음을 알 수 있다는 주어진 글 다음에 이 두려움에 대한 배경으로 그 당시의 관행을 언급한 (C)가 오고, 이를 막기 위해 자신의 묘비에 경고문을 새기도록 했다는 (B)가 온 후, 그 경고문으로 인해 셰익스피어의 묘가 훼손되지 않았다는 내용의 (A)로 이어지는 것이 가장 자연스럽다.

구문분석 [4행] An expert [who wrote a book that explores this
S
idea] believes the inscription {to be one of the reasons [why
V   O   O.C.
his tomb has never been disturbed]}.

첫 번째 [ ]는 An expert를 수식하는 주격 관계대명사절이다. 「believe+O+O.C.」는 '~가 …라고 믿다'의 의미로, to부정사구인 { }가 목적격보어로 쓰였다. 두 번째 [ ]는 the reasons를 수식하는 관계부사절이다.

[8행] Thus, he asked for a warning [directed at **those** {**who** might dig him up}] to be engraved on his tomb.

[ ]는 a warning을 수식하는 과거분사구이다. { }는 those를 수식하는 주격 관계대명사절로, 「those who ~」는 '~하는 사람들'이란 의미이다.

[11행] **It** was common during his time [**to dig up** corpses *either* for research *or* (for) religious reasons].

It은 가주어이고 to부정사구인 [ ]가 진주어이다. 「either A or B」는 'A나 B 둘 중 하나'의 의미이다.

02 주어진 문장의 위치

기출 깨뜨리기   p.92

해석 공원은 그 시대의 문화적 관심사가 요구하는 형태를 취한다. 일단 공원이 적소에 마련되면, 그것은 비활성화된 단계가 아닌데 그것의 목적과 의미는 계획자와 공원 이용자에 의해 만들어지고 다시 만들어진다. 그러나 공원 조성의 순간들은 특히 의미가 있는데, 자연과 그것이 도시 사회와 갖는 관계에 대한 생각을 드러내고 실현하기 때문이다. 실제로 공원을 더 넓은 범주의 공공 공간과 구별하는 것은 공원이 구현하려는 자연의 표현이다. 공공 공간에는 공원, 콘크리트 광장, 보도, 심지어 실내 아트리움도 포함된다. 일반적으로 공원에는 그들의 중심적인 특색으로 나무, 풀, 그리고 다른 식물들이 있다. 도시 공원에 들어갈 때, 사람들은 흔히 거리, 자동차, 그리고 건물과의 뚜렷한 분리를 상상한다. 거기에는 이유가 있는데, 전통적으로 공원 설계자들은 공원 경계에 키 큰 나무를 심고, 돌담을 쌓고, 다른 칸막이 수단을 세워 그런 느낌을 만들어 내려고 했다. 이 생각의 배후에는 미적인 암시가 있는 공원 공간을 설계하려는 조경가의 욕망뿐만 아니라 도시와 자연을 대조적인 공간과 반대 세력으로 상상하는 훨씬 더 오래된 서구 사상의 역사가 있다.

구문분석 [8행] Indeed, [**what** distinguishes a park from the broader category of public space] is the representation of nature [**that** parks are meant to embody].

첫 번째 [ ]는 주어로서 what으로 시작하는 관계대명사절이고 동사는 단수동사 is가 된다. 두 번째 [ ]는 명사 nature를 수식하는 목적격 관계대명사절이다.

[12행] [What's behind this idea] is [**not only** landscape architects' desire to design aesthetically suggestive park spaces, **but (also)** a much longer history of Western thought {**that** envisions cities and nature as antithetical spaces and oppositional forces}].

첫 번째 [ ]는 주어로서 what으로 시작하는 관계대명사절이고 동사는 단수동사 is가 된다. 두 번째 [ ]는 주격 보어로 '~뿐만 아니라 …도 역시'라는 의미의 not only ~ but (also) … 구문이다. { }는 명사 thought를 수식하는 주격 관계대명사절이다.

어휘 boundary 경계 partition 칸막이 concern 관심 inert 비활성[불활성]의 reveal 드러내다 actualize ~을 현실화하다 distinguish ~ from … ~와 …를 구별하다 representation 표현, 묘사 embody 구현하다 atrium 건축물 중간의 큰 공간 landscape architect 조경가 envision 상상하다, 마음속에 그리다

이렇게도 나왔다[+]   p.93

정답 ⑤

해석 대부분 꿈꾸기는 렘(Rem)수면 동안에 발생한다. 렘은 1958년에 시카고 대학의 Nathaniel Kleitman 교수에 의해 발견된 수면 단계인 Rapid Eye Movement(급속 안구 운동)를 의미한다. 의대생인 Eugene Aserinsky와 함께, 그는 사람들이 잠을 자고 있을 때, 그들이 마치 무엇인가를 '보고' 있는 것처럼 급속 안구 운동을 보인다는 것에 주목했다. Kleitman과 Aserinsky의 지속적인 연구는 사람들이 꿈을 꾸지만, 그들의 정신은 깨어있는 사람만큼 활발한 것은 바로 이 급속 안구 운동 기간 중이라는 결론을 내렸다. 흥미롭게도, 연구들은 급속 안구 운동과 함께 우리의 심장 박동이 증가하고 우리의 호흡 또한 높아지지만, 우리의 몸은 이따금 씰룩거림과 홱 움직임 외에는 우리의 몸을 가만히 있게 유지하는 뇌의 신경 중추 때문에 움직이지 않고 기본적으로 마비된다는 것을 발견했다. 이런 이유로 악몽에서 깨어나거나 악몽 중에 비명을 지르는 것이 어려운 것이다. 요약하면, 렘 꿈 상태 동안에, 여러분의 정신은 바쁘지만 여러분의 몸은 움직이지 않는다.

문제풀이 주어진 문장은 '어떤 내용'에 대한 이유로 악몽에서 깨어나거나 악몽 중에 비명을 지르는 것이 어렵다는 내용이므로 이에 대한 원인을 찾으면 된다. 따라서 꿈을 꾸고 있는 동안에 급속 안구 운동이 있지만 우리의 몸은 약간의 움직임 외에는 거의 움직이지 않고 마비된 상태라는 문장 뒤인 ⑤에 들어가는 것이 가장 적절하다.

구문분석 [4행] Along with a medical student, Eugene Aserinsky, he noted [**that** {**when** people are sleeping}, they exhibit rapid eye movement, {**as if** they were "looking" at something}].

[ ]는 동사 noted의 목적절로 명사절의 접속사 that이 이끌고 있다. 두 개의 { }는 that 절 속에서 때를 나타내는 when 부사절과 '마치 ~처럼'이라는 의미의 as if 부사절이다.

[6행] Ongoing research by Kleitman and Aserinsky concluded [that **it was** during this period of rapid eye movement **that** people dream, yet their minds are as active as someone who is awake].

[ ]는 동사 concluded의 목적절로 명사절의 접속사 that이 이끌고 있고 that절 속에 it was ~ that은 강조구문으로 부사구 during this period of rapid eye movement를 강조하고 있다.

어휘 scream out 비명을 지르다 nightmare 악몽 occur 일

어나다 **stand for** ~을 나타내다 **medical** 의료의 **exhibit** 보여주다, 설명하다 **active** 활동적인, 활발한 **respiration** 호흡 **elevate** 높이다 **paralyze** 마비시키다 **nerve** 신경 **occasional** 가끔의, 때때로 **jerk** 갑작스런 움직임 **sum up** 요약하다

적용**독해** p.94

1 ③　2 ②　3 ③　4 ③　5 ③　6 ⑤

1 ③

해석 확증 편향이란 정보를 수집할 때 우리의 믿음을 확실하게 해 주는 사실들에 집중하는 경향이다. 그것은 우리가 매우 감정적인 문제나 깊이 뿌리박힌 견해를 다룰 때 흔히 발생한다. 예를 들어, 사람들은 그들이 가지고 있는 것과 같은 정치적 관점을 고수하는 신문이나 잡지만을 읽기를 택할지도 모른다. 그리고 모호한 견해들에 맞닥뜨렸을 때, 그들은 보통 그것들을 자신의 생각을 뒷받침하는 식으로 해석할 것이다. 특히 연구원들은 편향된 결과를 만들어 내지 않기 위하여 이 현상을 인지할 필요가 있다. 그들은 때때로 자신들의 가설을 확실히 해 줄 것 같은 실험을 설계함으로써 확증 편향을 나타내 보이기도 한다. 만약 자신들의 예상에 어긋나는 어떤 증거가 발견된다면, 그들은 의도적으로 그것을 간과할 것이다. 연구원들이 이것을 피하는 한 가지 방법은 다른 관점을 가지고 있는 다른 과학자들과 협력하는 것이다.

문제풀이 주어진 문장은 특히 연구원들이 이 현상을 인지해야 한다고 언급하고 있으므로, 이 현상(확증 편향)이 무엇인지를 일반적으로 설명하고 있는 문장과 연구원들의 확증 편향이 실험 설계에 미치는 영향에 대해 언급한 문장 사이인 ③에 들어가는 것이 가장 적절하다.

구문분석 [3행] Confirmation bias is the tendency [to focus on facts {that confirm our own beliefs} when gathering information].
[ ]는 the tendency를 수식하는 형용사적 용법의 to부정사구이다. { }는 facts를 수식하는 주격 관계대명사절이다.

[10행] One way **for researchers** to avoid this is [to collaborate with other scientists {who hold different views}].
to avoid this는 One way를 수식하는 형용사적 용법의 to부정사구이며, for researchers는 to부정사의 의미상 주어이다. [ ]는 주격보어로 쓰인 명사적 용법의 to부정사구이다. { }는 other scientists를 수식하는 주격 관계대명사절이다.

2 ②

해석 미국 정부에 따르면, 매년 온실가스 방출물의 48퍼센트가 건물들에서 나오고 모든 전기의 76퍼센트가 건축 분야에서 소비된다. 분명 건축 분야는 기후 변화 문제에 책임이 있는 주요 산업들 중 하나이다. 이러한 문제에 대처하기 위해, '패시브 하우스'가 도입되었다.

이 건물은 단열 처리가 잘 되어 있고 거의 밀폐되어 있어, 태양에서 얻은 열과 집 안에 있는 사람들 및 기기들의 열기로 수동적으로 따뜻하게 유지되는데, 이것은 에너지 손실을 최소화한다. 그것이 필요로 하는 여분의 열기는 최소한의 외부 자원을 이용하여 공급될 수 있다. 그리고 냉방비를 피하기 위해, 창문은 전략적으로 배치되어 가리개로 가려진다. 지속적으로 신선한 공기를 공급하기 위해 에너지를 재사용하는 특수 환풍기와 더불어, 이 모든 것은 집주인들이 에너지 비용의 90퍼센트까지 절약할 수 있게 한다.

문제풀이 주어진 문장은 이 문제를 다루기 위해 패시브 하우스가 소개되었다는 내용이므로, 건축 분야가 기후 변화 문제에 영향을 미친다고 언급한 문장과 패시브 하우스의 구조 및 원리에 대해 구체적으로 설명하는 문장 사이인 ②에 들어가는 것이 가장 적절하다.

구문분석 [5행] This building is well insulated and nearly airtight, [(being) kept warm passively by solar gain and the heat of the people and appliances inside it], {which minimizes energy losses}.
[ ]는 앞에 being이 생략된 형태의 분사구문으로, 〈부대상황〉을 나타낸다. { }는 앞 문장 전체를 선행사로 하는 계속적 용법의 주격 관계대명사절이다.

[9행] All of this, along with special ventilators [that reuse energy **to provide** a constant supply of fresh air], *allows* homeowners *to save* up to 90% on their energy bills.
[ ]는 special ventilators를 수식하는 주격 관계대명사절이며, to provide는 〈목적〉을 나타내는 부사적 용법의 to부정사이다. 「allow+O+to-v」는 '~가 …하게 하다'의 의미이다.

3 ③

해석 우리가 무시하려고 하는 그 모든 곤충들이 세계적인 기아, 지구 온난화, 그리고 오염에 맞서는 전투에 있어서 가장 최신식 무기가 될지도 모른다. UN은 정부들로 하여금 식용 곤충들을 반려동물, 가축, 그리고 심지어 인간들을 먹이는 데 사용하도록 독려하고 있다. 연구원들은 일부 개미, 메뚜기와 딱정벌레들은 쇠고기만큼 많은 단백질과 더 적은 지방을 함유하고 있음을 발견했다. 그것들은 또한 철분이나 마그네슘 같은 필수 무기질도 풍부하다. 또한, UN에 따르면, 이 생물들은 매력적인 부수적 이점들을 지니고 있다. 곤충을 식량으로 사용하는 것은 온실가스와 가축으로 인한 오염을 줄일 수 있으며 수백만의 굶주린 사람들을 먹일 수 있다. 이러한 곤충을 기르는 것은 소와 돼지를 기르는 것보다 더 적은 온실가스를 방출하게 될 것이다. 게다가, 곤충들이 2킬로그램의 먹이를 1킬로그램의 고기로 전환할 수 있는 반면, 젖소들은 같은 양(1킬로그램)을 생산하기 위하여 8킬로그램의 먹이가 필요하다.

문제풀이 주어진 문장은 식용 곤충에게 부수적인 이점도 있다는 내용이므로, 식용 곤충의 영양학적 이점을 언급하는 문장과 환경오염을 줄이고 더 많은 굶주린 사람을 먹일 수 있다는 또 다른 이점을 언급하는 문장 사이인 ③에 들어가는 것이 가장 적절하다.

구문분석 [4행] Researchers have found [that some ants, grasshoppers and beetles contain about **as much protein as** beef and contain less fat (than beef)].
[ ]는 have found의 목적어로 쓰인 명사절이다. 「as+원급(+명사)+

as」는 원급비교 구문으로 '~만큼 …한 (명사)'의 의미이다. less fat 뒤에는 반복되는 어구인 than beef가 생략되어 있다.

[7행] [Using insects as food] **can reduce** greenhouse gas and livestock pollution <u>and</u> (can) **feed** millions of hungry people.
동명사구 [ ]가 주어이며, 동사 can reduce와 (can) feed가 접속사 and에 의해 병렬 연결되었다.

4 ③

해석 둥지를 틀 때가 되면, 암컷 독수리는 흔히 가시가 많은 나뭇가지와 날카로운 돌을 포함해 몇 가지 특이한 재료들을 가지고 시작한다. 그러나 그 암컷의 다음 단계는 알들을 위한 완충재를 만들기 위해 양모, 깃털, 그리고 동물의 털과 같은 더 부드러운 재료를 덧대는 것이다. 알들이 부화한 후에, 어린 새들은 보통 그들의 안락한 둥지와 그에 동반되는 공짜 식사를 떠나는 것을 꺼려한다. <u>그때가 어미 독수리가 둥지를 뒤흔들기 시작하는 때이다.</u> 그 암컷은 자신의 발톱을 사용해 부드러운 재료로 된 층을 잡아당겨 날카로운 돌들과 가시가 있는 나뭇가지들을 노출시킨다. 암컷이 이것을 더 많이 할수록, 둥지는 어린 새끼들에게 덜 편안해진다. 이런저런 방법을 사용하여 어미 독수리는 결국 새끼들이 둥지를 떠나 그들 자신의 삶을 시작하도록 납득시킨다.

문제풀이 주어진 문장은 그때가 어미 독수리가 둥지 뒤흔들기를 시작하는 때라는 내용이므로, 어린 새끼들이 둥지를 떠나려 하지 않는다는 문장과 둥지 뒤흔들기를 자세하게 묘사하는 문장 사이인 ③에 들어가는 것이 가장 적절하다.

구문분석 [7행] **The more** she does this, **the less** comfortable the nest becomes for her young.
「the+비교급 ~, the+비교급 …」 구문으로 '~할수록 더욱 …하다'의 의미이다.

⟨MINI Q.⟩

the nest

5 ③

해석 여러분은 보름달이 하늘 높이 떠 있을 때보다 지평선 위에 떠 있을 때 더 큰 것인지 의문을 품어 본 적이 있는가? 여기 여러분이 해 볼 수 있는 간단한 실험이 있다. 보름달이 뜬 날 밤에, 자를 들고 팔을 쭉 펴서 달의 크기를 측정해 보아라. 이것을 두 번 하는데, 한 번은 달이 탁 트인 하늘에 떠 있을 때, 그리고 한 번은 지평선 위에 떠 있을 때 측정해 보아라. <u>여러분은 비록 달이 크기가 변한 것처럼 보여도 두 측정치는 같다는 것을 알게 될 것이다.</u> 사실, 여러분의 눈에 보이는 크기의 차이는 착시이다. 달이 하늘 높이 떠 있으면, 근처에 그것을 비교할 대상이 없다. 그러나 달이 더 낮게 있으면, 지평선에 있는 작은 나무, 건물, 언덕들과 비교해서 달을 보는 것이 그것(= 달)을 더 커 보이게 만든다.

문제풀이 보름달이 하늘에 높게 떠 있을 때보다 지평선 근처에 있을 때 더 커 보이는 이유를 설명한 글로, 주어진 문장에 your two measurements라는 표현이 있으므로 달의 크기를 두 번 측정해 보라는 내용과 눈에 보이는 크기의 차이가 착시 때문이라고 설명하는 문장 사이인 ③에 오는 것이 가장 적절하다.

구문분석 [3행] **Have** you ever **wondered** [*if* a full moon is larger …]?
Have … wondered는 〈경험〉을 나타내는 현재완료 시제이다. 접속사 if가 이끄는 명사절 [ ]는 wondered의 목적어 역할을 한다.

[9행] …, [seeing it in comparison to … horizon] <u>makes it</u> <u>look</u> bigger.
　　　　　　　　　　　　　　　S　　　　　　V　　O
O.C.
동명사구 [ ]가 주어이다. 「make+O+O.C.」는 '~가 …하게 하다'의 의미로 사역동사 make의 목적격보어로 동사원형 look이 쓰였다.

6 ⑤

해석 오늘날 통계는 어디에나 있다. 실제로, 일반적인 사람이 매일 다섯 개의 서로 다른 통계를 접하는 것으로 추정되고 있다. 이것의 문제는 사람들이 결정을 내리는 데 이러한 통계를 사용하는 경향이 있다는 점이다. 예를 들어, 전화 회사를 선택할 때, 당신은 고객 수가 가장 많은 회사를 선택할지도 모른다. 그러나 그 통계는 당신에게 그 회사의 서비스의 질이나 고객들의 만족도에 대해서 어떤 것도 말해 주지 않는다. 유감스럽게도, 많은 사람들이 단지 고객 수가 많은 것만 보고 그것이 그 회사가 좋은 상품이나 서비스를 제공하기 때문이라고 추정한다. <u>이는 사실일 수도 있지만, 그것은 또한 철회하기 어려운 부당한 계약과 같은 부정적인 것 때문일 수도 있다.</u> 그러므로 그것들이 때로는 유용할지라도, 통계는 또한 오해의 소지가 있을 수도 있다.

문제풀이 주어진 문장에서 역접의 접속사 but을 이용해 통계 수치가 높은 이유가 부정적인 요인 때문일 수도 있다고 이야기하고 있으므로, 통계 수치가 높은 이유를 긍정적인 원인 때문이라고 보는 일반적인 시각을 언급한 문장과 통계는 오해의 소지가 있을 수도 있다고 언급한 문장 사이인 ⑤에 들어가는 것이 가장 적절하다.

구문분석 [5행] …, **when** (you are) selecting a telephone company, you might choose the one with the greatest number of customers.
시간의 부사절의 주어와 주절의 주어가 같으므로 접속사 when 다음에 「주어+be동사」인 you are가 생략되었다.

[8행] Unfortunately, many people just see **the large number of** customers and assume [that **it**'s due to <u>the company</u> *providing* good products or services].
[ ]는 assume의 목적어로 쓰인 명사절이다. 「the number of+복수명사」는 '~의 수'라는 의미로 단수 취급하므로 이를 가리키는 단수 대명사 it을 썼다. providing은 전치사 to의 목적어로 쓰인 동명사이며, the company는 동명사의 의미상 주어이다.

⟨MINI Q.⟩

a telephone company

03 흐름과 무관한 문장

해석 직원들은 공유된 사건, 심지어 처음에는 분노나 갈등을 불러일으킬 수 있는 사건에 대해서도 웃음으로써 단합된다. 유머는 어쩌면 불화를 일으킬 수 있는 사건을, 조직 구성원들에 의해 간직되는 통합 가치에 도움이 된다고 (제대로) 이해되는 그저 '재미있는' 사건으로 재구성한다. 유머러스한 사건들을 되풀이해서 자세히 이야기하면 조직의 핵심 가치에 근거를 둔 단합이 강화된다. 어떤 팀이 대형 쓰레기 수납기 화재에 관한 이야기를 되풀이했는데, 표면적으로는 재미있어 보이지 않는 것이지만, 그 이야기가 직장의 여러 당사자에 의해 여러 번 공유되면서 안전을 지켜야 하겠다는 동기를 부여받게 된 직원들의 반응이 웃음을 자아냈다. 웃음을 유발하는 공유된 사건은 소속감을 나타낼 수 있는데, 이는 그 사건 속의 유머를 이해하려면 '여러분은 그곳에 있어야 했고' 조직 구성원이 아닌 사람들은 그러지 않았기에[그곳에 없었기에] 그러지 못하기[유머를 이해하지 못하기] 때문이다. (유머는 사람들의 관심을 쉽게 사로잡을 수 있기 때문에, 광고 방송은 웃는 얼굴과 몸짓 같은, 유머러스한 요소들을 포함하려는 경향이 있다.) 유머의 사례는 조직 구성원들 간의 유대감을 만드는 역할을 한다. 심지어 유머를 이해하는 것은 조직 구성원임을 나타내는 비공식적 신분증으로 요구될 수도 있다.

구문분석 [2행] Humor reframes potentially divisive events into merely "laughable" ones [which are put in perspective as subservient to unifying values {held by organization members}].

ones는 앞에 있는 events를 대신하는 부정대명사이고 [ ]는 ones를 수식하는 주격 관계대명사절이다. { }는 unifying values를 수식하는 과거분사구이다.

[8행] Shared events [that cause laughter] can indicate a sense of belonging [since "you had to be there" to see the humor in them, and non-members **were not** and **do not**].

첫 번째 [ ]는 주어 events를 수식하는 주격 관계대명사절이다. 두 번째 [ ]는 '왜냐하면'이라는 의미의 접속사 since가 이끄는 부사절이다. were not에서 were는 앞에 있는 be there에서 be의 대동사이고, do not에서 do는 see the humor에서 see에 대한 대동사이다.

어휘 initially 처음에   spark 불러일으키다, (웃음 따위를) 자아내다   conflict 갈등   reframe 재구성하다   potentially 어쩌면, 잠재적으로   divisive 불화를 일으키는   put ~ in perspective ~을 (제대로) 이해하다, ~을 전체적인 시야로 보다   recount 자세히 이야기하다   reinforce 강화하다   dumpster 대형 쓰레기 수납기   preserve 지키다, 보존하다   sense of belonging 소속감   commercial (텔레비전·라디오의) 광고 (방송)   enact 만들다, 제정하다   bond 유대(감)   informal 비공식적인   badge 증표, 상징

정답 ④

해석 식물은 동물보다 더 빨리 재해로부터 회복하는 경향이 있기 때문에 손상된 환경의 소생에 필수적이다. 왜 식물에게는 재해로부터 회복할 수 있는 이런 특별한 능력이 있을까? 그것은 대체로 식물이 동물과 달리 생애 주기 내내 새로운 장기와 조직을 생성할 수 있기 때문이다. 이러한 능력은 식물의 분열 조직, 즉 특정 신호에 반응하여 새로운 세포 조직과 기관으로 분화할 수 있는, 뿌리와 싹에 있는 미분화 세포 조직 부위의 활동 때문이다. 재해 시에 분열 조직이 손상되지 않으면, 식물은 회복해서 파괴되거나 척박한 환경을 궁극적으로 변화시킬 수 있다. 번개 맞은 나무가 오래된 상처에서 자라나는 새로운 가지를 형성할 때 더 작은 규모로 이러한 현상을 볼 수 있다. (숲과 초원의 형태로, 식물은 물의 순환을 조절하고 대기의 화학적 구성을 조절한다.) 식물의 재생이나 다시 싹 나는 것 외에도, 교란된 지역은 재파종을 통해서도 회복할 수 있다.

문제풀이 동물과는 다르게 식물은 분열 조직의 활동을 통해서 재해 등으로부터 손상된 환경을 회복시키는 특별한 능력이 있다는 내용의 글이므로 숲이나 초원에서 식물이 하는 기본적 기능이나 역할에 대한 내용의 ④는 글의 흐름과 무관하다.

구문분석 [4행] This ability is due to the activity of plant meristems — [regions of undifferentiated tissue in roots and shoots {that can, **in response to specific cues**, differentiate into new tissues and organs}].

[ ]는 앞에 있는 plant meristems(식물 분열 조직)과 동격이다. { }는 앞의 tissue를 수식하는 주격 관계대명사절이다. in response to specific cues는 삽입 형태의 부사구이다.

[8행] You can see this phenomenon on a smaller scale [when a tree {struck by lightning} forms new branches {that grow from the old scar}].

[ ]는 때를 나타내는 부사절이다. 첫 번째 { }는 주어 a tree를 수식하는 과거분사구이며, 두 번째 { }는 목적어 new branches를 수식하는 주격 관계대명사절이다.

어휘 recover from ~로부터 회복하다   disaster 재해, 재난   preferential 특별한, 특혜의   organ 기관, 장기   tissue 세포 조직   life cycle 생애 주기   meristem (식물의) 분열 조직   undifferentiated 미분화된   shoot (새로 돋아난) 싹[순]   differentiate into ~으로 분화하다   phenomenon 현상   scale 규모   scar 흉터, 상처   adjust 조정[조절]하다   composition 구성   regeneration 재생   resprouting 다시 싹이 남   disturbed 교란된, 산란한   reseeding 재파종

적용독해

p.100

1 ②　**2** ④　**3** ④

1 ②

해석 호주의 대보초가 죽어가고 있다는 최근의 보도로, 수많은 관광객들이 그것이 사라지기 전에 그것을 보려는 바람으로 그곳으로 향하고 있다. 이것은 LCT로도 알려진 '마지막 기회 관광'의 대표적인 예이다. LCT는 사람들이 곧 사라질 가능성이 있는 것들을 경험하게 하는 데 주력하는 특수한 형태의 관광업이다. (오늘날 관광 산업은 환경에 특별한 관심이 있는 나이가 있는 여성들을 대상으로 하는 관광 상품을 많이 개발해 오고 있다.) 불행하게도, 위기에 처한 장소를 보고 싶어하는 관광객들의 급증은 그 장소를 더 큰 위험에 빠뜨리는 역할만 한다. 이것은 관광과 관련된 과잉 수용과 증가된 탄소 배출이 그 장소를 더 나빠지게 만들 수 있고, 이는 결과적으로 다른 마지막 기회 관광객들의 마음을 더 끌게 되기 때문이다. 그러나, 이 관광객들은 대개 그들 자신의 행동의 부정적인 결과를 알지 못한다.

문제풀이 위기에 처한 관광 명소가 마지막으로 그곳을 보려는 관광객들로 인해 더 큰 위험에 처할 수 있다는 내용의 글이므로, 최근의 관광 상품의 대상 고객에 대한 내용인 ②는 글의 흐름과 관계가 없다.

구문분석 [3행] LCT is a specialized type of tourism [that focuses on allowing people to experience things {that are likely to disappear soon}].
[ ]는 a specialized type of tourism을 수식하는 주격 관계대명사절이다. 「allow+O+to-v」는 '~가 …하게 하다'의 의미이다. { }는 things를 수식하는 주격 관계대명사절이다.

[6행] …, a rush [of tourists {hoping to see an endangered site}] only serves to put the site in greater danger.
[ ]는 a rush를 수식하는 전치사구이며 동사는 serves이다. { }는 tourists를 수식하는 현재분사구이다.

[7행] This is because [the overcrowding and increased carbon emissions {related to tourism} can cause the site to deteriorate further], which in turn increases its appeal to other last chance tourists.
{ }는 the overcrowding … emissions를 수식하는 과거분사구이다. which 이하는 앞 절 [ ]의 내용을 선행사로 하는 계속적 용법의 주격 관계대명사절이다.

2 ④

해석 판매용 달걀 생산에서, 모든 달걀이 포장되어 판매용으로 나가기 전에 달걀의 품질을 결정하기 위해 등급 평가 체계가 사용된다. 각 달걀은 특정 등급이 부여되기 전에 안팎으로 주의 깊게 검사를 받는다. 검사관들은 껍질이 깨끗하고 훼손되지 않았는지를 보고, 그것들이 정상적인 모양과 질감을 갖고 있는지를 확인하기 위해 달걀의 외관을 살펴본다. 그런 후, 엑스레이 기술을 이용하여 검사관들이 달걀의 내부를 들여다보며 진하고 맑은 흰자와 건강한 노른자가 있는지를 확인한다. (달걀 노른자는 여러 가지 필수 비타민과 무기질을 함유하고 있는 것으로 입증되었다.) 마지막으로, 각 달걀 안에 있는 기실(氣室)의 크기가 검사되는데, 그것이 작을수록 달걀의 등급은 더 높아질 것이다.

문제풀이 달걀의 등급을 매기는 과정을 설명한 글이므로, 달걀 노른자의 영양 성분에 대한 ④는 글의 흐름과 관계가 없다.

구문분석 [3행] Inspectors look at the outside of the eggs **to see** [whether their shells are clean and undamaged], and **to make sure** {that they have a normal shape and texture}.
to see와 to make sure는 목적을 나타내는 부사적 용법의 to부정사로, and로 병렬 연결되었다. [ ]와 { }는 각각 see와 make sure의 목적어 역할을 하는 명사절이다.

[8행] … **the smaller** it is, **the higher** the egg's grade is likely to be.
「the+비교급 ~, the+비교급 …」은 '~할수록, 더욱 …하다'의 의미이다.

3 ④

해석 과거에, 더 많은 시한부 환자들이 병원에서 의학적 치료를 받기 시작함에 따라, 그들이 익숙한 장소에서 마지막 순간을 보낼 수 있도록 집으로 돌아가고 싶어하는 것은 흔한 일이 되었다. 하지만, 최근에, 호스피스와 시한부 환자 간호를 향한 움직임이 증가해 오고 있다. 호스피스는 시한부 간호에 주력하는 시설로, 환자들이 편안하게 죽음을 맞이하게 해준다. 병원과 호스피스의 차이는 치유를 위한 간호와 시한부 간호의 차이와 관련이 있다. (많은 병원과 요양원은 그들의 시설 내에서 시한부 간호 서비스를 제공한다.) 치유를 위한 간호는 증상을 개선하려고 하는 치료이지만, 시한부 간호의 목표는 환자의 고통을 줄이기 위해 통증과 불편함을 줄이는 것이다.

문제풀이 병원과 호스피스의 차이를 설명하기 위해 치유를 위한 간호와 시한부 간호 서비스의 차이를 설명하고 있으므로, 시한부 간호 서비스를 제공하는 병원과 요양원이 많다는 ④는 글의 흐름과 관계가 없다.

구문분석 [2행] …, **it** became common *for them* [**to want** to return home so that they could spend their last moments in a familiar place].
it은 가주어, [ ]가 진주어이며 for them은 to부정사의 의미상 주어이다. 「so that+S+can[could]」는 '~가 …할 수 있도록'의 의미이다.

[4행] A hospice is a facility [that is focused on end-of-life care], **allowing** patients to confront death in comfort.
[ ]는 a facility를 수식하는 주격 관계대명사절이다. allowing 이하는 〈부대상황〉을 나타내는 분사구문이다.

[5행] The distinction [between hospitals and hospices] **has to do with** the difference [between curative care and end-of-life care].
두 개의 [ ]는 각각 The distinction과 the difference를 수식하는 전치사구이다. 「have to do with ~」는 '~와 관계가 있다'의 의미이다.

PART 4   REVIEW **TEST**   p.102

1 ②   2 ④   3 ⑤   4 ③   5 ④   6 ⑤
7 ④   8 ④   9 ①

1 ②

해석 개기 월식이 일어날 때, 달은 때때로 빨갛게 변하는 것처럼 보인다. 이것이 발생할 때, 그것은 붉은 달이라고 불린다. 그러나 무엇이 이것을 야기하는가? 개기 월식은 달이 지구의 그림자를 통과할 때 일어난다. 그 결과, 지구는 평상시에는 달을 비추는 직접적인 햇빛을 차단한다. 그러나, 일부 햇빛은 지구의 대기를 통해 이동한 후에 달의 표면에 간접적으로 도달한다. 햇빛이 지구의 대기를 통과하면서, 레일리 산란이라고 알려진 현상이 일어난다. 이것이 빛 스펙트럼의 특정 색깔들을 걸러내어 그것들을 산란시킨다. 빨간색의 파장은 영향을 받을 가능성이 가장 낮은 반면, 파란색의 파장은 산란될 가능성이 가장 높다. 그 결과, 달에 도달하는 빛은 붉은빛을 띠는 경향이 있다.

문제풀이 주어진 문장은 일부 햇빛은 지구의 대기를 통과해 간접적으로 달의 표면에 도달한다는 내용이므로, 개기 월식이 일어날 때 지구가 달을 비추는 직접적인 햇빛을 차단한다는 문장과 햇빛이 지구의 대기를 통과할 때 산란이 일어난다는 문장 사이인 ②에 위치하는 것이 가장 적절하다.

구문분석 [1행] Some sunlight, however, reaches the moon's surface indirectly, [after moving through Earth's atmosphere].
[ ]는 접속사가 생략되지 않은 분사구문으로, after it(= some sunlight) moves through Earth's atmosphere로 바꿔 쓸 수 있다.

[6행] **As** the sunlight passes through Earth's atmosphere, a phenomenon [known as Rayleigh scattering] takes place.
As는 〈시간〉을 나타내는 접속사이며, [ ]는 a phenomenon을 수식하는 과거분사구이다.

2 ④

해석 다음의 시나리오를 상상해 보라. 상처 부위 안에 놓인 원격 조정 장치가 작동되어 열을 이용해 약물에 가장 저항력이 강한 미생물까지도 없애준다. 상처 부위를 소독하는 것을 마친 후에, 그 장치는 용해된다. 그러한 장치들이 아직 사용될 준비가 된 것은 아니지만, 과학자들은 그것들을 완성하는 데 가까워지고 있다. 미국의 기술자들은 이미 용해성의 전자 장치뿐 아니라, 생분해성의 원격 조정 회로 또한 설계해냈다. 이 회로는 의학적으로 사용될 수 있는 용해성의 전자 장치를 만드는 데 필수적일 것이다. (의료 분야에의 적용뿐 아니라, 이러한 기기들은 전자 공학과 건설에서도 효과적으로 사용될 수 있다.) 정해진 시간에 따라 회복의 임무를 완료한 후에, 그것들은 간단하게 용해되어 그것들을 나중에 외과 수술로 제거할 필요를 없앤다.

문제풀이 체내에 들어가 특정 기능을 수행한 뒤 용해되는 원격 조정 장

치의 의학적 가능성에 대한 글이므로, 의료 분야뿐 아니라 건설에도 사용이 가능하다는 ④는 글의 흐름과 관계가 없다.

구문분석 [1행] A remote-controlled device [placed inside a wound] is activated and uses heat {to kill even …} .
[ ]는 주어 A remote-controlled device를 수식하는 과거분사구이며, 동사 is activated와 uses가 and로 병렬 연결되었다. { }는 〈목적〉을 나타내는 부사적 용법의 to부정사구이다.

[9행] …, they would simply dissolve, eliminating the need [to surgically remove them later].
[ ]는 the need를 수식하는 형용사적 용법의 to부정사구이다.

3 ⑤

해석 사람들은 때때로 설탕이 신체에 즉각적인 에너지의 분출을 제공한다고 주장한다. 우리가 설탕을 섭취할 때 실제로 일어나는 것은 혈당이 증가하는 것인데, 이는 췌장이 혈당 수치를 안정시키는 데 사용되는 호르몬인 인슐린을 분비하게 만든다. (C) 결과적으로, 우리는 그때 혈당이 갑자기 떨어지는 것을 경험하는데, 이것이 우리가 피곤함을 느끼게 만든다. 다시 말해, 피로감은 당 섭취에 대한 신체의 자연스러운 반응이다. (B) 이러한 느낌은 보통 여러분의 혈당 수치가 정상으로 돌아가면 저절로 사라진다. 그것을 완전히 피하는 최고의 방법은 여러분의 식단에서 설탕의 양을 최소화하는 것이다. (A) 또한 빵, 파스타, 그리고 쌀에 들어 있는 정제된 탄수화물을 피하는 것도 좋은 방법이다. 보통, 여러분이 균형 잡힌 규칙적인 식사를 한다면, 여러분의 혈당 수치는 안정적으로 유지될 것이다.

문제풀이 설탕 섭취 시 췌장이 혈당 수치 안정을 위해 인슐린을 분비한다는 주어진 글 다음에, 이에 대한 결과로 혈당이 갑자기 떨어지게 되어 피곤함을 느끼게 된다는 (C)가 오고, 이러한 피로감은 혈당 수치가 정상이 되면 저절로 사라진다는 (B)가 온 후, 혈당 수치를 안정적으로 유지하는 추가적인 방법을 설명한 (A)로 이어지는 것이 자연스럽다.

구문분석 [2행] **What** actually happens when we eat sugar is [that our blood sugar increases], {which causes the pancreas to produce insulin, a hormone [that is used to stabilize our blood sugar levels]}.
What ... sugar는 선행사를 포함하는 관계대명사 what이 이끄는 명사절로, 문장의 주어 역할을 한다. 첫 번째 [ ]는 문장의 보어 역할을 하는 명사절이다. { }는 our blood sugar increases를 선행사로 하는 계속적 용법의 주격 관계대명사절이다. insulin과 a hormone은 동격이며, 두 번째 [ ]는 a hormone을 수식하는 주격 관계대명사절이다.

[5행] **It** is also a good idea [to avoid refined carbohydrates, {which are found in bread, pasta and rice}].
It은 가주어이고, to부정사구인 [ ]는 진주어이다. { }는 refined carbohydrates에 대해 부연 설명하는 계속적 용법의 주격 관계대명사절이다.

[9행] The best way [to avoid it completely] is **by minimizing** the amount of sugar in your diet.
[ ]는 The best way를 수식하는 형용사적 용법의 to부정사구이다. 「by v-ing」는 '~함으로써'라는 의미로, 수단이나 방법을 나타낸다.

4 ③

해석 Everton 대학은 현재 많은 문제들에 직면해 있다. 우선, 대부분의 강의실들이 초만원이다. 예를 들어, Science Hall의 201호 강의실에서 열리는 강의들에는 45명이나 되는 학생들이 있지만, 책상은 고작 31개밖에 없다. 게다가, 많은 강의실들이 유지보수가 부실하여 벽과 바닥이 온통 얼룩투성이다. 안타깝게도, 이러한 문제들은 학교 건물 밖에서도 계속된다. 가장 문제가 되는 것은 학생들의 자동차를 수용할 수 있는 주차 공간이 몹시 부족하다는 것이다. 실제로 교정에 위치한 한 개의 주차장은 거의 항상 꽉 차 있는데, 이것은 학생들이 인근 주택가에 차를 주차할 수밖에 없다는 것을 의미한다. 때때로 (주차) 공간을 찾는 데 시간이 매우 오래 걸릴 수 있어서 학생들은 그저 제시간에 수업에 도착하기 위해 전력 질주를 해야 한다.

문제풀이 주어진 문장은 학교 건물 밖에도 문제점이 있음을 언급하고 있으므로, 건물 내부의 문제점을 나열한 문장과 건물 밖의 주차 공간 부족 문제를 상세히 다룬 문장 사이인 ③에 위치하는 것이 가장 적절하다.

구문분석 [6행] Most troubling is [the terrible shortage of parking spaces {available for students' cars}].

주격보어인 Most troubling이 강조되어 문두로 나가면서 주어인 [ ]와 동사 is가 도치되었다. { }는 parking spaces를 수식하는 형용사구이다.

[9행] It can sometimes take *so* long to find a spot *that* students have to sprint … .

「It can take+시간+to-v」는 '~하는 데 (시간)이 걸릴 수 있다'의 의미이다. 「so ~ that …」은 '너무 ~해서 …하다'의 의미이다.

5 ④

해석 사람들이 예술을 창조하는 데에는 많은 이유들이 있는데, 그 중 하나는 자신들의 도덕적이고 종교적인 신념을 표현하기 위해서이다. 많은 아프리카의 예술도 이러한 이유로 창조되었다. 아프리카의 조각, 이야기, 춤, 그리고 음악은 모두 종교에 그 기원을 둔다. 이 종교적 영향은 아프리카 예술이 보통 형태에 있어서는 다양하나, 양식의 유사성을 지닌 한 이유이다. 종교적 신념과 의식이 다양하므로, 각 지역은 북이나 가면과 같이 서로 다른 예술 도구들을 만들었다. (오늘날, 토속신앙은 아직도 아프리카 인구의 절반 이상에 의해 행해진다.) 그러나, 이 예술의 기본 양식은 공통적인 종교적 주제로 인하여 유사하다.

문제풀이 아프리카의 예술이 종교에 기반을 둔다는 내용의 글로, 토속신앙이 아직도 대다수 아프리카 국민들에 의해 행해지고 있다는 ④는 글의 흐름과 관계가 없다.

구문분석 [1행] There are many reasons [that people create art], one of *which* is {to express their moral and religious beliefs}.

[ ]는 many reasons를 수식하는 관계부사절로, 관계부사 why 대신에 that이 왔다. which는 many reasons를 선행사로 하는 계속적 용법의 주격 관계대명사이다. { }는 주격보어 역할을 하는 명사적 용법의 to부정사구이다.

6 ⑤

해석 Charlie Steinmetz는 역사상 가장 재능 있는 기술자 중 한 사람이었다. Henry Ford의 대규모 자동차 공장에서 사용되는 전기 발전기를 고안한 인물이 바로 Steinmetz였다. (C) 한번은, 바쁜 업무 시간 중에 공장의 발전기가 고장이 났는데, 회사의 기계공들 중 어느 누구도 그것을 고칠 수 없었다. 결국, Ford는 Steinmetz에게 전화를 했다. 그 천재는 몇 시간 동안 기계를 만지작거렸고, 공장은 다시 가동되었다. (B) 모든 것이 다시 잘 돌아가고 난 후에, Steinmetz는 Ford에게 10,000달러를 요구하는 청구서를 주었다. 비록 Ford가 부유하기는 했지만, 그는 충격을 받았다. "Charlie, 발전기를 두 시간 정도 손본 것치고는 좀 많다고 생각하지 않아요?"라고 그가 말했다. (A) Steinmetz는 "발전기를 손본 것에 대해서는 100달러만 청구하는 것입니다. 하지만 어디를 손보아야 하는지를 알아낸 것에 대해 9,900달러를 청구하는 것입니다."라고 대답했다. Ford는 그것에 대해 언쟁할 수 없었고, 그 돈을 지불했다.

문제풀이 Charlie Steinmetz는 Henry Ford의 자동차 공장의 전기 발전기를 고안한 유능한 기술자라는 주어진 글에 이어, 그가 만든 발전기가 고장 나자 Ford가 그에게 수리를 요청했다는 내용의 (C)가 오고, 기계를 고치고 난 후 Steinmetz가 청구한 높은 금액의 수리비에 대해 Ford가 이의를 제기했다는 (B)가 이어진 다음, Steinmetz의 재치 있는 대답에 Ford가 결국 돈을 지불했다는 내용의 (A)로 이어지는 것이 가장 자연스럽다.

구문분석 [1행] It was Steinmetz that created the electrical generators [used in Henry Ford's massive automobile factory].

「it is[was] ~ that …」 강조구문으로 문장의 주어인 Steinmetz를 강조하고 있다. 강조 대상이 사람인 경우 that 대신에 who를 사용할 수도 있다. [ ]는 the electrical generators를 수식하는 과거분사구이다.

[5행] But I'm charging you $9,900 for knowing [where to fool around].

「where to-v」는 '어디서[어디로] ~할지'의 의미로 동명사 knowing의 목적어로 쓰인 명사구이다.

7 ④

해석 수년 전에, 중장비로 가득 찬 공장에서 일하던 한 젊은이가 있었다. 그 설비는 너무나 거대해서 건물 전체를 흔들었고, 그를 매우 불편하게 만들었다. 해결책으로, 그는 밟고 설 수 있는 고무 매트를 가져오기로 결정했다. 아니나 다를까, 그 매트는 바닥의 진동을 완화시켜 그 남자의 불편함을 덜어주었다. 하지만, 며칠 뒤에, 그는 누군가가 그의 매트를 훔쳐간 것을 알고 크게 실망했다. 아이디어를 수정하여, 그는 고무 두 조각을 구해 그의 신발 각각의 뒤꿈치에 하나씩 못으로 박아 고정시켰다. 이제 그는 어느 누구도 훔쳐갈 수 없는 밟고 서 있을 수 있는 두 장의 작은 고무 매트를 가지게 되었는데, 그것들은 원래의 것만큼 효과가 있었다. 그 젊은이는 Humphrey O'Sullivan으로, 최초로 고무 뒤축을 댄 신발을 발명한 사람이었다.

문제풀이 주어진 문장은 아이디어를 수정하여 고무 조각을 신발에 박았다는 내용이므로, 기존의 고무 매트를 누군가 훔쳐갔다는 문장과 고무 조각을 댄 신발에 대해 더 자세히 언급하는 문장 사이인 ④에 위치하는 것이 가장 적절하다.

구문분석 [8행] Now he had two little rubber mats [to stand on] {that no one could steal}, ...

[ ]와 { }는 각각 two little rubber mats를 수식하는 형용사적 용법의 to부정사구, 목적격 관계대명사절이다.

8 ④

해석 토끼가 코를 상하좌우로 재빨리 움직이면서 코를 씰룩댈 때, 그것은 여러 방향으로부터 오는 냄새를 맡고 있는 것이다. 그렇게 함으로써, 토끼는 숨어 있는 포식자를 감지할 확률이 높아진다. 그러나, 코를 씰룩대는 기술은 생각만큼 간단하지 않다. 사실, 토끼 이외에는 이런 식으로 코를 씰룩댈 만큼 코에 있는 근육과 신경을 충분히 잘 통제할 수 있는 동물은 거의 없다. (물론, 사람들도 이처럼 코를 씰룩댈 수는 없지만, 윗입술은 더 잘 움직일 수 있다.) 야생 토끼처럼, 반려 토끼들도 그들의 코를 씰룩거린다. 그들은 포식자들을 감지하는 것에 대해 걱정할 필요는 없지만, 그들의 후각은 여전히 그들이 집에서 먹이를 찾는 것을 도와줄 수 있다.

문제풀이 토끼가 코를 씰룩대는 이유와 그 특징에 대해 설명하는 글로, 사람이 윗입술을 잘 움직일 수 있다는 ④는 글의 흐름과 관계가 없다.

구문분석 [1행] When a rabbit wiggles its nose, [moving **it** quickly from side to side or up and down], *it* is picking up ... .

[ ]는 〈부대상황〉을 나타내는 분사구문이다. 분사구문의 it은 its nose를 가리키는 지시대명사이고 주절의 it은 a rabbit을 가리키는 지시대명사이다.

[4행] In fact, **few** animals other than the rabbit are able to control the muscles and nerves in their noses *well enough to wiggle* them in this way.

few는 셀 수 있는 명사 앞에 쓰여 '거의 없는'이라는 부정의 의미를 나타낸다. 「부사[형용사]+enough to-v」는 '~할 만큼 충분히 …하게[한]'라는 의미이다.

9 ①

해석 소크라테스의 최후 며칠 동안, 그의 친구들은 그가 사형당하기로 되어 있는 감옥으로부터 탈출하도록 도울 완벽한 계획을 짰다. (A) 그들은 논리를 이용해 자신들의 계획이 좋은 것이라고 소크라테스를 납득시키려 노력했다. 만일 그가 그들의 계획을 받아들인다면, 그는 감옥을 탈출하여 삶을 계속 살아갈 수 있을 거라고 친구들은 설명했다. 그러나 그가 거절한다면 사람들은 친구들이 그에게 신경 쓰지 않았다고 생각할 것이라고 그들은 말을 이었다. (C) 그러므로 만일 그가 친구들의 평판을 지켜주고자 한다면, 그들의 계획을 따라 감옥을 탈출하는 것이 논리적인 선택일 것이다. 그러나 소크라테스는 사람의 평판은 어떤 행동이 옳은지 그른지에 대해 어떤 영향도 미치지 않는다고 설명했다. (B) 무엇보다도, 결정을 내릴 때 제일 중요한 것은 정의라고 그는 친구들에게 말했다. 말을 하고 나서, 소크라테스는 친구들(의 제안)을 거절하고 죽음을 받아들였다.

문제풀이 소크라테스의 친구들이 그를 탈출시킬 계획을 세웠다는 내용의 주어진 글 다음에, 친구들이 소크라테스가 탈출해야 하는 이유에 대한 근거를 그에게 납득시키려 했다는 (A)에 이어, 소크라테스가 친구들의 근거가 타당하지 않다고 설명한 (C)가 오고, 친구들의 제안을 거절하고 소크라테스가 죽음을 받아들였다는 (B)로 이어지는 것이 자연스럽다.

구문분석 [1행] During Socrates' final days, his friends formulated the perfect plan [to help him escape from the prison {where he **was to be killed**}].

[ ]는 the perfect plan을 수식하는 형용사적 용법의 to부정사구이다. { }는 the prison을 수식하는 관계부사절이다. was to be killed는 '~할 예정이다'라는 의미의 〈약속·예정〉을 나타내는 「be to-v」구문이다.

[8행] **Having spoken**, Socrates turned his friends down and accepted his death.

Having spoken은 〈시간〉을 나타내는 분사구문으로, 「having v-ed」로 시작하는 완료형 분사구문은 그 일이 주절의 시제보다 먼저 일어난 일임을 나타낸다.

01 일반 장문

기출 깨뜨리기 p.110

해석 사물들을 무리지어 그룹으로 분류하는 것은 우리가 항상 하는 일이며, 그 이유를 이해하는 것은 힘들지 않다. 음식이 진열대에 마구잡이로 배열된 슈퍼마켓에서 쇼핑하려고 한다고 상상해 보라. 한 통로에서는 흰 빵 옆에 토마토 수프가 있고, 치킨 수프는 뒤쪽에 있는 60와트 백열 전구 옆에 있고, 한 크림치즈 브랜드는 앞쪽에, 또 다른 하나는 쿠키 근처의 8번 통로에 있다. 여러분이 원하는 것을 찾는 일은, 불가능하지는 않더라도 시간이 많이 걸리고 매우 어려울 것이다.

슈퍼마켓의 경우, 누군가는 분류 체계를 설계해야 했다. 하지만 또한 우리 언어에 포함되어 있는 이미 있는 분류 체계도 있다. 예를 들어, '개'라는 단어는 특정 부류의 동물들을 함께 분류하여 다른 동물들과 구별한다. 분류라고 하기에는 그러한 분류가 너무 추상적으로(→ 분명해) 보일 수 있지만, 이것은 단지 여러분이 이미 그 단어를 숙달했기 때문이다. 말하기를 배우는 아이로서, 여러분은 부모님이 가르쳐주려 애썼던 분류 체계를 익히기 위해 열심히 노력해야 했다. 여러분이 그것을 이해하기 전에, 아마 고양이를 개라고 부르는 것과 같은 실수를 했을 것이다. 만약 여러분이 말하기를 배우지 않았다면, 온 세상이 정돈되지 않은 슈퍼마켓처럼 보일 것이다. 여러분은 모든 물건이 새롭고 낯선 유아의 상황에 있을 것이다. 그러므로 분류의 원리를 배울 때, 우리는 언어의 핵심에 있는 구조에 대해 배우고 있는 것이 될 것이다.

오답풀이 ① 영업과 어학 학습의 전략 유사성
③ 범주화를 통한 언어학적 문제 탐색
④ 기존의 분류 시스템이 정말 더 괜찮은가?
⑤ 언어 교육에서 분류 활용의 딜레마

구문분석 [9행] The word "dog," for example, groups together
  S   V1
a certain class of animals **and** distinguishes them from other
                                V2
animals.
주어 The word "dog"와 동사 groups 사이에 연결어 for example 이 삽입된 구조이고, 동사 groups와 distinguishes는 등위 접속사 and로 병렬되고 있다.

[12행] [As a child {learning to speak}], you had to work hard
[**to learn** the system of classification {your parents were trying to teach you}].
첫 번째 [ ]는 '~로서'라는 의미의 「전치사 As+명사구」로 된 부사구이며, 첫 번째 { }는 a child를 수식하는 현재분사구이다. 두 번째 [ ]는 '~하기 위해'라는 의미의 목적을 나타내는 부사적 용법의 to부정사구이다. 두 번째 { }는 classification을 수식하는 목적격 관계사절이다.

[15행] ... you would be in the position of an infant, [for **whom** every object is new and unfamiliar].

[ ]는 「전치사+관계대명사」의 구조로 선행사 an infant를 수식하는 계속적 용법의 관계대명사절이다.

어휘 classify 분류하다 arrange 배열하다 random 마구잡이로 하는 shelf (매장) 전열대, 선반 aisle 통로 light bulb 백열전구 time-consuming 시간이 많이 걸리는 ready-made 기성의, 이미 만들어진 embody 포함하다, 구현하다 distinguish 구별하다 master 숙달하다 get the hang of ~을 이해하다 unorganized 정돈되지 않은 infant 유아 unfamiliar 낯선 core 핵심

적용독해 p.112

1 ①   2 ④   3 ④   4 ④   5 ③   6 ①

1 ①   2 ④

해석 심리학자들은 보상과 아이들의 행동 간의 관계를 알아내기 위해 실험을 진행했다. 그들은 그림 그리기에 관심이 있는 3세에서 5세 까지의 아동 집단을 선발했다. 그다음 그들은 아이들을 세 개의 집단으로 나누었다. A 집단의 아이들은 그림을 그리며 자유 시간을 보낸다면 상으로 상장을 받게 될 것이라는 약속을 받았다. B 집단에서, 아이들은 상장에 대해서는 듣지 못했지만 그림을 그리기로 선택했을 경우 어쨌건 상장을 받았다. 마지막으로, C 집단에 있는 아이들은 상장을 받지도, 그에 관해 듣지도 못했다. 그 후 아이들은 자유 시간 동안 관찰되었고, A와 B 집단에 있는 아이들 중 그림을 그리며 시간을 보내기로 선택한 아이들은 상장을 받았다. 실험을 끝내고 나서 2주 후, 심리학자들이 돌아왔다. 그들이 발견한 것은 A 집단에 있는 아이들은 그림 그리기 활동에 대한 흥미를 많이 잃어버린 반면, 다른 두 집단의 아이들은 계속 열정적으로 그림을 그리고 있었다는 것이다. 이 현상은 현재 '과잉 정당화 효과'라고 알려져 있다. 그것은 물질적 보상의 제공이 실제로는 일을 수행하고자 하는 사람의 내재적 동기를 감소시킬 때 발생한다. 심리학자들의 실험은 상장이나 상으로 아이들을 격려하고자 했던 시도가 아이들이 자연스럽게 즐기는 활동에 관해서라면 역효과를 불러올 수 있다는 것을 보여주었다. 문제는, 그렇게 하는 것이 아이들의 동기를 내적 만족에서 외적 요소들로 바뀌도록 한다는 데 있다. 일단 이러한 외적 요소들이 제거되고 나면, 아이들의 내적 동기는 다시 돌아오지 않고 그들은 결국 그 활동에 흥미를 잃게 된다.

문제풀이 1. 물질적 보상이 내재적 동기를 잃게 하는 원인이라는 '과잉 정당화 효과'에 대해 설명하는 글이므로, 제목으로는 ① '사라진 동기의 놀라운 원인'이 가장 적절하다.
2. 빈칸 전의 내용에서, 물질적 보상을 약속받았던 A 집단의 아이들의 내재적 동기가 많이 떨어진 것으로 나타났으므로, 빈칸에는 ④ '일을 수행하고자 하는 사람의 내재적 동기를 감소시키다'가 적절함을 유추할 수 있다.

오답풀이 1. ② 아이들이 칭찬을 바라는 진짜 이유
③ 보상: 아이들에게 효과적인 동기 부여 요소
④ 창의적 활동들이 학생들을 고무시킬 수 있다
⑤ 선행에 대한 최고의 보상을 제공하기

2. ① 사람이 성공할 가능성을 높이다
② 한 사람의 새로운 것을 해보고자 하는 동기를 증진시키다
③ 같이 일하는 사람들 간의 협동을 저해하다
⑤ 사람이 계속해서 더 값진 상을 요구하도록 하다

구문분석 [2행] They selected a group of children [from the ages of three to five] {who were interested in drawing}.
[ ]와 { }는 각각 a group of children을 수식하는 전치사구와 주격 관계대명사절이다.

[14행] The psychologists' experiment showed that [attempting to encourage children with certificates or prizes] can have an adverse effect when it comes to activities {(that) the children naturally enjoy}.
[ ]는 that절의 주어로 쓰인 동명사구이며, { }는 activities를 수식하는 목적격 관계대명사절로 앞에 관계대명사 that이 생략되어 있다.

[16행] The problem is [that **doing so** causes the children's motivation to shift from internal satisfaction to external factors].
[ ]는 문장의 주격보어 역할을 하는 명사절이며, that절의 주어로 쓰인 동명사구 doing so는 앞 문장의 attempting to encourage children with certificates or prizes를 의미한다.

3 ④   **4** ④

해석 관계에서 친밀감을 나타내고자 하는 행동들은 그것들이 원치 않아지는 경우 때로 참견하는 것으로 보일 수 있다. 이러한 점 때문에, 누군가의 문제에 대해 자세히 묻는 것은 만약 그 사람이 특정 상황이나 사건에 대해 말하고 싶어 하지 않는다면 화를 일으킬 수도 있다. 이것은 흔히 부모들이 자식의 사생활에 대해 질문할 때 일어난다. 예를 들어, 막 남자친구와 헤어진 젊은 여성이 힘든 시기 동안 말할 누군가가 필요해서 자신의 어머니에게 의지할 수 있다. 그러나 이후에 그 여자가 초기의 감정들을 극복하고 나서도, 어머니가 그녀의 관계에 대해 계속 질문할지도 모른다. 이러한 질문들은 달갑지 않을 것이고, 많은 경우에 있어서 대립이 뒤따를 것이다. 가까운 지인의 괴로움을 아는 것은 보통 딜레마로 이어진다. 그 상황에 대해 질문하지 않는 것은 우리를 무신경한 사람으로 보이게 만들 수 있고, 반면 너무 자주 묻는 것은 상대방을 화나게 할 수 있다. 부모의 경우, 그들은 자식들의 삶에 대한 그들의 관심을 표현하고 그들이 신경 쓰고 있다는 것을 자식들에게 분명히 보여주고자 한다. 최근의 이별 후에 상심한 딸의 경우처럼, 대화를 시도하는 것이 바로 자식일 때, 이러한 관심은 환영받을 수 있다. 그러나 부모가 화제를 꺼내고 자식이 그에 대해 말하고 싶지 않을 경우에는, 질문함으로써 관심을 표현하는 것은 고맙게 받아들여지지 않을 것이다. 비록 그것이 선의로 행해진다 하더라도, 그것은 부모와 자식 사이의 결속을 해칠 가능성이 있는 불편한 상황을 야기할 수 있다.

문제풀이 **3.** 부모와 자식 간의 관계를 예로 들어 대인관계에서 상대방에게 관심을 표출하는 것이 어떤 경우에는 불쾌감을 줄 수 있다는 내용을 설명하는 글이므로, 제목으로는 ④ '어떤 이의 관심이 다른 이의 불편을 초래할 수 있다'가 적절하다.
4. 그것이 상대방에게 관심을 표하고자 하는 마음에서 비롯된 것일지라도 상대가 원치 않는 지나친 관심은 참견으로 느껴지고 대립이 뒤따를 수 있다고 했으므로, 빈칸에는 ④ '친밀감'이 적절하다.

오답풀이 **3.** ① 다른 사람들을 위로하는 유용한 방법들
② 불만을 표현하는 적절한 방법은 무엇인가?
③ 다툼은 당신의 관계를 더 굳건하게 만든다
⑤ 질문하기: 관계를 유지하는 최고의 방법

구문분석 [5행] …, a young woman [who **has** just **broken up with** her boyfriend] might turn to her mother, {*needing* someone to talk to during a difficult time}.
[ ]는 주어 a young woman을 수식하는 주격 관계대명사절이다. has broken up with는 〈완료〉를 나타내는 현재완료시제이다. { }는 〈이유〉를 나타내는 분사구문이다.

[14행] When **it is** the child **who** initiates the discussion, … .
「it is ~ who[that]」 강조구문으로, 주어인 the child를 강조하고 있다.

[18행] …, it can cause an uncomfortable situation [that has the potential {to damage …}].
[ ]는 an uncomfortable situation을 수식하는 주격 관계대명사절이며, { }는 the potential을 수식하는 형용사적 용법의 to부정사구이다.

5 ③   **6** ①

해석 여러분은 유명한 작가들이 어떻게 아이디어를 생각해내는지 궁금했던 적이 있는가? Erika Nordstrom과 같은 어떤 작가들은 그들 자신의 삶의 경험들을 자신의 책들에 대한 소재의 원천으로 이용한다. 최근 한 인터뷰에서, Nordstrom은 그녀가 어렸을 때 그녀의 가족이 길 잃은 강아지를 입양한 후에 자신이 일기를 쓰기 시작했다고 설명했다. 날마다 그녀는 자신의 새로운 반려동물이 한 모든 재미있는 일들과 그 반려동물을 훈련시키려는 자신의 노력에 대해 쓰곤 했다. 얼마 후, 그녀는 자신이 일기에 다른 일들에 대해서도 글을 쓰고 있다는 것을 발견했다. 처음에 그녀는 이웃 농장을 방문한 경험에 대해 썼는데, 거기서 그녀는 처음으로 말을 타볼 기회를 가졌다. 나중에 그녀는 그해 여름에 자신의 집을 방문한 많은 흥미로운 사람들에 대해 썼다. 결국, 이러한 기억들 중 다수가 Nordstrom이 어른이 되어 집필한, 십대들에게 인기 있는 책들의 시발점이 되었다. 그 책들을 쓸 때, 그녀는 어리다는 것이 어땠는지를 기억하기 위하여, 그리고 책에 포함시킬 흥미로운 인물들과 사건들에 대한 영감을 얻기 위하여 종종 어린 시절의 일기를 되돌아보곤 했다. 오늘날, Nordstrom의 이야기들은 전 세계 젊은이들에게 사랑을 받는다. 그러나 그녀의 새 강아지와 그녀가 어릴 때 쓰기로 결심했던 일기가 없었다면, 우리는 그녀의 놀라운 이야기들을 공유할 기회를 결코 갖지 못했을 것이다.

문제풀이 **5.** Erika Nordstrom이 어린 시절에 쓴 일기가 나중에 전 세계 젊은이들의 사랑을 받는 책을 쓰는 데 시발점이 되었다는 내용이므로, 제목으로는 ③ 'Erika Nordstrom의 이야기의 원천'이 가장 적절하다.
6. 반려동물과 관련된 일이나 농장을 방문한 일 등 어렸을 적 자신의 소소한 일상들을 글의 소재로 삼았다는 내용이 이어지므로, 빈칸에는 ① '그들 자신의 삶의 경험들'이 적절하다.

오답풀이 **5.** ① Erika Nordstrom이 가장 사랑하는 것
② Erika Nordstrom의 성공 비결
④ Erika Nordstrom의 어린 시절의 기억
⑤ Erika Nordstrom의 가족 배경

6. ② 영감을 주는 단편 소설들
③ 그들 조상들의 이야기
④ 그들을 이끄는 내면의 목소리
⑤ 그들 가족 구성원들의 생각들

구문분석 [11행] … to her childhood journals **in order to remember** what *it* was like *to be young* **and** **to find** inspiration for <u>interesting characters and events</u> [to include in her books].

「in order to-v」는 '~하기 위해'의 의미이며, to remember와 to find가 and로 병렬 연결되어 있다. it은 가주어이고 to be young이 진주어이다. [ ]는 interesting characters and events를 수식하는 형용사적 용법의 to부정사구이다.

[14행] However, **if it hadn't been for** her new puppy and <u>the journal</u> [she decided to keep as a child], we **might** never **have had** <u>the chance</u> {to share her wonderful stories}.

「if it hadn't been for ~」는 '~이 없었다면'의 의미를 나타내는 가정법 과거완료 구문으로 「without ~」 또는 「but for ~」로 바꿔 쓸 수 있다. [ ]는 the journal을 수식하는 목적격 관계대명사절이고, { }는 the chance를 수식하는 형용사적 용법의 to 부정사구이다.

02 순서 장문

기출 깨뜨리기

p.118

해석 (A) "Hailey, 조심해!" Camila는 동생이 테이블로 커다란 케이크를 들고 오는 것을 보며 걱정이 되어 소리쳤다. "걱정 마, Camila." Hailey는 미소 지으며 답했다. Camila는 Hailey가 파티 테이블에 케이크를 무사히 올려 두었을 때 비로소 안심했다. "아빠가 곧 오실 거야. 너는 아빠 생일을 위해 무슨 선물을 샀어?" Camila는 호기심에서 물었다. "그게 뭔지 알면 아빠가 깜짝 놀라실 거야!" Hailey는 윙크를 하며 답했다.
(D) "틀림없이 너는 아빠를 위해 지갑이나 시계를 샀을 거야."라고 Camila가 말했다. 대꾸하면서 Hailey는 "아니. 난 훨씬 더 개인적인 것을 샀어. 그건 그렇고 언니가 아빠에 대해 알아야 할 게 있어…"라고 대답했다. 초인종이 울리면서 그들의 대화는 갑자기 중단되었다. 그들의 아빠가 왔고 그들은 그를 보고 매우 기뻐했다. "사랑하는 우리 아가씨들, 내 생일에 너희들 집에 초대해 줘서 고맙구나." 그는 기쁨에 차서 걸어 들어와 딸들을 껴안았다. 그들은 모두 식당으로 들어갔고, 그곳에서 그는 무지개색 생일 케이크와 50송이의 빨간 장미로 환영받았다.
(C) "생일 축하드려요! 오늘 쉰 살이세요, 아빠. 사랑해요!"라고 Camila가 말하고 나서 그녀의 동생이 그에게 작은 꾸러미를 드렸다. 그것을 열었을 때 그는 안에서 안경을 발견했다. "Hailey, 아빠에게 시력 문제는 없어."라고 Camila가 어리둥절하며 말했다. "사실은 Camila, 난 아빠가 오랫동안 색맹을 앓고 있다는 것을 최근에 알

게 되었어. 아빠는 우리를 걱정시키지 않으려고 그것을 비밀로 해왔어."라고 Hailey가 설명했다.
(B) "아빠, 이 안경은 적록색맹을 교정하는 데 도움이 될 수 있어요."라고 Hailey가 말했다. 그는 천천히 그것을 쓰고, 테이블 위에 있는 생일 선물을 바라보았다. 지금껏 처음으로 선명한 빨간색과 초록색을 보고 그는 울기 시작했다. "믿을 수가 없구나! 저 경이로운 색깔들을 보렴!" 그는 깜짝 놀라 소리쳤다. Hailey는 눈물을 흘리며 그에게 말했다. "아빠, 난 아빠가 이제 마침내 무지개와 장미의 진정한 아름다움을 즐길 수 있어서 기뻐요. 빨간색은 사랑을 나타내고 초록색은 건강을 나타내요. 아빠는 둘 다 누릴 자격이 있으세요." Camila는 그녀의 안경 선물이 그들의 아빠를 얼마나 행복하게 했는지 알게 되어, 고개를 끄덕였다.

구문분석
[1행] "Hailey, be careful!" Camila yelled uneasily, [<u>watching</u> her sister <u>carrying</u> a huge cake to the table].
<u>O</u> <u>O.C.</u>
[ ]는 Camila를 의미상 주어로 하는 부대상황의 분사구문이다. 「지각동사 watch+O+v-ing」는 '~가 …하는 것을 보다'라는 의미이다.

[11행] Camila nodded, [seeing {how happy <u>her gift of the</u> <u>O.C.</u> <u>S</u> <u>glasses</u> <u>had made</u> <u>their dad</u>}].
<u>V</u> <u>O</u>
[ ]는 Camila를 의미상 주어로 하는 분사구문이며, { }는 seeing의 목적절로 목적격 보어 역할의 how happy로 시작하는 간접의문문의 구조이다.

어휘 uneasily 걱정이 되어 shortly 곧 out of interest 호기심에서 correct 교정하다 color blindness 색맹 vivid 선명한 in amazement 깜짝 놀라 represent 나타내다, 의미하다 deserve (~할 만한) 가치가 있다 parcel 꾸러미, 소포 eyesight 시력 puzzled 어리둥절하여 suffer from ~을 앓다 personal 개인적인 interrupt 중단시키다, 가로막다 overjoy 몹시 기뻐하다 greet 맞이하다

적용 독해

p.120

| 1 ④ | 2 ③ | 3 ④ | 4 ④ | 5 ① | 6 ⑤ |
| 7 ② | 8 ⑤ | 9 ① | | | |

1 ④   **2** ③   **3** ④

해석 (A) 그와 같은 이름을 한 체계로 가장 잘 알려진 Louis Braille는 1809년 1월 4일에 프랑스의 쿠브레에서 태어났다. 그가 겨우 세 살이었을 때, Louis는 사고로 시력을 잃었다. 후에, 그는 파리 맹인 학교의 학생이 되었다. 책을 너무 읽고 싶었던 그는 학교가 맹인들이 읽도록 고안된 책들을 보유하고 있는 것을 발견했다. 그 책들은 만질 수 있는 매우 크고 도드라진 활자를 사용했다. 안타깝게도, 엄청난 글자 크기 때문에, Louis가 한 문장을 읽는 데 시간이 아주 오래 걸렸다.

(D) 이 문제를 해결하기 위하여, Louis는 맹인들이 읽는 데 더 효과적인 방법을 찾으려 했다. 다행히도 학교에 있던 어떤 사람이 그에게 프랑스 군대에서 밤에 소식을 전달하기 위해 사용되고 있는 암호에 대해 말해 주었다. 프랑스 군인들은 글자 대신 점과 대시 기호(—)를 사용하여 메시지를 만들어내 위해 그 암호를 썼다. 그것들은 전장에 있는 군인들이 밤에 불빛이 없이도 손으로 만져서 읽을 수 있도록 종이 위로 도드라져 있었다.

(B) Louis는 이 암호를 스스로 읽어보려 했다. 그것은 도서관의 책 안에 있던 엄청난 크기의 글자들처럼 도드라져 있긴 했지만, 대시 기호들과 점들은 훨씬 더 작았다. 그것은 보다 쉽긴 했지만, 여전히 읽는 데 시간이 많이 걸렸다. 대시 기호들은 너무 많은 공간을 차지했는데, 이것은 각 페이지에 겨우 한두 문장만을 담을 수 있다는 것을 의미했다. Louis는 자신이 좀 더 나은 체계를 만들 수 있을 거라고 느꼈다.

(C) 방학 동안 집에 있으면서, Louis는 아버지의 가죽 제품 가게에 앉아 아버지가 사용하는 온갖 도구들에 둘러싸여 있었다. 새로운 체계를 연구하는 도중에, Louis는 무심코 아버지의 송곳들 중 하나를 건드렸다. 갑자기, 그는 그 도구가 자신이 새로운 알파벳을 만드는 것을 도와줄 것이라는 것을 깨달았다. 그는 작업하는 데 며칠을 보냈는데, 알파벳 글자를 나타내기 위해 서로 다른 방법으로 배열될 수 있는 여섯 개의 점에 기반을 두었다. 그는 송곳을 이용하여 하나의 문장을 찍어내고, 그것을 읽어보려 시도했다. 그것은 모두 이해가 되었다. 그 순간이 바로 Braille 점자가 발명된 순간이었다!

문제풀이 1. 사고로 시력을 잃은 Louis Braille가 맹인으로서 독서의 어려움을 깨달았다는 (A)에 이어, 이 문제를 해결할 방법을 찾던 중 프랑스 군대에서 사용하는 암호를 접하게 되는 내용의 (D)가 오고, 점과 대시 기호들을 이용한 이 암호가 여전히 읽기에 불편했다는 내용의 (B)가 이어진 후, 우연히 송곳을 이용하여 글자를 점으로 찍어내는 방식에 착안하여 점자 체계를 발명했다는 내용의 (C)로 이어지는 것이 자연스럽다.

2. (c)는 Louis Braille의 아버지를 가리키고, 나머지는 모두 Louis Braille를 가리킨다.

3. 새로운 글자 체계를 만들 때 아버지의 도구가 도움이 된 것은 사실이지만, 아버지의 도움을 직접적으로 받지는 않았다.

구문분석 [4행] …, he discovered that the school **did** have books [designed to be read by the blind].

did는 문장의 내용이 사실임을 강조하기 위해 사용된 조동사이다. [ ]는 books를 수식하는 과거분사구이다.

[9행] Dashes took up too much space, [which meant each page contained only one or two sentences].

[ ]는 앞 문장 전체를 선행사로 하는 계속적 용법의 주격 관계대명사절이다.

[15행] He spent days working on it, [basing it on six dots {that could be arranged in different ways to represent the letters of the alphabet}].

[ ]는 〈부대상황〉을 나타내는 분사구문이다. { }는 six dots를 수식하는 주격 관계대명사절이다.

4 ③   5 ①   6 ⑤

해석 (A) Charles Plumb은 베트남 전쟁 당시 한 지대공 미사일에 의해 그의 비행기가 격파될 때까지 제트기 조종사로서 75회의 전투 임무를 완수한 미(美) 해군사관학교 졸업생이었다. 그는 낙하산 덕분에 (격추된 비행기에서) 탈출하여 살아남았지만, 베트남의 감옥에서 전쟁 포로로 지나긴 6년을 보냈다. 많은 우여곡절 끝에, 그는 미국으로 돌아와 지금은 자신의 경험에 대해 강연하고 있다.

(C) 어느 날, Plumb이 그의 강연 중 하나를 끝내고 저녁 식사를 하고 있던 때에 한 남자가 그에게 다가왔다. "당신은 Plumb이군요!" 그가 흥분해서 말했다. 그는 Plumb이 누구인지와 그가 베트남전에서 격추되었었다는 것을 알고 있었는데, 그것은 Plumb을 놀라게 했다. 그는 어떻게 이 모든 것을 알고 있었을까? "제가 당신의 낙하산을 꾸렸어요!"라고 남자가 그에게 말했다. 그는 Plumb이 비행기를 이륙시켰던 항공 모함 Kitty Hawk에서 Plumb과 함께 해군에 복무했다. Plumb은 그 낙하산이 없었더라면 자신이 살아남지 못했을 거라고 말하면서 그와 악수하며 그에게 감사했다. 그 남자를 생각하자 Plumb은 그날 밤 잠을 이룰 수 없었고 다음번 청중들에게 이 이야기를 해 주기로 마음먹었다.

(D) 그의 다음 강연에서, Plumb은 청중들에게 그가 만났던 남자에 대해 이야기했다. Plumb은 당시 군복을 입고 있던 그가 어떤 모습이었을지, 그리고 그들이 몇 번이나 서로를 보았을지 궁금했다. Plumb은 조종사였고 그 남자는 그저 선원이었기 때문에, 그들은 단순한 인사 말고는 아마 서로 이야기를 나눈 적이 없었을 것이다. Plumb은 그 긴 시간 내내 낙하산에 관한 일을 하며, 선박의 깊숙한 안쪽에 있는 탁자에 앉아 자신이 알지도 못하는 조종사의 운명을 좌우하는 천(낙하산)을 접고 꾸리는 일을 하던 그 남자에 대해 생각했다고 말했다.

(B) Plumb은 그에 관해 이야기하는 것을 마치고 청중을 향해 돌아섰다. "누가 당신의 낙하산을 꾸리고 있나요?" 그는 그들에게 물었다. 그는 청중들에게, 모든 사람들에게는 인생에서 그들이 하루를 제대로 보내도록 돕는 사람들이 있다고 말했다. "우리는 그들에게 우리가 얼마나 감사한지 말하지 못할 뿐입니다." Plumb은 청중들에게 잠시 시간을 가지라고 말하면서 강연을 끝냈다. "당신을 도와주는 사람들을 찾아서 그들이 당신의 낙하산을 꾸려주는 것에 대해 감사하세요."

문제풀이 4. Charles Plumb이 베트남 전쟁 중 격추된 제트기에서 낙하산으로 긴급 탈출하여 살아남았다는 (A)에 이어, 어느 날 우연히 해군 시절 그 낙하산을 꾸려준 남자를 만나게 되어 감사를 전하는 내용의 (C)가 오고, 다음 강연에서 당시의 상황에 대해 회상하며 그 남자에 대해 이야기하는 내용의 (D) 이후에, 모든 사람들에게는 자신도 모르게 그들을 돕는 사람들이 있으니 이들에게 감사할 것을 청중에게 전하는 (B)로 이어지는 것이 가장 자연스럽다.

5. (a)는 Charles Plumb을 가리키며, 나머지는 모두 그의 낙하산을 꾸려준 선원을 가리킨다.

6. Plumb과 선원은 복무 시절 단순한 인사 외에는 한 마디도 나누지 않았을지도 모른다고 했다.

구문분석 [12행] He knew [who Plumb was] and {that he **had been shot down** in Vietnam}, *which* surprised Plumb.

[ ]와 { }는 모두 knew의 목적어 역할을 하는 명사절로, [ ]는 「의문사+주어+동사」의 어순을 취하는 간접의문문이다. had been shot down은 주절의 과거 시제보다 더 이전 시점을 나타내는 과거완료 수동태이다. which 이하는 앞 문장 전체를 선행사로 하는 주격 관계대명사절이다.

[15행] Plumb shook the man's hand and thanked him, [saying that {**without** that parachute, he **would** not **have survived**}]. [ ]는 〈동시동작〉을 나타내는 분사구문이다. { }는 과거 사실과 반대되는 내용을 가정하는 가정법 과거완료 구문이며, without은 if it had not been for로 바꿔 쓸 수 있다.

[23행] … he thought about the man [**working** all those long hours on the parachutes, **sitting** at a table deep inside the ship, **folding** and **packing** the material {that controlled the fates of pilots he didn't even know}].

[ ]는 the man을 수식하는 현재분사구이며, 분사 working, sitting, folding, packing이 and로 병렬 연결되었다. { }는 the material을 수식하는 주격 관계대명사절이며, he didn't even know는 pilots를 수식하는 목적격 관계대명사절이다.

7 ②   **8** ⑤   **9** ①

해석 (A) 1966년에, Dian Fossey라는 이름의 한 미국 여성이 고릴라 연구에 대한 경험도 없고 정규 훈련도 받지 않은 사실에도 불구하고, 산악 고릴라를 연구하기 위해 아프리카에 갔다. 그곳에서의 그녀의 삶은 쉽지 않았다. 르완다의 정글은 춥고, 어둡고, 진흙투성이이었고, 높은 고도에 있는 그녀의 (연구) 캠프는 산소가 희박해서 숨 쉬기 힘들게 만들었다. 설상가상으로, 그녀는 극심한 외로움과 싸워야만 했다.

(C) 그러나, 그녀는 포기하지 않았고 계속해서 산악 고릴라를 뒤쫓는 데 그녀의 날들을 보냈다. 6개월이 걸렸지만, 마침내 그녀는 그들의 일부에게 30피트 이내로 접근할 수 있었는데, 이것이 그녀가 그들의 행동을 아주 상세하게 기록할 수 있게 해주었다. 불행하게도, 밀렵은 그녀가 연구를 한 국립공원에서 심각한 문제였다. 그녀는 고릴라들이 더 잘 보호받지 못하면 끔찍한 일이 고릴라들에게 일어날 것 같아 두려웠다.

(B) 불행하게도, 고릴라에 대한 그녀의 우려가 옳았음이 드러났다. 1978년, 새해에, 그들 중 한 마리의 사체가 발견되었다. 그는 밀렵꾼들에 대항해서 가족을 지키다가 죽임을 당했다. 그를 죽인 밀렵꾼은 그의 몸 일부를 팔기 위해 가져갔다. 딱 6개월 후에, 또 다른 지역 고릴라가 죽임을 당했고, 그러고 나서 일부 고릴라가 더 죽임을 당했다. Fossey는 그녀의 막사 근처에 만든 무덤에 각각의 고릴라들을 슬퍼하며 묻어주었다. 결국, 그녀는 밀렵꾼들에 강력히 맞서 그들을 막기로 결심했다.

(D) 그녀는 밀렵꾼들을 막기 위해 보안 순찰대를 조직했고 밀렵꾼을 잡은 사람은 누구라도 돈을 주었다. 그녀는 심지어 밀렵꾼들의 소가 국립공원에 들어오면 그것들을 죽였고 그들의 집을 불태웠다. 그녀는 이것을 '적극적인 보호'라고 말했지만, 다른 사람들은 그것이 오히려 전쟁에 가깝다고 불평했다. 슬프게도, Fossey는 1985년에 살해되었는데, 밀렵꾼들 중 한 명에 의해서일 가능성이 가장 높다. 그녀는 그녀가 고릴라들을 위해 만들었던 묘지에서 고릴라들 옆에 묻혔다.

문제풀이 **7.** Fossey가 산악 고릴라를 연구하기 위해 아프리카로 갔다는 (A)에 이어, 열악한 환경에도 포기하지 않고 고릴라에 대한 연구를 계속했다는 (C)가 오고, Fossey의 우려가 현실로 드러나면서, 고릴라들이 밀렵꾼들에게 죽임을 당했다는 (B) 이후에, 보안 순찰대를 조직하는 등 밀렵꾼들을 막으려고 노력했던 Fossey가 결국 살해당했다는 (D)

가 오는 것이 자연스럽다.

8. (e)는 the cattle을 가리키고, 나머지는 모두 the gorillas를 가리킨다.

9. Dian Fossey는 고릴라 연구에 대한 경험도 없고 정규 훈련도 받지 않았다고 했다.

구문분석 [1행] …, an American woman [named Dian Fossey] went to Africa to do research on mountain gorillas, **despite the fact** {that she had no experience or formal training in studying them}.

[ ]는 an American woman을 수식하는 과거분사구이다. despite는 '~에도 불구하고'라는 의미의 전치사로, 뒤에 명사(구)가 이어진다. the fact와 { }는 동격이다.

[13행] …, but eventually she was able to get within 30 feet of some of them, [**which** enabled her to record their behavior in great detail].

[ ]는 앞 문장 전체를 선행사로 하는 계속적 용법의 주격 관계대명사절이다. 「enable+O+to-v」는 '~가 …하는 것을 가능하게 하다'의 의미이다.

[15행] …, poaching was a serious problem in the national park [where she did her research].

[ ]는 the national park를 수식하는 관계부사절이다.

[18행] She organized security patrols **to stop** the poachers and offered money to anyone [who captured one].

동사 organized와 offered가 and로 병렬 연결되었다. to stop은 〈목적〉을 나타내는 부사적 용법의 to부정사이다. [ ]는 anyone을 수식하는 주격 관계대명사절이다.

MINI Q.

밀렵꾼들을 막기 위해 보안 순찰대를 조직하고 밀렵꾼을 잡은 사람들에게 돈을 주는 것, 밀렵꾼들의 소를 죽이고 그들의 집을 불태우는 것

PART 5   REVIEW **TEST**   p.126

1 ③   **2** ⑤   **3** ②   **4** ③   **5** ③   **6** ④
7 ①   **8** ②   **9** ④   **10** ②

1 ③   **2** ⑤

해석 때때로 좋은 것은 아무리 많아도 지나치지 않다고 한다. 그러나 우리의 대부분은 이것이 사실이 아니라는 것을 안다. 좋은 것을 지나치게 많이 갖는 것은 분명히 가능하다. 영화관에서 팝콘을 생각해 보라. 더 작은 크기와 비교했을 때, 가장 큰 용기의 팝콘은 놀랍도록

싸다. 그래서 당신은 하나를 사서 먹기 시작한다. 팝콘은 짜고, 버터 맛이 나며 맛있다. 그러나, 당신이 그것을 계속 먹을수록, 그것은 점점 더 즐겁지 않게 된다. 영화가 끝날 때쯤이면, 당신은 아마도 그것으로부터 어떤 기쁨도 전혀 얻지 못하고 있을 것이다. 경제학에서, 이것은 한계 효용 체감의 법칙이라고 불린다. 한계 효용은 고객이 제품으로부터 얻는 만족의 양이다. 한계 효용의 특성은 제품에 따라 다르다. 예를 들어, 우리가 휘발유로부터 얻는 한계 효용은 시간이 지남에 따라 감소하지 않는다. 그러나 다른 제품들은 영화관의 팝콘에 더 가깝다. 회사들은 한계 효용 체감의 법칙이 그들의 판매에 영향을 미치는 것을 막기 위해서 더 큰 크기의 제품들을 팔기 위해 노력한다. 만약 당신이 작은 용기의 팝콘을 샀다면, 당신은 그것을 먹고 만족했을 것이다. 당신은 두 번째 팝콘을 사고 싶지 않을 것이다. 그러나 큰 용기의 팝콘으로, 당신은 이미 당신이 즐길 수 있는 것보다 더 많은 팝콘의 값을 지불했다. 따라서 다음번에 당신이 저렴한 가격에 큰 크기의 제품을 보게 되면, 그것의 한계 효용에 대해 생각해보라! 한계 효용이 증가하려(→ 감소하려) 한다면, 더 작은 크기를 사는 것이 경제적으로 더 타당하다.

문제풀이 1. 고객이 제품으로부터 얻는 만족의 양인 한계 효용이 시간이 지남에 따라 감소한다는 '한계 효용 체감의 법칙'에 대해 설명하는 글이므로, 제목으로는 ③ '소비자 만족도는 때때로 점점 하락한다'가 가장 적절하다.
2. 한계 효용이 '감소'할 때 더 작은 크기의 제품을 사는 것이 경제적으로 타당한 것이므로, ⑤ increase는 decrease로 고쳐야 한다.

오답풀이 1. ① 물가가 하락할 때, 수요는 증가한다
② 일부 제품들은 시간이 흐름에 따라 가치가 상승한다
④ 우리가 팝콘 먹는 것을 멈출 수 없는 이유
⑤ 한계 효용: 가격이 만족도에 영향을 미치는 방식

[2행] **It** is definitely possible [**to have** *too much of a good thing*].
It은 가주어, to부정사구인 [ ]가 진주어이다. too much of a good thing은 '좋은 것도 한두 번이지 너무 지나친 것도 좋지 않다'는 의미이다.

[8행] Marginal utility is the amount of satisfaction [(that [which]) a customer gets from a product].
[ ]는 the amount of satisfaction을 수식하는 목적격 관계대명사절이다.

[11행] Companies try to sell larger sizes of these products to **prevent** the law of diminishing marginal utility **from** [affecting their sales].
「prevent+O+from v-ing」는 '~가 …하는 것을 막다'의 의미이다. [ ]는 전치사 from의 목적어로 쓰인 동명사구이다.

3 ②　　　**4** ③　　　**5** ③

해석 (A) 어느 날, Mary의 이웃 중 한 명이 그녀에게 길을 잃은 개를 잠시 돌봐줄 수 있는지를 물었다. 그 이웃은 그 개가 건물의 주차장을 헤매고 있는 것을 발견했었다. Mary는 그러겠다고 했으나, 이웃에게 자신이 그것을 며칠 동안만 할 수 있다고 말했다. 두 여자는 개의 사진을 찍어서 지역 사회 웹사이트의 '실종된 반려동물' 구역에 올렸다. 그들은 또한 전단지를 인쇄해서 동네 주변에 그것을 붙였다.

(C) 그들이 전단지를 모두 붙인 후, Mary는 자신의 딸 Becky와 함께 반려동물 용품을 사러 갔는데, 그 아이는 심각한 심장 질환을 앓고 있었다. Mary는 Becky에게 개를 갖게 되는 것에 대해 너무 들떠있지 말라고 주의를 주면서, 그녀에게 그것이 단지 며칠 동안만이라는 것을 상기시켰다. 개의 주인에게서 연락이 없이 며칠이 지났다. 그러던 어느 날 아침, Mary는 개가 격렬하게 짖으며 자신의 침실 문을 긁어대는 소리에 깼다.

(B) 침대 밖으로 나오자, 그녀는 개가 문밖에 서 있는 것을 발견했다. 그녀를 보자마자, 개는 Becky의 방으로 뛰어갔는데, 그곳에는 Becky가 바닥에 의식을 잃고 쓰러져 있었다. Mary가 자신의 딸을 돌보기 위해 몸을 굽히자 개는 짖는 것을 멈추었다. Mary는 Becky를 급히 병원으로 데려갔고, 거기에서 Becky는 자신의 병에 대한 필수적인 치료를 받았다. 의사들은 그녀가 Becky를 몇 분만 늦게 데려왔더라면 그 소녀는 죽었을 수도 있다고 말했다. 그 개는 영웅이었다.

(D) Becky가 병원에서 퇴원을 한 후, Mary의 가족은 그 개를 Berry라고 이름 짓고 가족의 새로운 구성원으로 받아들였다. 이틀 뒤, Mary는 개의 주인에게서 한 통의 전화를 받았다. 그는 그녀에게 전단지를 보았으며, 자신의 개를 돌려받기를 원한다고 말했다. 그는 그들의 아파트로 왔는데, 거기서 소녀가 울고 있고 그녀의 엄마가 그녀를 꽉 안아주고 있는 것을 보고 놀랐다. Mary는 그 개가 딸의 생명을 구했다고 설명했다. 잠시 생각한 후에, 개의 주인은 "아마 그는 당신들을 찾기로 되어 있나 봅니다. 당신들이 데리고 있는 게 좋겠어요."라고 말했다.

문제풀이 3. Mary가 길 잃은 개를 잠시 맡게 되어 주인을 찾으려고 노력했다는 (A) 이후에, 며칠이 지나도록 개의 주인에게서 연락이 없던 어느 날 갑자기 개가 Mary를 깨우는 내용의 (C)가 오고, 개를 따라가자 자신의 딸 Becky가 쓰러져 있는 것을 발견하여 병원으로 데려가 치료를 받게 했다는 (B)가 이어지며, 생명의 은인인 개를 가족으로 받아들인 후 얼마 지나지 않아 개의 주인이 개를 찾으러 왔다가, 그들의 사연을 듣고 Mary의 가족에게 개를 계속 돌봐줄 것을 말하는 (D)의 순서로 이어지는 것이 가장 자연스럽다.
4. (c)는 Becky를 가리키고, 나머지는 모두 Mary를 가리킨다.
5. 개는 Mary의 딸 Becky의 목숨을 구했다.

구문분석 [2행] The neighbor **had found** it wandering around the building's parking lot.
$\qquad$ V $\quad$ O $\quad$ O.C.
이웃이 개를 발견한 것은 Mary에게 부탁을 하는 것보다 더 이전의 일이므로 과거완료 시제인 had found가 쓰였다. 「find+O+O.C.」의 5형식 문장에서 목적어와 목적격보어가 능동 관계이므로 목적격보어로 현재분사가 쓰였다.

[6행] Upon seeing her, it ran to Becky's room, **where** the girl was lying *unconscious* on the floor.
where는 Becky's room을 선행사로 하는 계속적 용법의 관계부사이다. unconscious는 주격보어에 상당하는 어구로, 보어가 없어도 문장이 성립되지만 주어의 상태를 설명하기 위해 쓰였다.

6 ④　　　**7** ①

해석 AI로도 알려진 인공 지능에 대한 관심은 최근 빠르게 확대되고 있다. 가까운 미래에, AI는 자동차에서 세탁기까지, 우리 일상생활의 일부인 거의 모든 기계를 통제할 수 있을 것이다. AI에 대한 긍

정적인 측면은 그것이 인간의 실수를 없앤다는 것이다. 컴퓨터는 결코 계산 실수를 하지 않고 무언가를 해야 하는 것을 결코 잊지 않는다. 그러나, 많은 심각한 우려 또한 생기고 있다. 기계가 생각을 할 수 있을 때, 그것은 인간 생활에 직접적으로 영향을 미칠 수 있는 결정을 해야만 한다. 그리고, AI가 우리의 선호도에 기반을 두고 논리적인 결정을 할 수 있다 하더라도, 하드웨어가 마모되는 것과 같은 몇 가지 분명한 한계가 있다. 하지만 가장 큰 문제는 윤리에 관한 것이다. 예를 들어, 여러분이 무인 자동차를 가지고 있다고 상상해 보아라. 어느 날, 그 차가 여러분을 직장에 데려다주는 도중에, 길을 건너는 아이 한 명을 쳐서 심각한 부상을 입힌다. 누구 책임으로 보아야 하는가? 여러분인가, 자동차 제조사인가, 아니면 자동차 자체인가? AI가 세상을 더 나은 곳으로 바꾸고 우리의 생활을 훨씬 더 쉽게 만들 잠재력을 지니고는 있지만, 그것을 현명하고 안전하게 사용하는 것은 많은 규제와 제한을 필요로 할 것이다. 분명히, 인공 지능이 우리가 살고 있는 세상의 매우 중요한 부분이 되게 하기 전에 고려되어야 할 많은 것들이 있다.

문제풀이 6. 많은 잠재력을 지닌 AI를 현명하고 안전하게 사용하는 것은 많은 규제와 제한을 필요로 한다는 내용의 글이므로, 제목으로는 ④ 'AI 규제와 통제에 대한 필요성'이 적절하다.

7. 무인 자동차 사고에 대한 도덕적인 책임을 누구에게 물어야 하는지에 관한 예가 이어지므로, 빈칸에는 ① '윤리'가 적절하다.

오답풀이 6. ① AI는 어떻게 결정을 내리는가?
② AI 발달의 역사
③ 우리 미래에 대한 AI의 긍정적인 영향
⑤ 생각하는 기계: 그것들은 정말 가능한가?

구문분석 [1행] <u>Interest</u> in <u>artificial intelligence</u>, [also **known**
　　　　　　　　S
as AI], *has been* rapidly <u>expanding</u> in recent years.
　　　V

[ ]는 중간에 삽입된 과거분사구로, known as는 '~로 알려진'의 의미이다. has been expanding은 현재완료 진행형으로, 과거부터 현재까지 계속되고 있는 일을 나타낸다.

[6행] When machines can think, they must make <u>decisions</u>
[which could directly affect human lives].

[ ]는 decisions를 수식하는 주격 관계대명사절이다.

[12행] Although AI has <u>the potential</u> [**to change** the world
for the better <u>and</u> (to) ***make*** <u>our lives</u> *much easier*], {using
　　　　　　　　　 V　　O　　　O.C.'
it wisely and safely} will require many regulations and
restrictions.

[ ]는 the potential을 수식하는 형용사적 용법의 to부정사구이다. to change와 (to) make는 접속사 and에 의해 병렬 연결되었다. 「make+O+O.C.」는 '~을 …하게 하다'의 의미로 목적격보어로 형용사 easier가 왔다. much는 '훨씬'의 의미로, 비교급을 수식하는 부사이다. using이 이끄는 { }는 동명사구 주어이다.

8 ②　　　　**9** ④　　　　**10** ②

해석 (A) 한 현명한 노인이 어느 작은 도시에서 한 주유소를 소유하고 있었다. 어느 날, 그의 손녀딸이 찾아왔다. 손녀는 그와 함께 흔들의자에 앉아 운전자들이 오고 가는 것을 지켜보았다. 얼마 후에, 차

한 대가 멈춰 섰고 그들이 알지 못하는 한 남자가 내렸다. 그는 기지개를 켜고는 도시를 둘러보았다.
(B) 그러더니 그 낯선 사람은 노인에게 다가와 인사를 했다. "저는 이 근처 사람이 아닙니다."라고 그는 말했다. "이 도시는 어떤가요?" 노인은 "글쎄요, 당신이 살던 곳은 어떻소?"라고 대답했다. "오, 그곳은 끔찍해요."라고 그 남자가 말했다. "모두가 무례하고 정직하지 못하죠." 흔들의자에 앉아있던 노인은 고개를 끄덕이며 "이 도시도 똑같소."라고 말했다.
(D) 그 낯선 사람이 떠나고 잠시 후에, 또 다른 낯선 차가 주유소에 들어왔다. 한 남자가 내렸고 그 노인과 손녀딸에게로 걸어왔다. "안녕하세요."라고 그가 말했다. "저는 이 도시가 살기 좋은 곳인지 궁금합니다." 노인은 그것에 대해 생각하다가 그의 도시는 어떠한지 그에게 물었다. 그 남자는 그에게 미소를 지으며, "좋은 곳이죠. 모두가 따뜻하고 친절해요."라고 말했다. 노인은 그에게 고개를 끄덕이면서 "이 도시도 똑같소."라고 말했다.
(C) 그 남자가 차를 몰고 가버린 후에, 그 어린 소녀는 호기심이 가득한 얼굴로 할아버지를 쳐다보았다. 손녀는 "할아버지, 첫 번째 남자가 물었을 때, 할아버지께서는 그에게 우리 도시가 살기에 끔찍한 곳이라고 말씀하셨어요. 그런데 두 번째 남자에게는 좋은 곳이라고 말씀하셨어요. 왜죠?"라고 말했다. "음, 사람들은 그들이 어디에 가든지 항상 똑같은 것을 발견한단다. 그것은 네가 어디를 가든지 네가 너의 태도를 가지고 가기 때문이란다."라고 노인은 말했다.

문제풀이 8. 주유소 주인인 한 노인과 그의 손녀가 주유소에 앉아 있을 때, 한 남자가 차에서 내렸다는 (A) 다음에, 그가 노인에게 질문을 하고 떠난다는 내용의 (B)가 이어지고, 그 남자가 떠난 뒤 또 다른 낯선 남자가 주유소로 찾아와 같은 질문을 하는 (D) 이후에, 손녀딸이 노인에게 두 남자의 같은 질문에 다르게 답한 이유를 묻고 노인의 대답을 통해 이 글의 교훈이 드러나는 (C)로 이어지는 것이 적절하다.

9. (d)는 첫 번째로 등장한 낯선 남자를 가리키지만, 나머지는 모두 현명한 노인을 가리킨다.

10. 노인이 두 남자의 질문에 이 도시도 그들이 사는 곳과 같다고 대답한 이유는 사람들은 어디를 가든지 ② '그들의 태도를 가지고 가서' 결국 그들의 태도대로 그 장소를 보게 되기 때문임을 유추할 수 있다.

오답풀이 10. ① 너는 고향을 그리워할 것이다
③ 너는 그 장소에 익숙해질 것이다
④ 너는 네 가족의 지원을 받고 있다
⑤ 너는 아주 특별하고 놀라운 재능을 가지고 있다

구문분석 [2행] She **sat** with him in his rocking chair <u>and</u>
　　　　　　　　　　V1
watched the drivers *come and go*.
　 V2　　　　　O　　　O.C.
동사 sat과 watched가 접속사 and로 연결된 병렬구조이며, 지각동사 watched의 목적격보어로 동사원형 come and go가 사용되었다.

[16행] Soon after the stranger **had left**, another unfamiliar car pulled into the gas station.
첫 번째 낯선 사람이 떠난 것은 또 다른 낯선 차가 주유소에 멈춘 것보다 더 이전의 일이므로 과거완료 시제인 had left가 쓰였다.

[18행] The old man thought about it and <u>asked</u> <u>him</u> **what his**
　　　　　　　　　　　　　　　　　　V　 I.O.　 D.O.
town was like.
what his town was like는 동사 asked의 직접목적어 역할을 하는 간접의문문으로 「의문사+주어+동사」의 어순을 취하고 있다.

01 수의 일치

핵심 문법 p.136

예문 해석

1 정서적인 문제를 가지고 있는 사람들을 돕는 것은 많은 인내를 필요로 한다.
2 불장난하는 아이들은 해를 입을 위험이 크다.
3 우리는 폭넓은 경험을 가진 새로운 관리자를 찾고 있다.
4 우리 동네 주민들 중 대부분은 가톨릭 신자이다.
5 한국어에 관심이 있는 외국인들의 수가 지난 몇 년간 증가했다.
6 문어는 주위의 환경에 맞게 그것의 피부색을 바꿀 수 있다.

기출 예제

정답 ④

해석 다른 사람과 우리 자신을 견주어 평가해서는 안 된다는 많은 경고에도 불구하고, 우리 대부분은 여전히 그렇게 하고 있다. 우리는 의미를 추구하는 존재일 뿐만 아니라 사회적인 존재라서, 우리 자신을 평가하고, 우리 지위를 개선하며, 우리의 자존감을 높이기 위해 끊임없이 사람들끼리 비교를 한다. 그러나 사회적 비교의 문제는 그것이 흔히 역효과를 낸다는 것이다. 우리보다 더 잘하고 있는 사람과 우리 자신을 비교할 때, 우리는 흔히 그만큼 잘하지 못하는 것에 대해서 무능하다고 느낀다. 이것은 때로는 심리학자들이 '악성 질투' 라고 부르는 것, 즉 누군가가 불행을 만나기를 바라는 욕망("나는 그녀가 가진 것을 그녀가 갖고 있지 않으면 좋을 텐데.")으로 이어진다. 마찬가지로, 우리보다 더 못하고 있는 사람과 자신을 비교하는 것은 경멸, 즉, 다른 사람이 우리의 호의를 받을 가치가 없는 것이라는 느낌("그녀는 내가 주목할 가치가 없어.")을 가질 위험이 있다. 그렇지 않고, 우리 자신을 타인과 비교하는 것은 또한 '양성 질투', 즉 그들이 불행해지기를 바라지 않고 다른 사람의 성취를 재생산하려는 열망("그녀가 가진 것을 나도 가지고 있으면 좋을 텐데.")으로 이어질 수 있으며, 그것은 몇몇 상황에서 최근의 실패에도 불구하고 우리의 노력을 늘리도록 우리에게 영감을 주고 동기를 부여하는 것으로 보여져 왔다.

문제풀이 주어가 comparing ourselves ~ than we are로 동명사 comparing으로 시작하는 동명사구임을 알 수 있으므로 단수동사가 필요하다. 따라서 ④ risk를 risks로 고쳐야 한다.

오답풀이 ① 앞에 있는 명사 creatures를 대신 받되 직접 가리키는 것이 아니므로 부정대명사 ones를 쓴 것은 적절하다.
② 주격 보어를 필요로 하는 동사 feel 다음에 형용사 inadequate를 쓰는 것은 적절하다.
③ 형용사적 용법의 to부정사로 앞에 있는 the desire를 수식하는 to meet를 쓰는 것은 적절하다.
⑤ 앞부분 전체를 가리키는 계속적 용법의 관계대명사 which를 쓰는 것은 적절하다.

구문분석 [5행] [**When** comparing ourselves to someone {who's doing better than we are}], we often feel inadequate for not doing as well.
 S V S.C.

[ ]는 때를 나타내는 접속사 when이 사용된 부사절이며, { }는 선행사 someone을 수식하는 주격 관계대명사절이다. 주절은 주격 보어를 필요로 하는 2형식 문장으로 inadequate가 형용사로 동사 feel의 주격 보어 역할을 하고 있다.

[6행] This sometimes leads to [what psychologists call *malignant envy*], the desire for someone [to meet with misfortune ("I wish she didn't have what she has")].
첫 번째 [ ]는 전치사의 목적절로 관계대명사 what이 이끄는 명사절이다. malignant envy와 the desire 이하는 서로 동격 관계이며, 두 번째 [ ]는 형용사적 용법의 to부정사로 앞에 있는 the desire를 수식한다.

어휘 abundant 많은, 풍부한 measure 평가하다, 재다 meaning-seeking 의미를 추구하는 creature 생명체, 존재 interpersonal 사람들끼리의 evaluate 평가하다 standing 지위 enhance 높이다, 향상하다 self-esteem 자존감 inadequate 무능한, 부적절한 malignant 악성인 misfortune 불행 risk ~할 위험이 있다 undeserving 가치가 없는 beneficence 호의, 선행 beneath one's notice 주목할 가치가 없는 benign 양성의 longing 열망, 동경 reproduce 재생산하다

02 주의해야 할 동사의 여러 가지 쓰임

핵심 문법 p.137

예문 해석

1 어떤 사람들은 친하지 않을 때 다른 사람을 이름으로 부르는 것을 부적절하다고 여긴다.
2 음식은 겨울에 그러는 것보다 여름에 훨씬 더 빨리 상한다.
3 날씨가 좋으면 로켓은 다음 주에 발사될 것이다.
4 그 의사는 우리가 운동할 때 많은 물을 마셔야 한다고 제안했다.
5 2001년에, 그는 집짓기 운동에 참여하기 위해 한국을 방문했다.

기출 예제

정답 ⑤

해석 비록 World Bank와 같은 기관들은 "선진" 국가와 "개발도상" 국가를 구별하기 위해 부를 사용하지만, 그들은 발전이 경제 성장 그 이상이라는 것에 또한 동의한다. "발전"은 경제 성장에 의해 야기되거나 경제 성장을 수반 하는 사회적이고 환경적인 변화도 포함할 수 있으며, 그 변화의 일부는 긍정적이고 따라서 (일부는) 부정적일지도 모른다. 경제 성장이 인간과 지구에 어떻게 영향을 미치고 있는지에 대한 문제가 다루어질 필요가 있다는 인식이 커졌고 — 그리고 계속해서 커지고 있다. 국가들은 경제 활동이나 프로젝트의 폐

해를 피해가 나타난 이후보다, 그것이 계획되는 때인, 초기에 줄이려고 노력하는 것이 비용이 덜 들고 훨씬 적은 고통을 야기한다는 것을 서서히 깨닫고 있다. 이것을 하는 것은 쉽지 않고 항상 불완전하다. 그러나 그러한 노력의 필요성에 대한 인식은 새로운 제품과 서비스를 만드는 데만 집중했던 이전의 널리 퍼진 태도가 했던 것보다 더 큰 이해와 도덕적 관심을 나타낸다.

문제풀이 앞에 있는 동사 indicates를 대신 받는 동사의 자리이므로 do동사가 나오되, 시제가 과거여야 하므로, ⑤ was를 did로 고쳐 써야 한다.

오답풀이 ① '~하기 위해'라는 의미의 목적을 나타내는 부사적 용법의 to부정사 to differentiate를 쓰는 것은 적절하다.
② 「some of+복수명사/물질명사」에서 명사 자리에 관계대명사가 온 것으로 의미상 관계대명사 which는 앞에 있는 changes를 선행사로 가리킴을 알 수 있다. 따라서 some of 뒤의 관계대명사로 which를 쓰는 것은 적절하다.
③ that절 속에서 주어가 the question이므로 단수동사 needs를 쓰는 것은 적절하다.
④ 비교급 less를 강조 수식하는 부사어로 '훨씬'이라는 의미를 갖는 much를 쓰는 것은 적절하다.

구문분석 [7행] Countries are slowly learning [that **it** is cheaper and causes much less suffering {**to try** to reduce the harmful effects of an economic activity or project at the beginning, when it is planned, than after the damage appears}].
[ ]는 동사 are learning의 목적절로 명사절의 접속사 that이 이끌고 있다. { }는 앞에 있는 가주어 it에 대한 진주어를 나타내는 to부정사구이다.

[10행] But an awareness of the need for such an effort
       —S—
indicates a greater understanding and moral concern than
  V
did the previous widespread attitude [that focused only on
 V'   S'
creating new products and services].
이 문장의 주어는 an awareness이고 동사는 indicates인 문장으로, 비교의 접속사 than 이하에서 절이 나오는데, 주어가 길어서 도치가 된 형태이며, 동사 did는 attitude를 주어로 하는 것으로 앞에 있는 indicates에 대한 대동사로 이전 일에 대한 것이어서 과거형 did로 나타낸다. [ ]는 attitude를 수식하는 주격 관계대명사절이다.

어휘 institution 기관 wealth 부 differentiate 구별하다
accompany 수반하다 positive 긍정적인 awareness 인식 address (문제 등을) 다루다, 처리하다 cause ~을 야기하다
indicate 나타내다, 가리키다 concern 관심 previous 이전의

03 수동태

핵심 문법   p.138

예문 해석
1 내 박사 과정이 끝날 때까지, 나는 일부러 다른 모든 것을 등한시했다.
2 구리는 기록된 역사 내내 동전에 사용되어 왔다.
3 자연은 새끼 원숭이들이 다른 원숭이들에 의해 키워지도록 계획해 놓았다.
4 그 아이들은 그들의 할머니에 의해 보살핌을 받을 것이다.
5 그는 전과 기록 때문에 경찰에게 알려져 있다.

기출 예제

정답 ④

해석 지도자들이 자신들을 비지도자들과 구별해 주는 특정한 신체적, 지적, 혹은 성격적 특성을 '선천적으로' 가지고 있다는 생각은 리더십에 대한 특성 기반 접근법의 기본적인 믿음이었다. 이 접근법은 1800년대 후반부터 1940년대 중반까지 리더십 연구를 지배했으며 지난 몇십 년 동안 관심이 되살아나는 것을 경험했다. 초기 특성 이론가들은, 어떤 사람들은 위대한 지도자가 될 수 있게 해 주는 특성을 가지고 태어난다고 믿었다. 따라서 이 분야의 초기 연구는 '지도자는 만들어지는 것이 아니라 태어나는 것'이라는 널리 언급되는 주장을 자주 제시하였다. 또한, 초기 리더십 연구 중 일부는 '위인' 이론이라 불리는 것에 기반을 두었는데, 이는 그 당시 연구자들이, 일반적으로 남성이면서 귀족이거나 정치나 군대의 리더십과 관련이 있는 역사에서 매우 눈에 띄는 지도자들의 특징을 확인하는 데 초점을 맞췄기 때문이다. 더 최근의 역사에서, 수많은 저자들은, 타고난 것이든 학습된 것이든, 리더십 잠재력에 기여하는 많은 지속되는 자질이 있다는 것을 인정했다. 이러한 특성에는 '추진력', '자신감', '인지 능력', '성실성', '결단력', '지능', 그리고 '청렴'과 같은 것이 포함된다.

문제풀이 'A를 B로 부르다'라는 의미의 「refer to A as B」의 구문에서 A가 주어인 what 관계대명사로 이동한 수동태 구문이 되어야 하므로 ④ referred를 is referred로 고쳐야 한다.

오답풀이 ① 주어가 The idea이므로 단수동사 was를 쓰는 것은 적절하다.
② 앞에 있는 some individuals를 대신하는 대명사 them을 쓴 것은 적절하다.
③ 앞의 명사 argument와 의미상 동격절이므로 명사절의 접속사 that을 쓰는 것은 적절하다.
⑤ 주어 동사 they are가 생략되어 '~이든 아니든'이라는 양보의 부사절을 이끄는 접속사 whether는 적절하다.

구문분석 [1행] The idea [**that** leaders *inherently* possess
                        —S— └─⊜─┘
certain physical, intellectual, or personality traits {**that**
                                              ↑
distinguish them from nonleaders}] was the foundational
                                  V
belief of the trait-based approach to leadership.
주어는 The idea이고 동사는 was인 문장이다. 첫 번째 [ ]는 the

idea와 동격절을 이루는 명사절이다. { }는 명사 traits를 수식하는 주격 관계대명사절이다.

[5행] Early trait theorists believed [**that** some individuals are born with the traits {**that** allow them to become great leaders}].

V' O' O.C.'

[ ]는 동사 believed의 목적절로 명사절의 접속사 that이 이끌고 있다. { }는 명사 the traits를 수식하는 주격 관계대명사절이다. 「allow+O+to-v」는 '~가 …하는 것을 허용하다'라는 의미이다.

[11행] In more recent history, numerous authors have acknowledged [**that** there are many enduring qualities, {**whether** (they are) innate or learned}, {**that** contribute to leadership potential}].

[ ]는 동사 have acknowledged의 목적절로 명사절의 접속사 that이 이끌고 있다. 첫 번째 { }는 양보의 접속사 whether가 이끄는 부사절로 삽입된 형태이며, whether 다음에는 they are가 생략된 형태이다. 두 번째 { }는 앞에 있는 qualities를 수식하는 주격 관계대명사절이다.

어휘 inherently 선천적으로, 본질적으로 possess 보유하다 intellectual 지적인 distinguish 구별하다 foundational 기초를 이루는 approach 접근(법) dominate ~을 지배하다 argument 논쟁 focus on ~에 초점을 맞추다 identify 확인하다 acknowledge 인정하다 enduring 지속하는 innate 타고난 contribute to ~에 기여하다 potential 잠재적인 cognitive 인지의 conscientiousness 성실함, 양심적임 integrity 도덕성, 청렴성

보어의 형태

핵심 문법

p.139

1 자신의 일을 검사받는 동안 그 직원은 불안해 보였다.
2 많은 부모들은 자녀들이 폭력적인 영화를 보지 못하게 한다.
3 나는 공원에서 한 아이가 그녀의 개와 노는 것을 보았다.
4 어머니는 내가 누나의 결혼식에 입을 옷을 고르도록 하셨다.
5 너는 안경을 사기 전에 시력 검사를 받아야 한다.

기출 예제

정답 ②

해석 독점이 지닌 실질적인 문제점들은 자본주의가 아니라 국가 통제주의에 의해 야기된다. 국가 통제주의 사회 체제하에서는 세금, 보조금, 관세, 그리고 규제가 종종 시장에서 기존의 대기업들을 보호하는 역할을 한다. 그러한 기업들은 외국과의 경쟁을 방지하는 새로운 관세, 신규 기업들이 그들(대기업들)과 경쟁하는 것을 더 어렵게 만드는 보조금, 또는 대기업이 자산을 가지고 있어 준수할 수 있는 규제 조치와 같은 보호책들을 유지하거나 확대하기 위해 정실 전략

을 종종 사용한다. 반면에 자본주의 사회 체제하에서는 정부가 기업이 자신의 산업에서 얼마나 우위를 점하게 될지, 또는 어떻게 기업들이 서로 인수하고 합병하는지에 관해 발언권이 없다. 게다가 자본주의 사회는 권리를 침해하는 세금, 관세, 보조금 또는 누군가에게 유리한 규제를 가지고 있지 않고 그것은 독점 금지법도 가지고 있지 않다. 자본주의하에서 지배력은 여러분이 하고 있는 것에 정말 능숙해짐으로써 오직 얻어질 수 있다. 그리고 지배력을 유지하기 위해 여러분은 계속해서 경쟁자들보다 앞서 있어야 하고, 이는 여러분의 지배력과 이익을 또한 다른 사람들이 벌 수 있는 돈이 있다는 신호로 여긴다.

문제풀이 주어 a company와 동사 may become의 주격 보어 역할을 해야 하므로 ② dominantly를 형용사 dominant로 고쳐야 한다.

오답풀이 ① 앞에 있는 가목적어 it의 진목적어에 해당하는 to부정사 to complete를 쓰는 것은 적절하다.
③ 앞에 있는 regulations를 의미상 주어로 하며 anybody를 목적어로 취하여서 능동을 나타내야 하므로 현재분사 favoring을 쓰는 것은 적절하다.
④ 선행사를 포함하는 관계대명사 what이 이끄는 명사절이 전치사 at의 목적절로 쓰였다.
⑤ a sign과 동격을 나타내는 명사절의 접속사 that은 적절하다.

구문분석 [4행] ... a new tariff [preventing foreign competition], a subsidy [making **it** harder for new players **to compete** with

V O O.C.

them], or a regulatory measure [**that** a large company has the resources to comply with].

첫 번째 [ ]는 a new tariff를 수식하는 현재분사구이고, 두 번째 [ ]는 a subsidy를 수식하는 현재분사구이다. 「make+O+O.C.」의 구조에서 목적격 보어에 형용사가 올 수 있으며, 특히 목적어가 가목적어 it일 경우 목적격 보어 뒤에 진목적어로 to부정사구가 온다. for new players는 to complete의 의미상 주어이다. 세 번째 [ ]는 a regulatory measure를 수식하는 목적격 관계대명사절이다.

[8행] Furthermore, a capitalist society doesn't have rights-violating taxes, tariffs, subsidies, or regulations [favoring anybody] *nor* does it have antitrust laws.

V S

[ ]는 명사 regulations를 수식하는 현재분사구이다. 등위접속사 nor는 부정의 의미를 내포하고 있는 접속사로 뒤에 도치 구문이 이루어지고 있다.

어휘 monopoly 독점 capitalism 자본주의 subsidy 보조금, 지원금 tariff 관세 regulation 규제 marketplace 시장, 판매 시장 retain 유지하다 competition 경쟁 comply with 따르다, 준수하다 take over 인수하다 merge with ~와 합병하다 dominance 지배(력) stay ahead of ~보다 앞에 있다 profit 이익

05 to부정사와 동명사

핵심 문법   p.140

1 엄마는 내게 새 스마트폰을 사 주겠다는 약속을 하셨다.
  질문에 새로운 방식으로 대답하는 것은 근본적으로 창의적인 행동이다.
2 그는 용케도 새 컴퓨터에 매우 빠르게 적응했다.
3 선생님이 들어오셨을 때, 모든 학생들은 잡담을 멈추었다.
4 내 사무실로 오기 전에 나에게 전화하는 것을 잊지 마.
  나는 오늘 아침 내 주머니에 지갑을 넣은 것을 분명히 기억한다.
5 나는 시간을 절약하기 위해 빨리 먹는 것에 익숙하다.
6 우정을 쌓는 데는 보통 누구나 오랜 시간이 걸린다.

기출 예제

정답 ②

해석 윤리적 문제를 인식하는 것은 비즈니스 윤리를 이해하는 데 가장 중요한 단계이다. 윤리적 문제는 옳거나 그르다고, 윤리적 또는 비윤리적이라고 평가될 수 있는 여러 가지 행동들 가운데에서 한 사람이 선택하기를 요구하는 식별 가능한 문제, 상황 또는 기회이다. 대안 중에서 선택하고 결정을 내리는 방법을 배우는 것은 훌륭한 개인적 가치관뿐만 아니라 관계가 있는 비즈니스 분야에 대한 지식 역량도 필요로 한다. 또한 직원들은 언제 자신이 속한 조직의 정책과 윤리 강령에 의존할지 혹은 언제 동료 또는 관리자와 적절한 행동에 대해 논의해야 할지를 알아야 한다. 윤리적 의사결정이 항상 쉬운 것은 아닌데, 왜냐하면 결정이 어떻게 내려지든 딜레마를 만드는 회색 영역이 늘 있기 때문이다. 예를 들어, 직원은 시간 훔치기를 하는 동료에 대해 보고해야 하는가? 판매원은 고객에게 프레젠테이션을 할 때 어떤 제품의 안전 상태가 좋지 않다는 기록에 대한 사실을 생략해야 하는가? 그러한 질문은 의사결정자가 자신이 선택한 윤리를 평가하여 지침을 요청할 것인지 말지의 여부를 결정할 것을 요구한다.

문제풀이 문장의 동사가 requires로 주어가 없는 상태이므로 ② Learn을 주어가 되도록 Learning 혹은 To learn으로 고쳐야 한다.

오답풀이 ① 주격 관계대명사절의 동사 부분으로 선행사가 several actions이므로 의미상 수동형 be evaluated를 쓰는 것은 적절하다.
③ 명사적 용법의 to부정사 「의문사+to-v」의 구조를 갖는 when to rely와 and로 병렬되어 when to 생략된 동사원형 have를 쓰는 것은 적절하다.
④ gray areas를 선행사로 하는 주격 관계대명사 that을 쓰는 것은 적절하다.
⑤ 「의문사+to-v」의 구조로 '~할 것인지 말 것인지'라는 의미의 whether to ask에서 의문사 whether를 쓰는 것은 적절하다.

구문분석 [2행] An ethical issue is an identifiable problem, situation, or opportunity [**that** requires a person to choose from among several actions {**that** may be evaluated as right or wrong, ethical or unethical}].

[ ]는 an identifiable problem, situation, or opportunity를 수식하는 주격 관계대명사절이다. { }는 several actions를 수식하는 주격 관계대명사절이다.

[6행] Employees also need to know [**when to rely** on their organizations' policies and codes of ethics] or [(**when to) have** discussions with co-workers or managers on appropriate conduct].

주어는 Employees이고 동사는 need, 목적어는 to부정사 to know인 문장으로 to know의 목적어구로 첫 번째 [ ]와 두 번째 [ ]가 or로 병렬되어 있다. 두 번째 [ ]는 when to가 생략된 동사원형 have로 시작하고 있다.

[8행] Ethical decision making is not always easy [**because** there are always gray areas {**that** create dilemmas}, {**no matter how** decisions are made}].

[ ]는 이유를 나타내는 접속사 because로 시작하는 부사절이다. 첫 번째 { }는 gray areas를 수식하는 주격 관계대명사절이고, 두 번째 { }는 「no matter how+S+V」로 '어떻게 ~하던 간에'라는 의미의 부사절이다.

어휘 ethical 윤리의, 도덕의   ethics 윤리학   identifiable 식별 가능한   opportunity 기회   evaluate 평가하다   alternative 대안, 대체   competence 능력, 권한   rely on ~를 의존하다   co-workers (직장) 동료   appropriate 적절한   dilemma 딜레마, 어려운 문제   theft 절도죄, 도둑질   leave out 빠뜨리다, 생략하다

06 분사와 분사구문

핵심 문법   p.141

예문 해석
1 출입구에 서 있는 저 여자를 아십니까?
  낙엽은 많은 양의 중요한 성분들을 포함하고 있다.
2 학교에서 돌아오자마자, 그녀는 곧 잠이 들었다.
  강가에 위치하고 있어서, 그 별장은 전망이 좋은 위치에 있다.
3 바람이 점점 세져서, 우리는 다시 안으로 들어갔다.
4 나는 TV를 켜 놓은 채 잠이 들었다.

기출 예제

정답 ②

해석 사전적 정의에 따르면, 찬가는, 흔히 국가에 대한, 충성의 노래이자 한 곡의 '성스러운 음악'인데, 이 두 가지 정의는 모두 스포츠 상황에서도 적용이 가능하다. 이 장르는 독점적이지는 않을지라도 축구에서 가장 두드러지게 나타나며, 인기 있는 노래들이 구단과 밀접한 연관을 갖게 되고 팬들에 의해 열광적으로 받아들여지는 많은 사례를 만들어 냈다. 이에 더하여 그것들은 흔히 충성과 정체성의 자발적인 표현이며, Desmond Morris에 따르면, '지역 예술 형태에

근접하는 어떤 것의 수준에 도달했다'. 그런 스포츠 노래들의 강력한 매력 요소는 그것들이 '팬들이 참여할 수 있는 외우기 쉽고 부르기 쉬운 합창'을 특징으로 한다는 것이다. 이것은 팬들의 존재를 더 확실하게 느낄 수 있게 하기 때문에 팀의 (경기) 수행에 아주 중요한 부분이다. 이러한 형태의 대중문화는 '품위 있는 미적 거리와 통제'를 유지하는 경향이 있는 지배적인 문화와는 대조적으로, 즐거움과 감정적 과잉을 보여 준다고 말할 수 있다.

문제풀이 앞에 동사 have reached가 있으므로 분사 형태가 되어야 하며, 의미상 주어가 something이고 목적어로 a local art form이 있으므로 능동의 의미가 되어야 한다. 따라서 ② approached를 approaching의 현재분사로 고쳐야 한다.

오답풀이 ① 관계사 뒤에 완전한 구조의 문장이 이어지므로 examples를 선행사로 하는 관계부사 where를 쓰는 것은 적절하다.
③ 주어가 A strong element이므로 단수동사 is를 쓰는 것은 적절하다.
④ 의미상 '~ 때문에'라는 이유를 나타내는 부사절의 접속사 as를 쓰는 것은 적절하다.
⑤ '~라고들 말한다'라는 의미의 「be said to-v」에 쓰인 to display는 적절하다.

구문분석 [1행] According to its dictionary definition, an anthem is [**both** a song of loyalty, often to a country, **and** a piece of 'sacred music'], definitions [that are both applicable in sporting contexts].
주어는 an anthem이고, 동사는 is, 첫 번째 [ ]가 주격 보어로 「both A and B」의 구조로 되어 있다. definitions는 앞에 있는 주격 보어와 동격이며 두 번째 [ ]는 앞에 있는 definitions를 수식하는 주격 관계대명사절이다.

[7행] A strong element of the appeal of such sports songs is [**that** they feature 'memorable and easily sung choruses {**in** **which** fans can participate}'].
주어는 A strong element이고 동사는 is이며, [ ]가 주격 보어인 문장이다. [ ]는 주격 보어로 명사절의 접속사 that이 이끈다. { }는 choruses를 선행사로 하는 「전치사 + 관계대명사」절이다.

어휘 definition 개념 anthem 성가, 찬가 loyalty 충성(심) sacred 신성한, 성스러운 applicable 적용할 수 있는 context 맥락, 상황 genre 장르, 유형 dominate ~을 지배하다 exclusively 배타적으로, 독점적으로 enthusiastically 열광적으로 element 요소 feature ~의 특징을 이루다 vital 중요한 presence 존재 excess 초과, 과잉 respectable 고상한, 품위 있는 aesthetic 미적인, 미학의

07 관계사와 접속사

핵심 문법   p.142

예문 해석
1 우리는 마케팅 지식이 뛰어난 사람을 찾고 있다.
2 너는 먹는 것을 신중하게 선택하고 정크푸드를 피하는 것이 더 좋다.
3 네가 방해받지 않을 것 같은 조용한 곳으로 가라.
4 그는 오고 싶어했지만, 그것은 불가능했다.
  Luis는 학교 교사가 되었는데, 거기에서 그는 그의 아내를 만났다.
5 그는 최고의 지원자였기 때문에 그 일자리를 얻었다.
  그녀는 그의 다정한 성격 때문에 그와 결혼했다.

기출 예제

정답 ③

해석 생태계들은 구성과 범위에 있어 차이가 있다. 그것[생태계]들은 여러분의 입안에 있는 유기체들의 군집과 상호작용 혹은 열대 우림의 덮개 안에 있는 그것들에서부터 지구의 바다에 있는 모든 그것들까지의 범위에 이르는 것으로 정의될 수 있다. 그것들을 지배하는 과정들은 복잡성과 속도의 면에서 차이가 있다. 몇 분 안에 바뀌는 시스템도 있고, 주기적인 시간이 수백 년까지 연장되는 시스템도 있다. 어떤 생태계는 광범위하고(아프리카 사바나 같은 '생물군계'), 어떤 생태계는 지역들에 걸쳐 있으며(강의 유역), 많은 생태계가 마을 군집을 포함하고(작은 분수령들), 다른 생태계들은 단 하나의 마을 차원으로 국한된다(마을 연못). 각각의 사례에는 불가분성이라는 요소가 있다. 어떤 생태계를 장벽을 만들어 부분들로 나누면, 그 부분들의 생산성의 총합은 일반적으로, 다른 것이 동일하다면, 전체의 생산성보다 더 낮다는 것이 발견될 것이다. 생물학적 개체군의 이동성이 한 가지 이유이다. 예를 들어, 안전한 통행은 이동하는 생물 종들을 생존하게 한다.

문제풀이 선행사를 others로 하며 관계대명사 which 다음에 완전한 문장이 이어지므로, 의미상 '다른 시스템의 주기적인 시간'이라는 의미가 되도록 ③ which를 소유격 관계대명사 whose로 고쳐야 한다.

오답풀이 ① 앞에 있는 the communities and interactions of organisms를 가리키도록 대명사 those를 쓰는 것은 적절하다.
② 목적어로 them이 나오고 선행사 The processes와 의미상 능동이므로 현재분사 governing을 쓰는 것은 적절하다.
④ 접속사 if가 생략된 분사구문으로 if other things are equal이 축약된 것이므로 being의 쓰임은 적절하다.
⑤ 「enable+O+to-v」의 구조가 되어야 하므로 to survive를 쓰는 것은 적절하다.

구문분석 [1행] They can be defined as ranging [**from** the communities and interactions of organisms {in your mouth} or those {in the canopy of a rain forest} **to** all *those* {in Earth's oceans}].
[ ]는 부사구로 '~에서부터 …까지 범위에 이르다'라는 의미의 「range

from ~ to ...」의 구조이다. 첫 번째 { }는 전치사 in을 사용한 형용사구로 the communities and interactions of organisms를 수식하고 있으며, 나머지 2개의 { }도 동일한 in 전치사구가 those를 수식하고 있는 구조이다. those는 the communities and interactions of organisms를 가리키는 대명사이다.

[8행] Divide an ecosystem into parts by creating barriers, [**and** the sum of the productivity of the parts will typically be found to be lower than the productivity of the whole, {other things **being** equal}].

(S) the sum / (V) will typically be found

[ ]는 '~하라 그러면 ~하게 될 것이다'라는 의미의 「명령문 ~, and+S+will ~」에서 and 이하 부분에 해당한다. { }는 주어가 생략되지 않은 분사구문으로 가정을 나타내는 if other things are equal이 분사구문으로 축약된 형태이다.

어휘 composition 구성 extent 범위 range from A to B A에서 B까지의 범위에 이르다 community 군집 organism 유기체 process 과정 govern 지배하다, 관리하다 complexity 복잡성 turn over 바뀌다 rhythmic 주기적인 extend 연장되다 extensive 광범위한 biome (숲·사막 같은 특정 환경 내의) 생물 군계 cluster 무리 watershed 분수령 confine 제한하다 indivisibility 불가분성 barrier 장벽 productivity 생산성 mobility 이동성 population 개체군 migratory 이동[이주]하는

08 병렬구조와 어순

핵심 문법 p.143

예문 해석
1 우리들에게 아침밥을 먹인 후에, 그녀는 모든 것을 닦고, 걸레질하고, 먼지를 털곤 했다.
2 졸업 후에, 너는 대학에 가거나 직장을 구할 수 있다.
3 정확히 어디에서 그 사고가 일어났는지 판단하기가 어려웠다.
4 그는 자신이 아들에게 평생 동안 지속될 열정을 불어넣고 있다는 것을 전혀 알지 못했다.
   약을 먹고 나서야 비로소 그녀는 몸이 좋아졌다.
5 나는 그때 이후로 그녀를 보지 못했고, 그녀를 다시 보고 싶지도 않다.

기출 예제

정답 ⑤

해석 대부분의 과학 역사가들은 별과 행성에 대한 연구, 즉 우리가 현재 천문학이라 부르는 것에 대해 배우고자 하는 동기로 농업 활동을 규제하기 위한 신뢰할 만한 달력의 필요성을 지적한다. 초기 천문학은 언제 작물을 심어야 하는지에 대한 정보를 제공했고 인간에게 시간의 흐름을 기록하는 그들 최초의 공식적인 방법을 제공했다.

영국 남부에 있는 4,000년 된 고리 모양을 하고 있는 돌들인 스톤헨지는 아마도 우리가 살고 있는 세계에서 규칙성과 예측 가능성을 발견한 가장 잘 알려진 기념비일 것이다. 스톤헨지의 커다란 표식은 우리가 계절의 시작을 표시하기 위해 여전히 사용하는 날짜인 지점과 분점에서 태양이 뜨는 지평선의 장소를 가리킨다. 그 돌들은 심지어 (해·달의) 식(蝕)을 예측하는 데 사용되었을 수도 있다. 기록을 남길 수 없던 시절의 사람들이 세운 스톤헨지의 존재는 자연의 규칙성뿐만 아니라 눈앞에 보이는 모습의 이면을 보고 사건에서 더 깊은 의미를 발견할 수 있는 인간의 정신적 능력을 말없이 증언해 준다.

문제풀이 앞에 있는 the ability를 수식하는 형용사적 용법의 to부정사 to see와 and로 병렬되므로 ⑤ discovers를 동사원형 discover로 고쳐야 한다.

오답풀이 ① gave의 목적어인 humans를 가리키는 소유격 대명사 their의 쓰임은 적절하다.
② Stonehenge와 the 4,000-year-old ring of stones in southern Britain은 서로 동격 관계이다. 따라서 이 문장의 주어는 Stonehenge이므로 단수동사 is를 쓰는 것은 적절하다.
③ 뒤에 완전한 문장이 이어지고 선행사가 장소를 나타내는 the horizon이므로 관계부사 where를 쓰는 것은 적절하다.
④ 과거에 대한 추측으로 주어 The stones가 의미상 '사용된' 것이므로 수동형 been used를 쓴 것은 적절하다.

구문분석 [9행] The existence of Stonehenge, [**built** by people without writing], bears silent testimony [*both* to the regularity of nature *and* to the **ability** of the human mind {**to see** behind immediate appearances and **(to) discover** deeper meanings in events}].

(S) The existence of Stonehenge / (V) bears / (O) silent testimony

주어는 The existence of Stonehenge이고, 동사는 bears이다. 첫 번째 [ ]는 주어를 수식하는 과거분사구로 삽입되어 있다. 두 번째 [ ]는 '~와 … 둘 다'라는 의미의 「both ~ and ...」 구문이고, { }는 명사 the ability를 수식하는 두 개의 형용사적 용법의 to부정사구가 병렬되어 있다. discover 앞에는 to가 생략된 형태이다.

어휘 reliable 신뢰할 만한 regulate 규제하다 agricultural 농업의 astronomy 천문학 formal 공식적인 passage 흐름 regularity 규칙성 predictability 예측 가능성 inhabit 살다 spot 장소 solstice 지점(하지나 동지 때처럼 태양이 가장 치우쳤을 때) equinox 분점(춘분과 추분 때처럼 태양의 균형점) immediate 눈앞에 있는

REVIEW **TEST**   p.144

1 ③   2 ②   3 ②   4 ③   5 ③   6 ③
7 ③   8 ③   9 ②

1 ③

해석 여러분은 알래스카와 같은 위도를 공유하는 국가는 살기에 춥고 쾌적하지 않은 곳일 거라고 예상할지도 모른다. 노르웨이의 일부 지역이 상당히 춥고 겨울 같을 수 있다는 것은 사실이지만, 그 나라의 전반적인 기후는 놀랄 만큼 온화하다. 이것의 주된 이유는 멕시코 만류의 따뜻한 물 때문인데, 그것은 노르웨이의 서쪽 해안을 지난다. 이 난류는 북극권 안쪽에 위치한 지역이 겨울에도 온화한 날씨를 누릴 수 있게 해 준다. 하지만 모든 사계절이 지나는 동안, 노르웨이 기온은 꽤 많이 변하기도 한다. 여름에 노르웨이는 섭씨 30도만큼의 높은 기온을 경험할 수 있다. 반면에 겨울에는 춥고 눈이 많이 내리는 경향이 있다.

문제풀이 allow는 목적격보어로 to부정사를 취하는 동사이므로, ③ enjoying을 to enjoy로 고쳐야 한다.

오답풀이 ① that절의 주어는 a country이고 동사는 would be로, sharing … Alaska는 주어 a country를 수식하는 현재분사구이다.
② which는 the Gulf Stream을 선행사로 하는 계속적 용법의 주격 관계대명사이다.
④ 뒤에 명사구가 왔으므로 전치사 during은 적절하다.
⑤ 「as+형용사+as」의 원급비교 구문이다.

구문분석 [1행] … would be a cold and unpleasant place to live (in).
to live는 a cold … place를 수식하는 형용사적 용법의 to부정사이다. 엄밀히 말하자면 to live in이라고 쓰는 것이 맞지만, 현대영어에서는 관용적으로 a place to live로 쓸 수 있다.

2 ②

해석 과학자들은 30억 년보다 더 오랫동안 지구의 바다에 생명체가 존재해 왔다는 것을 알고 있다. 하지만, 이 해양 속 수십억 톤의 물이 본래 어디에서 왔는지는 아직도 알려지지 않았다. 이용할 수 있는 증거 자료에 의하면, 그것은 오래전 지구의 대기로부터 응결된 것처럼 보이지만, 과학자들은 애초에 물이 어떻게 대기권에 도달하게 되었는지 확실히 알아낼 수는 없다. 가장 일반적인 이론은 수년에 걸쳐 우리 행성과 충돌한 혜성과 유성에 의해서 지구에 물이 들어오게 되었다는 것이다. 이러한 종류의 천체들은 다량의 농축된 물을 포함하고 있는데, 그 물이 충돌 후 대기권에 남겨졌을 것이다. 사실, 자그마한 유성들은 계속 지구와 아주 자주 충돌하는데, 이는 해양에 더 많은 물을 더해주고 있다.

문제풀이 오래전 물이 지구의 대기로부터 응결된 것은 술어동사 seems가 나타내는 때보다 이전에 일어난 일이므로 ② to condense를 완료부정사 to have condensed로 고쳐야 한다.

오답풀이 ① 바다의 생명체는 30억 년보다 더 이전부터 지금까지 존재해 온 것이므로 〈계속〉을 나타내는 현재완료 시제는 적절하다.

③ that은 주격보어 역할을 하는 명사절을 이끄는 접속사이다.
④ would는 과거의 일에 대한 추측을 나타내는 조동사이다.
⑤ 〈결과〉를 나타내는 분사구문을 이끄는 adding의 쓰임은 적절하다.

구문분석 [2행] However, just where the billions upon billions of tons of water in these oceans originally came from is still unknown.
where로 시작하는 간접의문문이 문장의 주어이고 동사는 is이다.

[6행] … water was brought to Earth by comets and meteors [that collided with our planet over the years].
[ ]는 comets and meteors를 수식하는 주격 관계대명사절이다.

3 ②

해석 한 해에 4천 7백만 이상의 사람들에게 수천억 달러를 제공하는 미국의 사회보장제도는 그 국가에서 가장 성공한 정부 프로그램들 중 하나이다. 때때로 이것은 단순히 퇴직 프로그램으로 여겨지기도 하지만, 사회보장제도로부터 돈을 받는 사람들의 3분의 1가량은 퇴직자가 아니다. 사회보장제도는 미국 노동자들과 그들의 가족 구성원들이 여러 상황에서 재정적으로 보살핌을 받을 수 있도록 보장해 준다. 이용 가능한 다양한 종류의 혜택들이 있는데, 최소 10년간 근무한 사람들을 위한 퇴직 수당, 산업재해를 입은 근로자들을 위한 장애 보험, 그리고 사망한 근로자들의 유족들을 위한 유가족 보험 등을 포함한다. 이 유용한 프로그램이 없다면, 많은 가족들은 위기 시 극도의 재정적 어려움에 직면할 것이다.

문제풀이 (A) 주어인 the United States Social Security system이 수천억 달러를 '제공하는' 것이므로 현재분사 Providing이 적절하다.
(B) 주어가 one third of the people이며, 「분수+of+명사」의 경우 of 뒤의 명사에 동사의 수를 일치시키므로, 복수동사 are를 써야 한다.
(C) The Social Security system이 주어이고, that절은 목적어이므로, 동사인 guarantees가 와야 한다.

구문분석 [3행] Although it is sometimes **viewed as** simply being a retirement program, … .
'A를 B로 간주하다'라는 의미의 「view A as B」 구문을 수동태로 표현한 것이다.

[10행] **Without** this valuable program, many families **would face** extreme financial difficulties in times of crisis.
가정법 과거 구문으로 「without ~」은 「if it were not for ~」로 바꾸어 쓸 수 있다.

4 ③

해석 야생 동물 전문가들에 따르면, 동물이 일단 가두어진 상태로 살게 되면, 야생으로 되돌려 보낼 수 있게 되기 전에 행해져야 할 일이 많다고 한다. 그런 동물들을 너무 일찍 풀어 주는 것은 그들에게 해를 끼칠 가능성이 있다. 1996년에 해군에서 사용되다가 퇴역한 두 마리의 돌고래 Buck과 Luther를 예로 들어보자. 해군은 그들을 바다로 되돌려 보내기 전에 재교육 기관으로 보냈지만, 그들은 너무 일찍 자유의 몸이 되었고 야생으로 돌아간 처음 몇 주 동안 간신히 살아남았다. 여러 문제들 중에서도, 갓 풀려난 돌고래들은 사냥과 자기 방어, 사람들로부터 거리 두기에 어려움을 겪었다. 분명히, 갇혀 있던 동물들을 자연 서식지로 돌려보내는 방법이라는 문제는 여전히 해결되어야 할 필요가 있다.

문제풀이 5형식 문장 the Navy set them free가 수동태가 된 것으로, 능동태 문장에서 목적격보어로 쓰인 형용사는 수동태가 되어도 그 형태가 변하지 않으므로 ③ freely를 free로 고쳐야 한다.

오답풀이 ① 동명사구 주어(Releasing ... prematurely)는 단수 취급한다.
② 타동사 retire는 '퇴역시키다'의 의미로, 돌고래가 해군에 의해 '퇴역당한' 것이므로 수동형이 쓰였다.
④ dolphins를 수식하는 분사로 돌고래가 '풀려난' 것이므로 과거분사 released가 쓰였다.
⑤ 「how to-v」는 '~하는 방법'의 의미로 전치사 of의 목적어 역할을 하는 명사구를 이끈다.

구문분석 [2행] Releasing such animals prematurely has the potential [to cause them harm].
[ ]는 the potential을 수식하는 형용사적 용법의 to부정사구이다.

[6행] ..., the newly released dolphins **had trouble hunting**, **defending** themselves, **and staying away** from people.
「have trouble (in) v-ing」는 '~하는 데 어려움을 겪다'의 의미이며, hunting, defending, staying away는 and에 의해 병렬 연결되었다.

5 ③

해석 Earl S. Tupper는 2차 세계대전 이전에 플라스틱을 개발하고 있던 한 화학 공장에서 근무 중일 때 처음으로 플라스틱을 접했다. 그는 이 새로 발명된 물질에 매료되었으나 너무 가난하여 연구할 견본을 살 수 없었다. 그래서 Tupper는 감독관에게 집으로 가져갈 수 있는 폐기물이 있는지 물었다. 그는 공장에서 행해지는 석유 정제 과정의 부산물인 폴리에틸렌 용재 한 조각을 얻을 수 있었다. 그 용재를 정화함으로써, Tupper는 그것을 어떻게 주조하는지 알아내서 강하고 가벼운 용기를 만들어냈다. 나중에, 그는 페인트 통 뚜껑의 모양을 모방하여 자신의 용기에 맞는 특별한 밀폐 뚜껑을 만들었다. 1938년에, Tupper는 Tupperware 플라스틱 회사를 설립했고, 1946년 무렵엔 그의 상품들이 백화점에서 대중들에게 판매되고 있었다.

문제풀이 the oil refining process를 수식하는 분사로 석유 정제 과정은 공장에서 '행해지는' 것이므로 ③ conducting을 과거분사 conducted로 바꿔야 한다.

오답풀이 ① Tupper가 플라스틱을 처음 접한 시점을 기준으로 2차 세계대전 이전부터 이미 플라스틱을 개발하는 중이었으므로, 과거완료 진행형인 had been developing은 적절하다.
② 「too+형용사[부사]+to-v」는 '너무 ~해서 …할 수 없다'의 의미로 to purchase는 적절하다.
④ it은 앞에 나온 the slag를 가리키므로 단수로 쓰는 것은 적절하다.
⑤ found는 '설립하다'라는 뜻으로 동사의 변화형은 found-founded-founded이다.

구문분석 [3행] So Tupper asked his supervisor [if there was
V   I.O.   D.O.

any waste material {he could take home}].
동사 asked의 직접목적어 역할을 하는 명사절을 이끄는 if는 '~인지 어떤지'의 의미이다. { }는 선행사인 any waste material을 수식하는 목적격 관계대명사절이다.

[9행] ..., and by 1946 his products **were being sold** to the public in department stores.
were being sold는 과거진행 수동태로 '~되는 중이었다'로 해석한다.

6 ③

해석 키프로스에서 연구를 하고 있는 고고학자들은 시간 속에 멈춘 후기 로마 제국의 한 순간을 알아냈다. 365년에 강력한 지진이 발생한 쿠리온 시에서의 발견으로 그 재해로 사망했음이 틀림없는 두 남자의 유해가 공개되었다. 이것에 앞서, 고고학자들은 고대 장터였을 것 같은 곳에서 다른 유골 일곱 구와 함께, 많은 공예품들을 발견했다. 이 중에서, 하나는 그가 있던 건물이 붕괴됐을 때 작업대에서 혼자 일하고 있던 것 같은 겨우 스무 살을 넘긴 한 남자였다. 가까운 곳에 다양한 동전과 요리 그릇 같은, 다른 발견물들이 있었다. 또 다른 유골은 바로 옆 방에서 발견되었다. 그곳에서, 고고학자들은 여전히 벽난로 위에 놓인 냄비와 방 입구에 놓여 있는 화려하게 장식된 램프를 발견했다.

문제풀이 (A) 강력한 지진으로 사망했음이 '틀림없다'는 의미가 되어야 하므로, '~했음에 틀림없다'의 의미인 「must have v-ed」를 써야 한다.
(B) 부사(Nearby)가 문장 앞에 와서 주어(other finds)와 동사가 도치된 형태이므로, 복수 동사 were가 와야 한다.
(C) an ornate lamp를 수식하는 현재분사이며, 뒤에 목적어가 없으므로 '놓여 있다'의 의미인 자동사 lie의 현재분사 lying이 와야 한다. 타동사 lay는 '~을 놓다, 두다'의 의미이다.

구문분석 [2행] Discoveries in the city of Kourion, [where a powerful earthquake struck in the year 365], have revealed the remains of two men {who must have died in the disaster}.
[ ]는 삽입절로, Kourion에 대한 부연 설명을 하는 계속적 용법의 관계부사절이다. { }는 two men을 수식하는 주격 관계대명사절이다.

[4행] Prior to this, archaeologists found many artifacts, ..., in [**what** was probably an ancient marketplace].
[ ]는 선행사를 포함하는 관계대명사 what이 이끄는 명사절로 전치사 in의 목적어 역할을 한다.

7 ③

해석 약간의 여유 시간이 있어서, 나는 그 아름다운 고택(古宅)을 둘러보았다. 나는 모든 훌륭한 예술품에 감동을 받았고 특히 복도를 따라 걸린 가족 구성원들의 초상화들이 마음에 들었다. 그 초상화들을 하나씩 살펴보다가, 나는 식당 근처 복도에 걸려 있는 한 노부인의 그림을 우연히 보게 되었다. 놀라서, 나는 멈춰 서서 더 자세히 살펴보았다. 그 여자는 매우 낯이 익었지만, 처음에는 왜 그런지 확신할 수 없었다. 그러다 생각이 났다. 내 지갑을 뒤져, 나는 아버지가 내게 주셨던 오래된 할머니의 사진을 꺼내었다. 사진 속의 여자는 그림에 있는 여자와 똑같이, 같은 흰색 가운을 입고 카메라를 차분하게 보고 있었다.

문제풀이 형용사 familiar를 수식하므로 ③ extreme 대신에 부사인 extremely를 사용해야 한다.

오답풀이 ① loved는 동사 was와 접속사 and로 병렬 연결되어 있다.
② 선행사가 a painting of an elderly woman이므로 주격 관계대명사 which는 적절하다.
④ 〈연속동작〉을 나타내는 분사구문이 사용되었다.
⑤ wearing이 이끄는 분사구문과 접속사 and에 의해 병렬 연결되어 있고, 주절의 주어인 The woman이 카메라를 '보고 있는' 것이므로 현재분사 looking은 적절하다.

구문분석 [4행] (Being) **Surprised**, I stopped and took a closer look.
〈이유〉를 나타내는 분사구문으로 문두에 Being이 생략되어 있다.

[6행] …, I pulled out the old photograph of my grandmother [that my father **had given** me].
[ ]는 the old photograph를 수식하는 목적격 관계대명사절이다. 아버지가 나에게 사진을 주신 것이 지갑에서 사진을 꺼낸 시점보다 이전에 일어난 일이므로 과거완료 시제(had v-ed)를 썼다.

8 ③

해석 내 아이들이 어렸을 때, 우리 가족은 돈이 별로 없었다. 사실, 땅콩버터와 기저귀 같은 필수품만이라도 살 수 있을 만큼 저축하려면 우리는 열심히 일해야 했다. 당연히 휴가를 간다는 것은 불가능한 일이었다. 하지만 내가 깨닫지 못했던 것은 그래도 우리만의 '휴가'를 가질 수도 있었다는 사실이었다. 여러 해가 지난 후, 나는 한 잡지에서 일주일 중 하루를 '휴가일'로 정하고 집안의 방 하나를 그들만의 '목적지'로 꾸민 어느 가족에 대한 기사를 읽었다. 내가 나의 아이들을 위해서 그것을 생각해 냈었다면 정말로 좋았을 것 같다. 나는 아이들에게 가짜 여권을 만들어 줄 수도 있었고 각각의 목적지에서 도장을 찍어 줄 수도 있었을 것이다. 결국, 여러분이 어디로 가느냐는 누구와 함께 가느냐만큼 항상 중요한 것은 아니다.

문제풀이 「I wish+가정법」 구문으로, 여기서는 주절의 시제보다 이전의 일에 대한 후회를 나타내므로 ③ thought 대신에 가정법 과거완료 형태인 had thought가 와야 한다.

오답풀이 ① 앞에 나온 대명사 enough를 수식하는 형용사적 용법의 to부정사이다.
② 「could have+v-ed」는 과거의 일에 대한 가능성을 나타내며 '~했을 수도 있었다'의 의미이다.
④ 반복을 피하기 위해 앞에 나온 could have가 생략된 형태이다.
⑤ 「as+형용사[부사]+as」의 원급비교 표현으로, '~만큼 …한[하게]'의 뜻이다.

구문분석 [5행] … a family [that designated one day a week **as** "vacation day" and decorated one room in the house **as** their "destination spot."]
[ ]는 a family를 수식하는 주격 관계대명사절이며, 동사 designated와 decorated는 and로 병렬 연결되어 있다. 두 개의 as는 모두 '~로서'의 의미를 나타내는 전치사이다.

[8행] After all, [where you go] doesn't always matter as much as {who you go with}.

[ ]와 { }는 간접의문문으로 「의문사+주어+동사」의 어순을 취하는 명사절이다. 이때, 이 두 명사절은 비교 표현에 의해 대구를 이룬다. 「not always ~」는 부분부정으로 '항상 ~인 것은 아니다'의 뜻이다.

9 ②

해석 일종의 약물 '남용'은 항상 있어왔던 것 같다. 알코올 남용은 수천 년 동안에 걸쳐 계속되었다. 그러나, 20세기에 와서야 사람들은 특정 유형의 약물 남용을 '중독'이라고 묘사하기 시작해왔다. 처음에 그 용어는 사실상 아무런 부정적인 감정이 연관되지 않은 채, 그저 행동 양식을 의미했다. 사실상, 20세기 이전의 용법들은 '나쁜 습관에', '민사에', 그리고 심지어 '유익한 것들에' 대한 중독을 묘사했다. 그 당시에, 오늘날은 흔한 약물 중독에 대한 개념은 어떤 의미의 일부도 아니었다. 따라서, 사람들은 한때 단지 기호나 경향에 대해 중립적인 방식으로 '중독'을 사용했다.

문제풀이 (A) 부사구(Only in the 20th century)가 문두에 와서 주어(people)와 동사가 도치된 형태이므로, have가 와야 한다.
(B) '부정적인 감정이 연관되지 않은 채'의 의미가 되어야 하므로, 과거분사 attached가 와야 한다. 「with+O+v-ed」는 '~가 …된 채'의 의미이다.
(C) 문장의 주어가 the idea이므로, 단수 동사 was가 와야 한다.

구문분석 [6행] …, the idea of addiction to drugs, [which is common today], was not part of any definition.
[ ]는 삽입절로, the idea of addiction to drugs에 대해 부연 설명하는 계속적 용법의 주격 관계대명사절이다.

1 ④	2 ③	3 ①	4 ⑤	5 ⑤	6 ②
7 ②	8 ⑤				

1 ④

해석 우리 지구에서 생명체가 어떻게 처음 생겨났는지에 대한 의문은 오랫동안 과학자들을 혼란스럽게 해왔다. 생명체는 대체 어떻게 우리 지구의 초기 역사 내내 존재했던 적대적인 환경에서 나타날 수 있었는가? 그리고 무엇이 단순한 단세포 유기체로부터 다세포 동식물로의 발전으로 이끌 수 있었는가? 최근에, 몇몇 과학자들은 이러한 어려운 질문 중 일부에 대한 답을 제공하는 것을 도울 수 있는 이론을 제안했다. 이 이론에 따르면, 글리세롤이라고 불리는 중요한 세포 구성 요소는 우주 공간에서 오래 전에 발생한 화학 반응을 통해 생겨났을지도 모른다. 글리세롤은 유기분자이고, 그것은 모든 생물의 세포막에서 발견된다. 게다가, 글리세롤이 있는 세포막은 지구상의 다세포 생물의 진화에 필수적이었다고 한다.

문제풀이 지구상에서 최초의 생명체가 어떻게 생겨났는지에 대한 답이 될 수 있는 글리세롤에 대한 내용이므로, 글의 제목으로 ④ '글리세롤: 지구상의 생명체의 기원에 대한 가능한 해답'이 가장 적절하다.

오답풀이 ① 지구상에 살았던 최초의 생물체
② 왜 어린 행성 지구는 생명체에게 적합하지 않았는가
③ 글리세롤은 다른 행성에 생명체가 존재한다는 것을 증명할 수 있는가?
⑤ 글리세롤이 다세포 생물에 대한 새로운 의문을 제기하다

구문분석 [1행] Questions about [how life first formed on our planet] have puzzled scientists for many years.
[ ]는 전치사 about의 목적어로 쓰인 명사절로, 「의문사+주어+동사」 어순의 간접의문문이다.

[6행] …, an important cellular component [called glycerol] **could have been** created through chemical reactions {that took place long ago in outer space}.
[ ]는 앞의 an important cellular component를 수식하는 과거분사구이다. 「could have v-ed」는 '~했을 수도 있다'의 의미로, 추측을 나타낸다. { }는 chemical reactions를 수식하는 주격 관계대명사절이다.

어휘 puzzle 어리둥절하게 만들다 emerge 나오다, 모습을 드러내다 hostile 적대적인 multicellular 다세포의 organism 유기체, 생물(체)(a. organic) cellular 세포의 component 구성 요소 molecule 분자 membrane (인체 피부조직의) 막 essential 필수적인, 극히 중요한 evolution 진화 [문제] unsuitable 적합하지 않은

2 ③

해석 위에 제시된 세 개의 원그래프는 서로 다른 세 연령대에서 영화 장르의 인기도 차이를 보여준다. 가장 어린 연령대에서는 액션 영화가 선호되는 반면, 다른 두 연령대는 그것을 더 낮은 순위에 올렸다. 액션 영화 다음으로, 보다 젊은 사람들은 가장 좋아하는 것으로 로맨스와 공상과학 영화를 꼽았다. (중년층의 사람들을 보면, 그들은 액션, 판타지, 그리고 로맨스 영화를 합친 것보다 드라마를 더 좋아했다.) 한편, 가장 나이 많은 연령대에 속한 사람들은 코미디와 공포(영화)에 거의 관심을 보이지 않아, 이 장르에서 각각 0퍼센트의 득표를 얻었다. 확실히, 노년층 사람들이 가장 좋아하는 영화는 드라마였다.

문제풀이 중년층의 액션, 판타지, 그리고 로맨스 장르에 대한 선호도는 각각 12퍼센트로 모두 합치면 드라마 장르에 대한 선호도인 36퍼센트와 같으므로, ③은 도표의 내용과 일치하지 않는다.

구문분석 [6행] Meanwhile, the people in the oldest age group expressed little appreciation for comedies and horror, **with** each of these genres **receiving** zero percent of their votes.
「with+(대)명사+현재분사」는 '~가 …하면서'의 의미이다.

어휘 genre 장르 picture 묘사[제시]하다 popularity 인기 rank 등급을 매기다, 평가하다 range 범위 combine 결합하다 meanwhile 한편 appreciation 감탄, 감상

3 ①

해석 모든 작가들이 노벨문학상을 수상하기를 희망하지만, 별로 유명하지 않은 보상(→ 상)인 '올해의 가장 이상한 제목을 위한 Diagram상'을 알고 있는 사람은 거의 없을 것이다. 영국의 잡지인 『The Bookseller』에 의해 1978년부터 해마다 수여되는 그 상은 작가들에 의해 이상하거나 있음직하지 않은 제목이 붙여진 작품들을 세상에 알리기 위해 마련된 것이다. 그 외의 유일한 다른 기준은 그 책이 논픽션이어야 한다는 것이다. 최종 후보작들의 명단은 전 세계의 출판업자, 서적상, 그리고 사서에 의해 선정되며, 선정되는 것은 작가들에게 하나의 좋은 홍보 수단이 된다. 그 책의 이상한 제목에 흥미를 느낀 독자들은 그 책 안에 무엇이 담겨 있는지 궁금해하지 않을 수 없다.

문제풀이 노벨 문학상, Diagram 상 등 책을 쓴 작가들에게 주어지는 상에 대한 글이므로 ① reward(보상)는 상을 의미하는 award 등으로 고쳐야 한다.

구문분석 [7행] [(Being) **Intrigued** by the weird titles of the books], readers *can't help but wonder* {what is contained within their pages}.
[ ]는 앞에 Being이 생략된 형태의 분사구문이며, 「cannot (help) but+동사원형」은 '~하지 않을 수 없다'의 뜻으로 「cannot help v-ing」로 바꾸어 쓸 수 있다. { }는 wonder의 목적어 역할을 하는 간접의문문으로 「의문사(주어)+동사」의 어순을 취했다.

어휘 lesser-known 별로 유명하지 않은 confer 수여하다 mean A to-v A가 ~하도록 의도하다 celebrate 축하하다; *세상에 알리다 unlikely 있음직하지 않은 finalist 최종 후보자 publisher 출판업자 bookseller 서적상 librarian 사서 publicity 언론의 관심; *홍보[광고] intrigue 흥미를 자아내다 weird 이상한

4 ⑤

해석 '동물 비'는 작은 동물들이 강한 바람에 의해 하늘로 날아 올랐다가 이후에 다시 땅으로 떨어지는 이상한 현상이다. 동물 비에 대한 보고는 수 세기 전으로 거슬러 올라간다. 동물 비와 연관된 가장 흔한 기상 현상인 물기둥은 폭풍우 구름이 회전해서 수면에까지 뻗어 내리는 회오리바람을 형성할 때 일어난다. 시속 160km까지 회전하기 때문에, 물기둥은 작은 물고기를 하늘로 끌어 올릴 만큼 충분히 강하다. 상승 기류는 동물 비를 야기할 수 있는 또 다른 현상이다. 그것들은 새, 개구리, 그리고 뱀 같은, 물기둥이 할 수 있는 것보다 훨씬 더 큰 동물들을 제압할 수 있다. 물기둥과 상승 기류가 육지를 이동할 때, 그것들은 힘을 잃게 되고 그것들이 집어 올린 것이 무엇이든 (모두) 떨어뜨린다. 가장 무거운 물체들이 먼저 떨어지고, 그 다음에 더 가벼운 물체들이 떨어져서, 동물들은 그들의 무게에 따라 서로 다른 때에 무리 지어 떨어지는 경향이 있다.

문제풀이 물기둥과 상승 기류는 육지를 이동할 때 힘을 잃게 되어 동물을 떨어뜨린다고 했다.

구문분석 [1행] "Animal rain" is a strange phenomenon [**in which** small animals are blown into the sky by powerful winds and later dropped back down to earth].
[ ]는 a strange phenomenon을 선행사로 하는 「전치사+관계대명사」절로 in which는 where로 바꿀 수 있다.

[5행] [Spinning at up to 160 kilometers per hour], waterspouts are **strong enough to pull** small fish up into the sky.
[ ]는 〈이유〉를 나타내는 분사구문이다. 「형용사+enough to-v」는 '~할 만큼 충분히 …한'의 의미이다.

어휘 phenomenon 현상 associate 결부 짓다, 연관 짓다 spin 돌다, 회전하다 whirlwind 회오리바람 stretch 뻗어 있다, 펼쳐지다 surface 표면 overpower 제압하다

5 ⑤

해석 엔진이 꺼진 채로, 배는 숨겨져 있는 석호로 조용히 미끄러져 들어갔다. Lana는 수정같이 맑은 물, 하얀 모래, 산들바람에 흔들리는 녹색의 바나나 나무들과 같은 모든 것들이 얼마나 아름다운지에 큰 감명을 받았다. 갑자기 집에 대한 모든 생각이 사라져버렸다. 이것은 그녀가 항상 원해왔던 휴가였다. 그 순간을 즐기면서, Lana는 Kevin에게 몸을 돌려 "저것 좀 봐! 저렇게 완벽한 광경을 본 적이 있니? 이 보트 여행을 신청한 것은 우리의 휴가 중 최고의 결정이었어!"라고 속삭였다. 배가 석호의 중간에 다다르자, 선장은 닻을 배 밖으로 던졌고 승객들에게 수영할 것을 권했다. "이리 와, Kevin!"하고 Lana가 손짓했다. 그녀는 물에 들어가는 것을 더는 기다릴 수 없었다. 난간 너머 사다리로 미끄러지며 그녀는 담청색의 물속으로 내려갔다."오, 진짜 따뜻해. 완벽해."라고 그녀는 크게 미소 지으며 말했다.

문제풀이 Lana는 보트 여행에 매우 만족하고 있으므로, ⑤ '아주 신이 난' 심경일 것이다.

구문분석 [7행] …, the captain threw the anchor overboard and **invited** the passengers **to take** a swim.

「invite+O+to-v」는 '~에게 …할 것을 권하다'의 의미이다.

어휘 glide 미끄러지듯 움직이다 stun 기절시키다; *큰 감동을 주다 crystal-clear 수정처럼 맑은 sway 흔들리다 breeze 산들바람 sign up for ~에 등록하다 anchor 닻 overboard 배 밖으로 beckon 손짓하다 rail 난간 descend 내려가다 [문제] terrified 무서워하는

6 ②

해석 과학자들이 특정 현상을 연구하고자 할 때, 그들은 먼저 그것에 대한 그럴 듯한 추측을 하고 그것이 사실이라고 가정한다. (B) 이러한 초기의 가정은 가설이라고 알려져 있으며, 그것은 연구를 위한 출발점이다. 그런 다음 과학자들은 그 현상에 대한 관찰을 함으로써 그 가설의 타당성을 검증하기 위한 실험들을 설계한다. (A) 대부분의 경우, 과학자들의 첫 가설은 이러한 실험들에 의해 틀린 것으로 입증될 것이다. 그렇지 않은 경우에는, 이후의 연구들이 그 가설이 잘못되었다고 증명하기 전까지 그 가설은 오랫동안 올바른 것으로 여겨질 것이다. (C) 예를 들어, 물리학자들은 수세기 동안 뉴턴의 운동의 법칙이 완전히 타당하다고 생각했다. 하지만, 과학 기술이 진보하고 새로운 관찰들이 이루어지면서, 과학자들은 그 법칙이 빠른 속도로 이동하는 물체들에는 적용되지 않는다는 것을 발견했다.

문제풀이 과학자들이 어떤 현상을 연구할 때 어떤 추측을 사실이라 가정한다는 주어진 글에 이어, 이 초기의 가정을 가설이라고 부르고 이를 증명하기 위해 실험을 설계한다는 (B) 이후에, 실험에 성공할 경우 다른 가설이 증명될 때까지 이 가설이 올바른 것으로 받아들여진다는 (A)로 이어지고, 뉴턴의 운동의 법칙을 예로 들어 과학 기술의 발전으로 기존 가설에 대한 새로운 발견이 등장한다고 언급하는 (C)의 흐름으로 이어지는 것이 자연스럽다.

구문분석 [6행] This initial assumption **is known as** a hypothesis, ….
「be known as ~」는 '~로 알려지다'의 의미이다.

어휘 plausible 그럴듯한 hypothesis 가설 initial 초기의 assumption 가정 investigation 연구 validity 타당성(a. valid) physicist 물리학자 comprehensively 포괄적으로; *완전히

7 ②　　**8** ⑤

해석 '전차 문제'는 가상의 상황이다. 그것은 도덕적인 판단이 얼마나 어려울 수 있는지를 사람들이 이해하는 데 도움을 주기 위해 사용된다. 당신이 통제가 불가능한 상태로 선로를 빠르게 달리는 전차를 본다고 상상해 보라. 다섯 명의 사람들이 선로에서 일을 하고 있는데 전차가 오고 있는 것을 보지 못한다. 또한 두 번째 선로가 있는데, 그곳에서는 오직 한 사람만이 일을 하고 있다. 당신 옆에 레버가 있다. 당신이 그것을 당기면, 전차는 두 번째 선로로 방향을 돌려, 한 명의 노동자가 죽게 된다. 그러나, 다른 다섯 명은 안전할 것이다. 당신은 무엇을 해야만 하는가? 또한 두 번째 버전의 상황도 있다. 당신은 선로 위의 다리에 서 있고, 레버가 없다. 그러나, 당신이 모르는 덩치가 큰 남자가 당신의 옆에 서 있다. 당신이 그를 다리 아래로 밀어버리면, 그의 몸이 전차를 멈추고 노동자들을 구할 것이라는 것을 알게 된다. 당신은 그를 밀어야 하는가? 공리주의 사상가들은 우리가 언제나 최대 다수의 최대 행복을 추구해야 한다고 믿는다. 따라서, 두 경우 모두, 그들은 다섯 명을 구하기 위해 한 생명을 희생하는 것

을 찬성할 것이다. 반면에, 의무론적인 사상가들은 만약 무언가가 잘
못되었다면, 그것은 모든 상황에서 잘못된 것이라고 생각한다. 그들
은 설사 다섯 명의 생명을 구하더라도, 단 한 명의 죽음이라도 야기
하는 것을 찬성하지 않을 것이다. 흥미롭게도, 대부분의 사람들은 첫
번째의 상황에서는 공리주의적 견해에 동의하지만 두 번째 상황에서
는 그렇지 않다. 이것은 아마도 레버를 당기는 것은 생명을 빼앗아가
는 간접적인 방법이기 때문일 것이다. 이것은 우리가 다른 생명들을
구하는 긍정적인 결과에 초점을 맞추게 한다. 하지만, 누군가를 다
리 아래로 미는 것은 직접적인 행동이다. 이것은 받아들이기 더 쉽게
(→ 더 어렵게) 만든다.

문제풀이 **7.** 가상의 '전차 문제' 상황을 예로 들어 얼마나 도덕적인 선
택이 어려운가에 대해 설명하는 글이므로, 제목으로는 ② '어려운 도덕
적 선택 하기'가 적절하다.

8. 누군가를 다리 아래로 미는 것은 사람을 죽이는 직접적인 행동이기
때문에 받아들이기 '더 어렵다'는 내용이 되어야 하므로 (e) easier는
more difficult 등으로 고쳐야 한다.

오답풀이 **7.** ① 안전 수칙의 중요성
③ 누군가를 죽이는 것은 결코 괜찮지 않다
④ 같은 상황에 대한 두 가지 관점
⑤ 전차: 위험한 교통 수단

구문분석 [1행] It is used to **help** people **understand** [how
difficult moral decisions can be].
「help+O+(to-)v」는 '~가 …하는 것을 돕다'의 의미로 help의 목적격
보어로 동사원형이 왔다. [ ]는 understand의 목적어로 쓰인 명사절
로, 의문사 how가 이끄는 간접의문문이다.

[2행] Imagine [(that) you see a trolley {that is out of control}
and {speeding down a track}].
[ ]는 앞에 접속사 that이 생략된 명사절로 imagine의 목적절이다.
{ }는 각각 a trolley를 수식하는 주격 관계대명사절과 현재분사구이다.

[4행] There is also a second track, [on which only one person
is working].
[ ]는 a second track를 선행사로 하는 계속적 용법의 「전치사+관계
대명사」절이다.

어휘 **moral** 도덕과 관련된, 도덕적인 **lever** 레버, 지렛대
approve 찬성하다, 승인하다 **sacrifice** 희생하다, 희생시키다
interestingly 흥미롭게도 **perspective** 관점, 시각 **probably** 아
마도 **indirect** 간접적인(→ direct) **consequence** 결과

실전 **모의고사 02** p.158

1 ⑤ 2 ② 3 ④ 4 ① 5 ① 6 ④
7 ② 8 ④ 9 ⑤

1 ⑤

해석 3년 동안, 나는 집에서 시내 기차역까지 자전거로 통근해 왔
다. 나는 어제 역에서 지금까지는 모든 이들에게 무료로 개방되어 온
자전거 보관함이 다음 달부터 임대될 것이라는 안내 전단을 보고 매
우 화가 났다. 인접한 주차장의 자동차 주차는 여전히 무료인데 어떻
게 자전거를 주차하는 사람들에게 요금을 부과할 수 있는가? 자전거
는 엔진이 달린 차량보다 환경에 더 좋을 뿐만 아니라 훨씬 더 적은
공간을 차지한다. 오히려, 자전거를 타는 사람들이 아닌 자동차 소유
자들에게 그들의 주차 공간에 대해 요금을 부과해야 한다. 환경의 현
상태로는, 우리는 사람들에게 자전거에 대한 비용을 부과할 것이 아
니라 자전거로 이동하기를 권장해야 할 필요가 있다.

문제풀이 필자는 무료인 자동차 주차장과는 달리 자전거 보관함 사용
에 요금이 부과되는 것에 대해 그 부당성을 지적하며, 주차 요금 부과의
대상은 자전거 이용자가 아닌 자동차를 이용하는 사람들이어야 한다고
주장하고 있다.

구문분석 [5행] **Not only** are bicycles better …, **but** they **also**
take up much less space.
부정어구 V   S
「not only A but (also) B」 구문은 'A뿐만 아니라 B도'의 의미로, 부정
어구 Not only가 문두에 나와 주어와 동사가 도치되었다.

어휘 **commute** 통근하다 **flyer** (광고·안내용) 전단지 **locker**
보관함 **rent** (사용료를 내고) 빌리다 **charge** 요금을 부과하
다 **adjacent** 인접한 **lot** 지역, 부지 **motorized** 엔진이 달린
vehicle 탈것, 차 **take up** ~을 차지하다 **if anything** 오히려
cyclist 자전거 타는 사람 **travel** 여행하다; *이동하다

2 ②

해석 물고기는 대부분의 수분을 물을 마심으로써가 아니라, 삼투
현상이라고 불리는 과정을 통해 얻는다. 작은 구멍이 많이 있는 얇
은 막의 양면에 서로 다른 액체가 있을 때, 삼투 현상은 액체가 균형
이 잡히게 해서, 양쪽의 농도가 같아지게 한다. 물고기의 경우, 막은
피부이고, 한쪽 면의 액체는 몸 바깥의 물이다. 바닷물고기는 그들의
체내 수분보다 더 짠 물속에 산다. 그래서 바닷물고기는 삼투 현상
에 의해 그들의 피부를 통해 물을 배출하고, 그것을 대체하기 위해,
(물을) 더 많이 마셔야만 한다. 민물고기는 그들의 체내 수분만큼 짜
지 않은 물속에 산다. 그러므로, 그들의 피부는 물을 배출하기보다는
흡수한다. 결과적으로 민물에 사는 물고기는 보통 물을 거의 마시지
않거나 아예 마시지 않는다. 그렇기는 하지만, 민물고기가 먹이를 먹
기 위해 입을 벌릴 때 약간의 물을 마시게 된다.

문제풀이 주어진 문장은 바닷물고기가 삼투 현상에 의해 물을 배출하
고 나서 그것을 대체하기 위해 더 많은 물을 마셔야 한다는 내용이므로,
바닷물고기가 사는 곳, 즉 삼투 현상이 일어날 수 있는 환경을 설명한

내용 뒤인 ②에 들어가는 것이 적절하다.

구문분석 [3행] Fish get most of their water **not** by drinking **but** through a process [called osmosis].

「not A but B」는 'A가 아니라 B'의 의미이다. [ ]는 a process를 수식하는 과거분사구이다.

[5행] …, osmosis **allows** the liquids **to balance** out, *leaving an equal concentration on both sides*.
「allow+O+to-v」는 '~가 …하게 하다'의 의미이다. leaving 이하는 〈부대상황〉을 나타내는 분사구문이다.

[8행] Freshwater fish live in water [that isn't **as salty as** the water in their bodies].
[ ]는 water를 수식하는 주격 관계대명사절이다. 「as+형용사+as」는 원급비교 구문으로 '~만큼 …한'의 의미이다.

어휘 release 방출하다 layer 막, 층, 겹 balance out 균형이 잡히다 equal 동일한, 같은 concentration 농도

3 ④

해석 스트레스가 건강에 미치는 영향에 관심을 가진 연구원들이 40마리의 원숭이들을 대상으로 하는 실험을 고안했다. 그들은 원숭이들을 네 개의 집단으로 나누고 원숭이들이 그들의 동료들에게 익숙해지도록 했다. 그런 다음, 그들은 몇몇 원숭이들을 한 집단에서 다른 집단으로 옮겼다. 연구원들은 새로운 집단에 합류하는 것이 원숭이들에게 스트레스를 주는 일이라는 것을 알고 있었고, 그래서 그들은 자신들이 바꿔 놓은 원숭이들의 건강을 관찰했다. 밝혀진 바에 따르면, 새로운 집단에 합류할 때 모든 원숭이들이 같은 수준의 스트레스를 느끼지는 않았다. 어울리는 데 힘든 시간을 보낸 원숭이들은 더 많은 스트레스를 느꼈고, 그들의 건강이 가장 악화되었다. 반면에, 새로운 동료들과 보다 손쉽게 어울린 원숭이들은 건강한 상태를 유지했다.
⇨ 새로운 집단에 합류하는 것에 덜 <u>스트레스를 받은</u> 원숭이들이 그렇지 않은 원숭이들보다 더 <u>건강했다</u>.

문제풀이 새로운 집단과 어울리는 데 스트레스를 덜 받은 원숭이들은 건강을 유지했고, 그렇지 못했던 원숭이들의 건강은 악화되었다는 결과를 보여준 실험에 대한 글이다.

구문분석 [2행] They **divided** the monkeys **into** four groups and let them *get used to* their companions.
V　O　O.C.
「divide A into B」는 'A를 B로 나누다'의 의미이며, 「let+O+O.C.」는 '~가 …하게 하다'의 뜻으로 let의 목적격보어로 동사원형이 쓰였다. 「get used to ~」는 '~에 익숙해지다'의 의미이며 여기서 to는 전치사이므로 뒤에 명사(구)가 온다.

[6행] …, **not all** the monkeys felt the same level of stress when they joined a new group.
「not all ~」은 부분부정으로 '모두 ~인 것은 아니다'의 의미이다.

어휘 companion 동료, 친구 switch 바꾸다, 교체하다 monitor 감시하다, 추적 관찰하다 turn out ~인 것으로 드러나다, 밝혀지다 fit in (with) (~와) 어울리다

4 ①

해석 오늘날의 십 대들과 이전 세대의 십 대들 사이에 많은 차이점이 있는 것이 사실이다. 학교 총격, 에이즈, 섭식 장애, 자살 등, 요즘의 십 대들이 직면하는 이러한 문제들은 수십 년 전에는 알려지지 않았거나, 최소한 덜 심각한 것들이었다. 하지만, 오늘날의 젊은이들도 항상 십 대들을 괴롭혀 온 기본적인 정서적 딜레마 일부와 여전히 싸우고 있다. 그들은 여전히 청소년기와 성인기 사이의 적절한 균형을 찾는 데 어려움을 겪고 있고, 그들의 외모나 일상적인 행동을 통해서 스스로를 다른 존재로 정의하려 애쓴다. 상황이 표면적으로는 변했을지도 모른다. 나팔바지와 장발 대신에 오늘날의 십 대들은 보라색 머리와 바디 피어싱을 뽐낸다. 하지만 근본적으로는, 과거에 사실이었던 것이 오늘날에도 사실이다. 십 대들은 자기발견이라는 험난한 길을 걸어가야만 한다.

문제풀이 앞에 나온 명사 teenagers를 가리키므로 ① that은 복수형 지시대명사인 those로 고쳐야 한다.

오답풀이 ② 문장의 주어가 복수명사인 these problems이므로 were는 적절하다.
③ 「have trouble v-ing」는 '~하는 데 어려움을 겪다'라는 의미이다.
④ 주어인 they와 목적어가 동일한 대상을 지칭하므로 재귀대명사 themselves는 적절하다.
⑤ 선행사를 포함하는 관계대명사 what이 이끄는 절이 문장의 주어로 쓰였다.

구문분석 [2행] … these problems [which modern teens face
　　　　　　　　　　　　S
today] were unknown, … .
　　V
[ ]는 these problems를 수식하는 목적격 관계대명사절이다.

어휘 previous 이전의 generation 세대 eating disorder 섭식 장애 suicide 자살 plague 괴롭히다 strive 애쓰다, 분투하다 outward 외면상의 superficially 표면적으로 bell-bottoms 나팔바지 sport 자랑스럽게 보이다[입다] at the core 근저에는, 마음 밑바닥에는

5 ①

해석 부모가 자녀들에게 줄 수 있는 모든 것들 중에서, 가장 소중한 것은 시간이다. 그것은 눈에 보이지는 않지만 그 어떤 물질적인 것들보다 더 중요하다. 사람들이 자신의 부모와의 관계에 대해 돌이켜 볼 때마다, 그들은 자신이 받은 개개의 장난감이나, 집에 TV가 몇 대 있었는지는 좀처럼 기억하지 못한다. 부모와 자식 관계에서 가장 중요한 것은 물질적인 것과는 아무런 관계가 없었다. 대신에, 우리는 학교에서의 문제에 대해 조언을 해 주거나, 늦게까지 자지 않고 잠자리에서 동화를 읽어 주거나, 중요한 스포츠 경기나 음악 연주회에 와 주는 등 부모님이 우리와 함께했던 특별한 순간들을 기억한다. 그리고 우리는 부모님이 그곳에 있지 않았던 순간들도 기억한다. 대부분의 전문가들은 좋은 양육의 99.9퍼센트는 단순히 거기에 있어 주는 것이라고 여러분에게 말할 것이다.

문제풀이 자녀에게 물질적인 것을 주는 것보다 곁에 있어 주는 것이 가장 좋은 양육이라는 글의 내용을 통해 빈칸에 들어갈 말로 ① '시간'이 가장 적절함을 알 수 있다.

구문분석 [5행] **What** mattered most in those parent-child relationships <u>had</u> nothing … .

What은 선행사를 포함하는 관계대명사로, 주어의 역할을 하는 명사절을 이끌고 있다.

어휘 precious 소중한 material 물질적인 seldom 좀처럼[거의] ~ 않는 individual 개개의, 각각의 matter 중요하다 have nothing to do with ~와 아무런 관계가 없다 recital 연주회, 발표회 parenting 육아, 양육

6 ④

해석 **무료 대학 지원 워크숍**

대학에 지원하는 것에 긴장하고 있습니까? 걱정하는 대신에, Brighton 시립도서관의 무료 워크숍에 등록하세요!

언제? 9월 3일 저녁 7시부터 9시까지
어디에서? Brighton 시립도서관 지하 회의실
무엇을? 두 개의 30분짜리 강연, 실용적인 조언, 그리고 에세이 쓰기 연습
누가? 대학에 지원할 계획 중인 누구나 참여할 수 있습니다. 부모님도 참가할 수 있습니다.
왜? 대학 지원 서류들은 복잡하고 혼란스러울 수 있기 때문입니다.

공간이 제한적이므로, 온라인이나 도서관에서 직접 등록해야 합니다. 참가자들은 노트북과 관심이 있는 학교의 목록을 지참해야 합니다.

문제풀이 등록은 온라인 또는 도서관에서 직접 해야 한다고 했다.

어휘 application 지원(*v.* apply) sign up for ~에 등록하다 basement 지하(층) conference room 회의실 complicated 복잡한 confusing 혼란스러운 register 등록하다 in person 직접 attendee 참석자 laptop 휴대용[노트북] 컴퓨터

7 ② 　　8 ④ 　　9 ⑤

해석 (A) 모노폴리는 지금까지 가장 인기 있는 보드 게임들 중의 하나이다. 그러나, 오늘날 우리들 중 많은 사람들이 알고 있는 버전은 원래의 게임과 상당히 다르다. 수년 동안, Charles Darrow는 그 게임의 발명가로 인정받았다. 그는 대공황기에 좋았던 시절들을 기억하는 하나의 방식으로 모노폴리 게임을 발명했다고 전해진다. 그러나 사실 그는 그의 아이디어를 다른 게임에서 얻었다. 그것은 '지주 게임'이라고 불렸고, Elizabeth Magie라는 이름의 여성에 의해 만들어졌다.

(C) 그녀는 1866년에 미국에서 태어났으며 일생 동안 많은 다른 직업들을 가졌다. 그녀는 Henry George의 책을 읽은 후에 그 게임에 대한 아이디어를 떠올렸다. George는 반독점주의자로, 이는 그가 소수의 사람들이 어떤 산업을 통제해서는 안 된다고 생각했다는 것을 의미한다. 그 당시에는, 미국에 있는 대부분의 땅은 소수의 백만장자들이 소유했다. George는 그 땅에서 번 어떠한 돈이든 모든 시민들에게 동등하게 소유되어야 한다고 주장했다. 그는 또한 정부가 노동 대신에 땅에 세금을 부과해야 한다고 믿었다.

(B) Magie는 사람들에게 땅 독점의 위험에 대해 가르치고 싶었고, 그래서 그녀는 그녀의 게임을 만들었다. 출시된 후, '지주 게임'은

George의 의견에 동조하는 학자들 사이에서 유명해졌다. 그러나, 일반 대중들은 대부분 이것을 무시했다. 어느 날, 판매원인 Darrow는 몇몇 친구들이 그 게임을 하는 것을 보았다. 그는 그의 가족들에게 비슷한 게임에 대한 그의 생각을 말했고, 그들은 그가 그것을 개발하는 것을 도와주었다. 1935년, Parker Brothers라 불리는 회사는 그의 게임과 Magie의 게임 모두에 대한 권리를 샀다.

(D) 그들은 그것을 전국적으로 팔기 시작했고, 곧 그것은 엄청난 인기를 얻었다. 이것은 Darrow를 부유한 사람으로 만들었는데, Parker Brothers가 그 게임의 모든 판매의 일정 비율을 그에게 지불했기 때문이다. 반면에, Magie는 일시금으로 500달러밖에 받지 못했다. 게다가, 그녀가 그녀의 게임을 통해 사람들에게 가르치려 했던 교훈들이 뒤바뀌었다. 새로운 버전의 게임에서, 게임 참가자들은 독점권을 형성하고 다른 모든 사람들로부터 모든 돈을 빼앗음으로써 이긴다.

문제풀이 7. 모노폴리라는 게임의 아이디어를 '지주 게임'에서 얻었고, 그것은 Magie라는 이름의 여성에 의해 만들어졌다는 (A)에 이어, Magie는 반독점주의자인 Henry George의 책을 읽은 후 그 게임의 아이디어를 떠올리게 되었다는 내용의 (C)가 오고, 땅 독점의 위험을 알리기 위해 만든 Magie의 게임이 대중에게는 무시되다가 Darrow에 의해 다시 개발되었다는 내용의 (B)가 이어진 후, Parker Brothers라는 회사가 그 게임을 전국적으로 팔아 Darrow는 부자가 되었지만 Magie는 그렇지 못했고, Magie가 게임을 통해 가르치려던 교훈마저 뒤바뀌게 되었다는 내용의 (D)로 이어지는 것이 자연스럽다.

8. (d)는 Henry George를 가리키고, 나머지는 모두 Charles Darrow를 가리킨다.

9. 그녀가 그녀의 게임을 통해 사람들에게 가르치려 했던 교훈들이 뒤바뀌었다고 했다.

구문분석 [1행] However, <u>the version</u> [(that[which]) many of us know today] is quite different from the original.
[ ]는 the version을 수식하는 목적격 관계대명사절이다.

[10행] One day, <u>Darrow, a salesman,</u> <u>saw</u> <u>some friends</u> <u>playing it.</u>
Darrow와 a salesman은 서로 동격이다. 「see+O+O.C.」 구문에서 지각동사 see의 목적격보어로 현재분사 playing이 쓰였다.

[24행] In the new versions of it, players win **by *forming*** a monopoly <u>and</u> ***taking*** all the money from everyone else.
「by v-ing」는 '~함으로써'라는 의미로, 수단이나 방법을 나타낸다. 전치사 by의 목적어로 쓰인 동명사 forming과 taking이 접속사 and로 병렬 연결되었다.

어휘 monopoly 독점[전매](권) recognize 알아보다; *인정하다 the Great Depression 대공황 landlord 지주, 주인, 임대주 release 해방하다; *(대중들에게) 공개[발표]하다 academic 학자, 교수 right 권리 anti-monopolist 반독점주의자 a handful of 소수의 tax 세금을 부과하다 lesson 교훈 reverse 뒤바꾸다, 반전시키다

 MEMO

The 상승
수능유형편